DuMont Schnellkurs

FUSSBALL

D1875659

Hajo Steinert, geboren 1952, ausgebildeter rechter Verteidiger, promovierter Germanist, seit 1986 Literatur-Redakteur beim Deutschlandfunk in Köln und Leiter der Abteilung „Kulturelles Wort", Kritiker für Tages- und Wochenzeitungen (DIE ZEIT, FOCUS, Tages-Anzeiger u. a.) und beim Fernsehen, diverse Buchveröffentlichungen zu deutscher Gegenwartsliteratur und zum Fußball.

3

DuMont Schnellkurs

FUSSBALL

Hajo Steinert

DUMONT

Impressum

Umschlagvorderseite von links nach rechts und von oben nach unten:
Die Meisterschale des DFB; Ole Gunnar Solskjaers Tor zum 2:1 für Manchester United im Champions-League-Finale gegen Bayern München, 1999; der FIFA World Cup; Ruud Gullit im Kopfballduell mit Frank Stapleton bei der WM 1988; Sepp Herberger nach dem Sieg im WM-Finale von 1954; die deutsche Nationalmannschaft nach dem WM-Titelgewinn 1974; der Weltfußballer des Jahrhunderts: Pelé

Umschlagrückseite von links nach rechts und von oben nach unten:
Blick ins Dortmunder Westfalenstadion; Diego Maradona; die Mannschaft von Germania Berlin, 1898; das 3:2 durch Jorge Burruchaga im WM-Finale Argentinien – Deutschland 1986

Für meinen Sohn
Friedrich F. Steinert

Die Deutsche Bibliothek - CIP-Einheitsaufnahme

Hajo Steinert:
Fußball / Hajo Steinert. - Orig.-Ausg. -
Köln : DuMont-Literatur-und-Kunst-Verl. 2002
(DuMont-Taschenbücher ; 526 : DuMont-Schnellkurs)
ISBN 3-8321-7800-7

Originalausgabe

Druck und buchbinderische Verarbeitung: Editoriale Lloyd

Printed in Italy ISBN 3-8321-7800-7

Inhalt

Inhalt

Anstoß

Fußball ist eine große Gegenwart. Samstagnachmittag geht es ins Stadion, nach der Niederlage auf ein Bier mit den Leidensgenossen in die Kneipe, am Abend in den Fernsehsessel: was sagt der Trainer im „Sportstudio" dazu? Sonntagvormittag laufen wir auf den Bolzplatz – man spielt ja noch selbst. Die Freunde trösten einen am Telefon: wie konnte die Niederlage gestern passieren? Am Nachmittag wieder Bundesliga. Der Haussegen hängt langsam schief. Fußballfans werden niemals erwachsen.

Montag lesen wir die Spielberichte in der Zeitung. Wir studieren den „Kicker", gehen ins Internet: wo ist unser nächstes Auswärtsspiel, wie kommen wir hin? Mit Fußball ist man immer unterwegs, ins Stadion und zu sich selbst. Fußball ist eine der wenigen Konstanten im Leben. Fußball ist eine große Leidenschaft.

Die Woche ist kurz. Irgend ein Spiel wird es schon geben. Pokalwettbewerb, Champions League, vielleicht eine Auslosung. Schlagzeilen gibt es immer: welcher Trainer wird in dieser Woche entlassen, welcher Spieler geht wohin und für wie viele Euro? Früher hielten einen nur die Resultate des Spieltags in Atem. Heute werden uns Rekordsummen vom Spielermarkt um die Ohren gehauen. Vereine nennen sich Kapitalgesellschaften, gehen an die Börse. Die Etats steigen, die Kurse nicht unbedingt. TV-Verhandlungen stehen an. Fußball verspricht hohe Einschaltquoten. Fußball ist eine Show.

„Ich denke nur an das nächste Spiel!" Was Trainer und Spieler unter Erfolgsdruck jedem Reporter jeden Samstag ins Mikrofon sagen, ficht den Fußballfan nicht an. Er träumt von früheren Erfolgen, blättert in der Galerie großer Fußballer und rekapituliert unvergessliche Spiele, Fußball ist eine große Erinnerung.

Das Buch passt zurück zu den abenteuerlichen Anfängen des Ballspiels. Es huldigt den Pionieren im 19. Jahrhundert, berichtet von ersten Bällen, Trikots und Vereinen. Wir erzählen von den Goldenen Zwanzigern, halten den Ball hoch in Zeiten des Krieges, blicken zurück in die Oberliga der fünfziger Jahre und steigen in die Bundesliga ein. Die Erzählperspektive des Buches ist die des ewigen Stadiongängers. Wir erklären, warum Deutschland Weltmeister wurde und warum nicht. Es geht um Regeln, System, Taktik. Fußball ist eine große Kunst, die sich ständig verändert, die interpretiert werden will. Das Buch versucht dem Fußball zurückzugeben, was er im Zeitalter seiner technischen Reproduzierbarkeit im Fernsehen zu verlieren droht: das Spiel mit dem Ball, das Spektakel im Stadion.

Meiner Tochter Marie und meiner Frau sei für die Toleranz gedankt, die sie mir und meinem Sohn jeden zweiten Samstag entgegenbringen. Wir sind nicht zu Hause, wir sind im Stadion und nach dem Spiel nur bedingt ansprechbar.

Kleine Kulturgeschichte

Ein Ball ist nicht immer ein Ball. Und bis er wirklich rund ist, vergehen Jahrhunderte. Die Aborigines in Australien spielten mit ausgetrockneten Hodensäcken von Kängurus, die Fidschianer mit Pampelmusen, die Chinesen mit Ledersäcken, die mit Federn gefüllt waren, und die Azteken mit Kugeln aus Rohgummi. Eskimos steckten getrocknetes Moos und Fellbüschel in das Objekt ihrer Begierde aus Rentierleder, und gierige Männer auf Hawaii kamen mächtig ins Schwitzen, wenn es um ihren „Po-Po" ging – so jedenfalls nannten sie ihren Knäuel aus Blättern und Lumpen.

Wir Jungs in den fünfziger Jahren knäulten ein oder mehrere Paar Wollstrümpfe zusammen. Die am Ende des Flurs geöffnete Tür zum Wohnzimmer war ein Tor. Die gegenüberliegende Haustür das andere. Der Stoffball von „Steiff" war zu teuer. Mit Luftballons ließ es sich wie in Zeitlupe köpfen. Sie schwebten nur zu Karneval und nach der Kirmes durch die Räume. Das Spielen mit Konservendosen ging aus akustischen Gründen nur draußen.

Plastik- und Gummibälle gab es jederzeit und überall, in allen Größen und Farben. Vollgummibälle springen zu hoch vom Boden ab. Plastikbälle sind zu leicht. Nichts Schlimmeres für den jungen Fußballer, als die wirre Flugkurve eines sauber getretenen Balls zu verfolgen, der statt auf dem Spann des Mitspielers irgendwo „in der Walachei" landet. Der Wind! „Plastikpflaumen" werfen ein Talent um Jahre zurück. Mit ihnen ist es wie mit Schwimmflügeln: sie erleichtern zwar den Einstieg ins Metier, doch letztlich verzögern sie weitergehende sportliche Erfolgserlebnisse erheblich.

Englische Fußbälle aus dem 19. Jahrhundert; das zweifarbige Exemplar stammt von den Orkney-Inseln.

„Feste drauf!" heißt die Anfeuerung seit Fuß und Ball eine Einheit bilden. Ein fester Charakter braucht einen festen Ball; ein fester Ball in der Jugend verheißt einen festen Schuss im weiteren Leben. Ein Lederball musste her. Das sah selbst mein Vater ein, obwohl er mehr fürs Turnen war. Wenn schon diese „Hackerei" mit dem Ball, dann wenigstens mit einem soliden Spielgerät.

Ich bekam meinen ersten Lederball 1958 zum sechsten Geburtstag. Er roch wunderbar, er war so schön glatt. Erst nach Wochen einsamer Dribblings an Stuhl-, Tisch-, Vater- und Mutterbeinen vorbei nahm ich ihn mit auf den verdreckten Bolzplatz. Für ein Kind aus den unteren Schichten war der Lederball das Statussymbol der fünfziger Jahre.

Lederball aus den sechziger Jahren

Nach wenigen Tagen Bolzplatz war meine „Pille" „kackbraun". Zwar gab es schon seit 1940 den wasserdichten Lederball, doch wenn es regnete und der Platz von Pfützen übersät und rechtschaffen matschig war, wurde auch mein „Leder" ein nasser, mit einem schmierigen Film überzogener Sack. Keine Ecke kam mehr vors Tor. Von wegen, fester Schuss! Zu Hause wurde das mit spitzen Fingern heimwärts transportierte Häufchen Elend einer speziellen Behandlung unterzogen: Ventil öffnen – den Ball „abblasen", dann zum Trocknen in Zeitungspapier einwickeln und vor den Ofen legen. Wieder einigermaßen in Form und trocken, wurde er abgebürstet, mit Schuhwichse eingecremt und poliert. Schließlich kostete es Unsummen, die aufgeplatzten Nähte eines Lederballs mit Spezialnadeln beim Schuster reparieren zu lassen.

Seit 1906 war der Lederball laut Regelwerk des 1904 gegründeten Fußball-Weltverbands (FIFA, Fédération Internationale de Football Association) das einzig erlaubte Spielgerät bei Vereinsspielen. Mit einem reinen Lederball wurde bei einer Weltmeisterschaft zum letzten Mal 1982 in Spanien gespielt. Heute ist jeder Ball dank der verwendeten Materialien wasserabweisend: Moderne Fußbälle bestehen aus mehrschichtigen Folienverbindungen aus Polyester und Polyäthylen, in die auch noch ein so genannter „syntaktischer Schaum" eingearbeitet wird – winzige Kügelchen, die die elastischen Eigenschaften des Balls noch verbessern. Zu guter Letzt wird er in eine „Rundungsmaschine“ gesteckt, wo Hitze und Überdruck für ein vollkommenes Ergebnis sorgen.

Fußbälle waren nicht immer hohl; noch in den neunziger Jahren des 19. Jahrhunderts sahen sie aus wie kleine Medizinbälle. Man durfte sie sich, weil sie so schwer waren, zuwerfen wie beim Rugby. Nach den 1846 aufgestellten Regeln an der Universität Cambridge war das Spielen mit der Hand nur noch beim Abstoppen erlaubt. Mit der Hand fortbewegen durfte man den Ball fürderhin nicht mehr.

Von der Ochsenblase zum Lederball

Am 26. Oktober 1863 wurde die Football Association (FA) in London gegründet – die Geburtsstunde der modernen Fußballregeln. Der Ball durfte indes immer noch mit der Hand abgestoppt, nicht aber vorwärts getrieben werden. Die Trennung des Fußballspiels vom Rugby schritt voran. In England wie in Deutschland nannte man Fußball jetzt „Association“, woraus sich auch das Wort „Soccer“ ableitet. In der Fußballprovinz Deutschland sprach man huldvoll von „Engländerei“. 1871 legt die FA fest, dass fortan kein Feldspieler mehr die Hand im Spiel benutzen dürfe. Seit 1903 ist ausschließlich dem Torwart die Abwehr des Balls mit der Hand gestattet. Voraussetzung für die allmähliche Verdrängung der Hand aus dem Spiel war nicht zuletzt das abnehmende Gewicht des Balls. Je leichter der Fußball wurde, umso weniger benötigte man noch seine fünf Finger.

Fußball- und Rugbyspieler, englische Farblithografie von 1881

Der Schuss ersetzte immer mehr den Wurf. Und schießen kann man einen Ball bekanntlich weiter als werfen. Dieser Umstand ist die Basis für die sich von Jahr zu Jahr ändernden Spielregeln am Ende des 19. Jahrhunderts. Die Geschichte des Fußballsports ist in ihren Anfängen die Geschichte der Emanzipation des Fußes von der Hand beim Spiel. Das Regelwerk des Deutschen Fußballbundes (DFB) in seinem Gründungsjahr 1900 wird in aller Strenge diktieren: „Kein Spieler darf den Ball absichtlich mit dem Arme oder mit der Hand berühren."

Im Jahre 1839 erfand Charles Goodyear die Vulkanisierung des Kautschuks. Von da an war es definitiv um den europäischen Homo ludens geschehen. Er bekam den aufblasbaren Gummiball, der jeden Fußballer zu Kunststückchen animierte, wie man sie bis dato noch nicht erlebt hatte. Er spielte – vornehm, vornehm – mit einer luftgefüllten Gummiblase in Lederhülle. Ein deutscher Pionier des Fußballs, Professor Konrad Koch aus Braunschweig, veröffentlichte 1877 einen Aufsatz mit dem Titel „Fußball, das englische Winterspiel". Darin heißt es: „Der Fußball war ursprünglich nichts weiter als eine derbe, aufgeblasene Ochsenblase, die bald, damit sie länger halten sollte, mit einem Lederüberzug versehen ward. Außer einigen Altertumsschwärmern zieht man jetzt in England allgemein der Ochsenblase eine aus Gummi hergestellte vor, von ähnlichem Umfange. Diese hält in ihrem Lederüberzuge selbst den festesten Stoß aus und ist bei sorgfältiger Behandlung des Leders, wenn sie jährlich einmal neu aufgeblasen und fest abgebunden wird, mehrere Jahre hindurch zu gebrauchen."

Englischer Comic, um 1900

Nicht nur das. Das neue Modell verlieh dem Spiel eine ungeahnte Leichtigkeit. Zugleich bescherte es dem Fußballer ungeahnte akrobatische Erlebnisse. So ausgelassen wie jetzt ist in der Geschichte des Balls noch kein Exemplar vom Boden wieder hoch gehüpft – und leider auch weg vom Fuß des Spielers. Es kann ja nicht jeder ein Fujiwara Narimichi sein oder ein Stanley Matthews. Der legendäre japanische Fußballspieler soll im 12. Jahrhundert seinen von Hirschleder zusammengehaltenen und mit Stroh gefüllten Fußball, auf einem Brückenpfeiler balancierend, beliebig lange in der Luft gehalten haben. Sir Stanley Matthews, englischer Dribbelkönig, 1965 tatsächlich in den Stand des Adels erhoben, hätte nicht den Stanley-Matthews-Trick (links antäuschen, rechts mit dem Ball am Gegner vorbei) erfunden, wenn ihm nicht makellos geformte Bälle zur Verfügung gestanden hätten. Und hätte Uwe Seeler bei der Weltmeisterschaft 1970 in Mexiko in der „Hitzeschlacht von León“ (Anstoß: 12 Uhr Ortszeit) am 14. Juni in der 81. Minute mit dem Hinterkopf den Ausgleich gegen England erzielt (Endstand 3:2 für Deutschland), wenn der Ball eine Beule gehabt hätte?

Der von der Queen geadelte Sir Stanley Matthews war der erste „Fußballer des Jahres“ in Europa (1956). Noch im Alter von 41 Jahren schoss der Dribbelkönig für die englische Nationalmannschaft ein Tor gegen Nordirland.

Die Bälle Mitte des 19. Jahrhunderts ließen sich in der Regel nur mühevoll „hochhalten“ mit Fuß, Hacke, Oberschenkel, Brust und Kopf. Die Gummiblase war, weil es noch kein Ventil gab, von einem Netz „fest angebunden“, wie Konrad Koch schrieb. Dieses Dessous gab ihr zwar ein durchaus charmantes Aussehen, verursachte aber bei kampfbetont aufspielenden Fußballern, die in bestimmten Situationen auch ihren Schädel zur erfolgreichen Weiterbeförderung des „Schnürballs“ einsetzen mussten, einen Kopfschmerz. Voller Sorge um das gesundheitliche Wohl der Spieler warnte der Deutsche Fußball-Bund im Jahr 1900 in seinem Regelwerk: „Es ist auch erlaubt, mit dem Rumpfe, dem Oberschenkel oder dem Kopfe zurückzustoßen. Letzterer Stoß sollte jedoch nur mit einiger Vorsicht angewandt werden.“

Ballartisten

Seit Urzeiten ist die Kugel das Symbol kosmischen Denkens, ein Symbol für Herrschaft, Sonne und Fruchtbarkeit. Allerdings kann auch sie dem physikalischen Gesetz der Schwerkraft nicht trotzen. Einmal auf den Fuß gefallen, muss die Kugel erst einmal beherrscht werden. Um dies zu erreichen, sollte man auch mit der Glücksgöttin Fortuna im Bunde stehen. (Für jeden Fußballfreund ist die Kugel, auf der sie unberechenbar balanciert, nichts anderes als ein Ball.) Steht ein Spieler mit Fortuna auf Kriegsfuß, trifft ihn das Schicksal, der Gegenspieler gerät in Ballbesitz. Fortuna verteilt ihre göttlichen Kräfte mal so und mal so, die Eigenwilligkeit und Unwägbarkeit des Balls ist ihre Waffe, sie ist eines jeden Spielers unzuverlässige Geliebte. Die Existenz des Fußballers ist ein Balanceakt, der Ball besiegelt sein Schicksal, am Ende sind nur „Staub“ und „Schweiß“, wie es in einem Sonett des Florentiner Dichters Alessandro Adimarie aus dem Jahr 1641 heißt: „Dieser Globus, innen hässlich und außen schön,/Ist das Modell der Welt, die dem Vergnügen geweiht ist./Wir folgen alle einem Ball, der voller Luft ist,/Aus dem man nichts als Staub und Schweiß zieht.“

Bei der Weltmeisterschaft 1938 in Frankreich wurde erstmals mit einem Ball ohne eine um die Gummiblase gewickelte Netzhülle gespielt. Festtage für Kopf und Fuß eines jeden Spielers! Zufälle gibt es immer weniger. Fortunas Macht schwindet. Von wegen „Staub“ und „Schweiß“! Der brasilianische Stürmer Leónidas da Silva geriet außer sich. Beim 6:5 gegen Polen – vier Tore hatte er schon geschossen – zog er seine Stiefel aus, warf sie in hohem Bogen zu seinem Trainer und wollte barfuß weiterspielen. Dem Ball noch näher sein,

Ein „Jahrhundertspiel“: Bei der WM 1938 siegt Brasilien gegen Polen mit 6:5; hier das 4:3 durch Leónidas da Silva.

mit ihm auf Du und Du – das war das Begehren eines Spielers, der seinen spontanen Gefühlen freien Lauf lassen wollte. Der schwedische Schiedsrichter akzeptierte den Versuch eines Fuß-Ball-Pettings in aller Öffentlichkeit nicht und zwang den Stürmerstar, wieder in sein Schuhwerk zu schlüpfen.

Ein anderes Temperament: Sepp Herberger, Trainer deutscher Nationalmannschaften von 1936 bis 1964. Als der „Chef" seine immer wieder zitierte fundamentale Erkenntnis aussprach („Der Ball ist rund"), war dies mehr als ein Wortspiel („Die Erde ist rund") und ein stoisches Eingeständnis in die Nichtvoraussagbarkeit eines finalen Spielstands; hier kam ein historisch gewachsenes Vertrauen in die geometrische Vollkommenheit eines Spielzeugs der Superlative zum Ausdruck.

Sepp Herberger an seinem 80. Geburtstag, 28.3.1977

Findige Argentinier waren es übrigens, die eine Gummiblase mit Ventil zum Aufblasen erfanden. Spätestens jetzt war der Ball das, was jeden verspielten Menschen entzückt: ein geniales, dem individuellen Tatendrang des Homo ludens gehorchendes, jederzeit einsatzbereites Objekt, ein Kunstwerk, ein Ding ohne Ecken und Kanten, ohne links und rechts, ohne oben und unten, ein rollendes geometrisches Wunder (alle Punkte auf der Oberfläche sind gleich weit vom geheimnisvollen Mittelpunkt im Innern des Balls entfernt), ein launisches Wesen mithin, allein dem Geschick eines Fußballspielers ausgesetzt, der vermöge eines präzisen Stoßes mit dem Fuß den Ball unter seine Kontrolle bringen kann, es zumindest versucht. Denn der Ball ist wie unser Globus. Bei beiden gibt es weder „Stillstand" noch „Stabilität", wie schon Thomas Morus, der englische Philosoph des 15. Jahrhunderts, erkannte. Die göttlich-perfekte Behandlung des Balls – letztlich eine reine Utopie: „He [der Globus,

H.S.] may translate the worlde in to a footeball, yf he joyne therewith certayn circumstaunces, and saye ‚this rounde rollyng footeball that men walke upon and shippes sayle uppon, in the people wherof ther is no rest no stabilitie.'" („Man stelle sich den Globus als einen Fußball vor. Die Menschen, die auf diesem runden Ding wandeln, seien davor gewarnt, dass ihm weder Stillstand noch Stabilität eigen sind.")

Heute muss man einen Ball weniger „treten", „schießen" oder „abfeuern", um ihn an seinen Bestimmungsort zu befördern; heute wird mit dem Ball ganz unmilitärisch „gefummelt", „getanzt" und „gezaubert", er wird „gehoben", „geschoben", „geschlenzt", „gespitzelt", „angeschnitten", „gelupft", „gepasst", „geflankt" und „gezirkelt" – kaum ein anderer Gegenstand zieht verbale Streicheleinheiten so variantenreich auf sich wie der Fußball.

Die Kunst des Spiels besteht darin, dem wie auch immer am eigenen Fuße gelandeten Ball eine neue, zielgerichtete Weisung zu erteilen. Der kreative Fußballspieler befreit den Ball von der drohenden Zufälligkeit seiner Roll- bzw. Flugbahn. Nur Pessimisten können einen Satz schreiben wie der Dichter Peter Handke: „Die Kugelform des Fußballs ist gerade zu einem Symbol des unberechenbaren Zufalls geworden." Ein Eigentor. „Zufälle" sind immer „unberechenbar". Der Ball ist das Medium im Kampf gegen den Zufall. Je besser einer den Ball beherrscht, „unter Kontrolle bringt", umso größer ist seine Spielkunst. So einfach ist das.

Sensible Schützen betrachten übrigens jenes Ventil noch heute mit naturgegebener Skepsis, obwohl es reine Lederbälle gar nicht mehr gibt und dieses Ventil längst zu einer unscheinbaren Öffnung mutiert ist: „Ventil nach oben!" Das mag sich auch der Freistoßexperte Dirk Lottner vom 1. FC Köln gedacht haben, als er sich am 9. September 2001 im Spiel gegen den Hamburger SV in der 90. Minute den Ball so mustergültig zurechtlegte, dass der Schuss einfach ins Tor gehen musste. Dieses sanfte Herumdrehen des Balls mit den Fingerspitzen, bevor er endlich auf dem Rasen ruht und ans Ziel der Träume gelangt: kein anderer Spieler beherrschte dieses aufreizende Liebesspiel so wie Günter Netzer.

Übrigens legte sich der Spieler Lottner den (später von der lokalen Boulevardzeitung versteigerten) Ball nicht nur mit Fingerspitzengefühl zurecht, er gab ihm vor dem Schuss auch noch einen Kuss. Der kühle Netzer hatte solch aufdringliches Vorspiel nicht nötig. Küsse auf die Haut des Balls – früher des öfteren vor einem Elfmeterstoß zu beobachten – sind im robusten deutschen Fußball selten geworden. Anders in Brasilien. Dort ist der Ball seit jeher eine Frau: „gorduchinha“, zu deutsch: die kleine Dicke. Die kann man naturgemäß nicht genug abknutschen. Der brasilianische Wunderstürmer Pelé war ein Dauerknutscher. Vor dem Hauseingang des Jahrhundertspielers Alfredo di Stefano von Real Madrid steht ein Ball aus Bronze – mit der inbrünstigen Inschrift: „Danke, Süße!“

Im Zeitalter des Profifußballs ist der Ball nicht nur die „Süße“ und Arbeitswerkzeug, sondern auch noch ein Kultobjekt par excellence. Jedem Zuschauer auf den Rängen, dem einmal ein Ball zufällig in die Hände flog, ist die Verzweiflung im Gesicht anzusehen. Er kann sich nicht entscheiden, ob er das runde Flugobjekt unter dem Sitz verstauen oder zurück ins Spiel werfen soll.

Das neueste Modell

So wie sich die Trikotmode Jahr für Jahr in neuem Design zeigt, ist auch der leibhaftige Fußball einer permanenten Veränderung in Farbe und Muster unterworfen. Sehr schick war jenes zweifarbig gehaltene Modell von den schottischen Orkney-Inseln, das 1820 in den Straßen Londons durch die Lüfte segelte. Bis in die fünfziger Jahre des 20. Jahrhunderts hinein war der Fußball ein einfarbiges Gebilde in erdigem Braun. Anfang der fünfziger Jahre rollten im Zuge des beginnenden schwarzweißen Fernsehzeitalters weiße Lederbälle über den grauen Rasen. Bei der Weltmeisterschaft 1966 in England waren kürbisfarbene Bälle en vogue.

Für uns waren sie grau, noch gab es den Buntfernseher nicht. Auf schneebedecktem Rasen kommen purpurrote Bälle glänzend zum Einsatz. Mit dem Farbfernsehen kamen schwarzweiße Bälle in Mode. Die Trikots waren bunt genug.

Im Verlauf der ersten Farbfernseh-WM 1970 in Mexiko rollten außer maisgelben Bällen vermehrt Spielgeräte mit schwarzen Fünfecken und weißen Sechsecken über den Rasen. Dieses an den Fleiß jedes Spielers appellierende bienenwabenähnliche Muster hielt sich in ständig wechselnden Variationen bis heute. Statt Schwarz und Weiß sieht man auch Blau oder Rot mit Weiß. Das Regelwerk des Weltfußballverbands (FIFA) sagt ausdrücklich: Die Farbe des Balls ist nicht vorgeschrieben.

Günter Netzer legt sich den Ball zurecht. Am 29.4.1972 siegt die deutsche Nationalmannschaft erstmals im Wembley-Stadion (3:1).

Im organisierten Vereinsfußball unterliegt der Ball den Regeln des DFB. Dessen Auflagen sind verbindlich. Ein Ball ist heute regelkonform, wenn er kugelförmig ist und einen Umfang zwischen 68 und höchstens 70 cm hat (für Junioren unter 16 Jahren 63,5 bis 66 cm), zu Spielbeginn mindestens 410 und höchstens 450 Gramm wiegt (für Junioren 350–390 g) und sein Druck 0,6–1,1 Atmosphären beträgt, was 600–1100 g/qcm auf Meereshöhe entspricht. Daraus folgt: ein Ball, der im über 2200 m hoch gelegenen Aztekenstadion von Mexico City zum Einsatz kommt, muss, um die vorgeschriebene Festigkeit zu erreichen, schwächer aufgepumpt werden als einer im Weserstadion zu Bremen.

Und was, wenn der Ball im Verlauf des Spiels platzt, verloren geht und kein Ersatz in Reichweite ist? Aus. Vorbei. Totalschaden. Abbruch des Spiels. Flüche der Spieler, die zur führenden Mannschaft gehören. Tränen auf meinen Wangen. So war es bei uns auf dem Bolzplatz. Ich war neun. Es war ein heißer Sommertag.

Der Platz war staubig und rissig wie meine erste, inzwischen längst von den Jahreszeiten gezeichnete und beileibe nicht mehr kugelrunde „Pille". Sie platzte wie aus heiterem Himmel aus allen Nähten. Einfach so. Die Luft war raus, jedes Leben ausgehaucht. Meine Welt brach zusammen. Wer schon im Verein spielte, durfte nach einem solchen Todesfall mit dem umgehenden Austausch des geplatzten Exemplars mit einem Ersatzball rechnen, aber nur, wie Regel 2 des Deutschen Fußballbundes ausdrücklich festschreibt, „mit Genehmigung des Schiedsrichters".

Ich dagegen stand einsam auf der Wiese und trottete traurig mit einem Torso unterm Arm nach Hause. Mit neidvollem Blick schaue ich noch heute auf die Spieler im Stadion, wenn sie Dutzende von Bällen aus einem Netz befreien, um sich vor dem Anpfiff ein wenig warm zu schießen. Jedem seinen eigenen Fußball! Der Begründer des Bad Cannstatter Fußballklubs, Philipp Heinecken, gab vor hundert Jahren nach dem Platzen des Balls mitten im Spiel zu Protokoll: „Einer von uns hatte den Auftrag, ihn [den geplatzten Ball, H.S.] sofort zum Schuhmachermeister Dürr an der Wilhelmsbrücke zu bringen. (...) Da wir keine Fußballpumpen besaßen und es solche Luftpumpen noch nicht für Fahrräder gab, mussten einige Spieler mit guten Lungen das Aufblasen besorgen."

Für einen Lederball „schmissen" Fußballfreunde zusammen und legten weite Strecken zurück. Es gab ihn nur in der Großstadt. In Berlin kostete er am Ende des 19. Jahrhunderts 6,80 Mark. 1874 warfen Konrad Koch und sein Lehrerkollege August Hermann auf einem Feld unweit ihres Braunschweiger Gymnasiums Martino-Katharineum einen „echten Fußball" ins Spiel. Die Geburtsstunde der „Fusslümmelei" in Deutschland. Man ließ sich das runde Wunder aus England schicken. Kommende Fußballgenossen mussten sich mit einem notdürftigen Ersatz zufrieden geben. Hermann Stasny erinnert sich an die abenteuerliche Gründung seines Fußballklubs 1880 in Frankfurt am Main: „Nur die Erlangung eines geeigneten Balls machte uns ziemliches Kopfzerbrechen. Richtige Rugbybälle gab es in keinem Geschäft, und die Gummibälle der ‚Kinder' waren uns ‚Männern' in der Quarta nicht würdig. Nun hatte einer einen unheimlich aussehenden Ball in einem Geschäft auf dem Schillerplatz gesehen, das sich schon dadurch unserer Hochachtung erfreute, als in seinem Erker Flaschen des uns aus Indianergeschichten wohlbekannten Whiskys ausgestellt waren. Es handelte sich natürlich um einen Cricketball ... Jeder Kick ein Zehenriß."

Die Aura des Seltenen und Wertvollen ist vorbei. Bälle gibt es heute in jedem Supermarkt. Platzende Lederbälle und kindliche Tränen nach dem endgültigen Ballverlust: wehmütige Erinnerungen an abenteuerliche Zeiten, da der Fußball die Welt zu erobern sich anschickte, sei es als nasser Sack, Kunstwerk ohne Ecken und Kanten, philosophisches Symbol, geometrisches Wunder oder einfach nur als geniales Spielzeug.

Heute rollt der Ball in Abermillionen Exemplaren von Straße zu Straße, Platz zu Platz, Stadion zu Stadion, Dorf zu Dorf, Stadt zu Stadt, Land zu Land, Kontinent zu Kontinent. Er rollt mit einer unaufhaltsamen Umlaufgeschwindigkeit um die ganze Erde herum, man möchte mit Thomas Morus von einem neuen Globus sprechen. Einem friedlichen Globus? Dazu ist er, wie der Philosoph schon sagte, zu „instabil". Aber immerhin vereint er Spieler auf allen Kontinenten, Christen, Moslems, Buddhisten, Hindus und Juden. Vor dem Fußball sind sie alle gleich. Sie spielen zwar in verschiedenen Trikots, aber alle nach den gleichen Regeln. Keine andere Sportart hat den universalen Titel „Welt-Meisterschaft" so verdient wie der Fußball.

Spieler aus allen Kontinenten – vor dem Ball sind alle gleich. Ruud Gullit im Kopfballduell mit dem Iren Frank Stapleton bei der WM 1988

Trikotwechsel

Fußballspielen kann man in Leder-, Bade-, Sonntagshosen, Blue Jeans, mit freiem Oberkörper, T-Shirt, Pulli oder Oberhemd, egal, ob gebügelt oder nicht. Völlig nackt zu spielen empfiehlt sich erfahrungsgemäß eher nicht, es sei denn, man eifert jenem alten Griechen auf dem antiken Relief nach (Abb. S. 47) und begnügt sich damit, den Ball ein wenig auf dem Oberschenkel hüpfen zu lassen. Laufen und Kicken lässt sich barfuß, in Socken, Halbschuhen jedweder Art, selbst in Stiefeln. Das ist das Schöne an diesem Sport: mehr als einen Ball braucht man nicht, um loszulegen. Die weitere Ausrüstung liegt im eigenen Ermessen. Eine strenge Kleiderordnung herrscht nur im Verein.

In der Antike traten Spartaner in Helm und Harnisch zu ihrer „Ballschlacht" an; den leichtfüßigeren Azteken reichte ein Lendenschurz; die Kemari-Spieler im Japan des 12. Jahrhunderts konnten sich seidene Pluderhosen und Kimonos leisten; sie spielten nur zum Spaß und blieben von körperlichen Attacken verschont; beim robusten „Jeder gegen jeden" in den Straßen Londons traten die Fußballburschen in dem an, was sie gerade anhatten (siehe George Hunts Kupferstich von 1815); man achte auf die schicken Hosen. Die ungestüm hinterm Ball herrennenden Bengels auf dem berühmten Ölgemälde *Football* (1839) von Thomas Webster spielen in Klamotten, die ihnen ihre Mütter ohne weitere Hintergedanken am Morgen herausgelegt hatten.

Thomas Webster, *Football*, Ölgemälde, 1839

George Hunt, *Foot Ball*, Kupferstich von 1820

Im Ersten Weltkrieg trieben extrem draufgängerische englische Soldaten in voller Uniform Fußbälle vor sich her, um sich so für den Schlagabtausch mit den Deutschen im nächsten Frontabschnitt zu motivieren (Abb. S. 85). Böse Zungen behaupten, hier läge die Wurzel für die späterhin von den Engländern forciert praktizierte Spieltaktik des „kick and rush“. Formiert sich hingegen in Friedenszeiten ein Haufen Leute ganz bewusst zu zwei Mannschaften, wird man sich schon einig: die mit Weste spielen gegen die ohne Weste, die mit den dunklen Hemden spielen gegen die mit den hellen, die einen behalten ihr T-Shirt an, die anderen ziehen es aus.

In jenen Jahren der zweiten Hälfte des 20. Jahrhunderts, als alle solche ärmellosen gerippten Unterhemden unter den Oberhemden trugen, war die Sache ganz einfach: die Spieler einer Mannschaft zogen ihre Unterhemden einfach über das Oberhemd, und schon konnte sich beim Fehlpass keiner mehr entschuldigen, er habe seinen Mitspieler nicht erkannt. Wenn man einen Fußballspieler in kompletter Tracht sieht, weiß man, jetzt wird es ernst. Trägt er zum Trikot die passenden Hosen, Stutzen und echte Fußballschuhe, kann es nicht mehr lange dauern, bis es los geht, das Spiel, der Kampf, die Meisterschaft.

Mein erstes Trikot 1958 bestand aus einem roten langärmligen Hemd (ohne Rückennummer) mit weißen Bündchen und einem polohemdähnlichen, am Rand etwas verstärkten Kragen, der sich bei Bedarf lockern ließ, indem man den durch acht Löcher (vier auf jeder Seite) kreuzweise gezogenen weißen Schnürsenkel aufzog. Die Hose war weiß, hinten rechts befand sich eine kleine Gesäßtasche. Die Stutzen waren rot, mit weißem Umschlag. Sie kratzten, denn sie waren aus reiner Wolle. Schienbeinschoner waren damals noch nicht obligatorisch, genauso wenig der Hodenschutz. Aussehen wie ein Oberliga-Spieler – das war es, worauf es ankam. Wer im Trikot auf den Bolzplatz kam, spielte auf Anhieb besser.

Spätestens seit Mitte des 19. Jahrhunderts treten Mannschaften in zwei sich farblich deutlich voneinander unterscheidenden Uniformen gegeneinander an. Auf W.H. Pearsons Lithografie von 1857 trägt das Rot auf der einen und das Blau auf der anderen Seite entschieden dazu bei, Freund und Feind auseinander zu halten. Mit der Emanzipation des feinen Association vom groben Rugby und der damit einhergehenden Verschärfung der Regeln zum gesundheitlichen Schutze der Spieler entwickelte sich Fußball zu einem Gentleman-Sport. Das spiegelt sich besonders schön in der Kleiderordnung der ersten Fußballvereine wieder. Man machte sich nicht mehr so schnell dreckig, man hatte es gerne schick. Und hygienisch.

Kadetten der Königlichen Militärakademie beim Fußballspiel, Lithografie von W.H. Pearson, 1857

Philipp Heineken rät in seiner 1896 erschienenen Schrift „Das Fußballspiel“: „Bei der Kleidung verwende man einfache, dauerhafte und giftfreie Farben und sehe darauf, dass sie auch häufiges Waschen ohne Einbuße ertragen können. Reinlichkeit in der Fußballkleidung muss erste Tugend eines Fußballspielers sein, dies verlangt nicht nur die eigene Gesundheit, sondern auch die Rücksicht auf den Gegner, für den die verschiedenen Wohlgerüche, welche alten, halbvermoderten und von vergorenem Schweisse durchtränkten Trikots entströmen und die nicht gerade an die Rosengärten Schiras erinnern, durchaus nicht zu den Annehmlichkeiten gehören. Erst vor einem Jahr wiesen englische Ärzte auf eine ziemlich weit verbreitete Krankheit (Football impetigo) hin, welche hauptsächlich Rugby-Stürmer befällt und auf obige Schmutzfinken sich zurückführen lässt." Heute sind Trikots selbst bei schweißtreibendem Spiel einigermaßen geruchsneutral. Sie sind aus einem luftdurchlässigen Synthetikstoff gefertigt.

Ball des „Footer"-Teams der Londoner Harrow School, um 1870

Längs gestreifte Hemden waren beim neuen, bereinigten Typus des Ballspiels besonders à la mode. Das gilt für das frühe „Footer"-Team der Harrow School (1871) genauso wie für die Gentlemen von Sunderland (1893), dem ersten Liga-Team in der Geschichte des Fußballs. Und auch für das im Trikot posierende unbekannte englische „Football Girl" (1906, Abb. S. 166) sowie für die erste schottische Nationalmannschaft (1890), deren Spieler in goldgestreiftem Jersey gegen England aufliefen. Ebenfalls beliebt waren – quer durch Europa – quer gestreifte Trikots. Die Amateure des ältesten noch bestehenden deutschen Fußballvereins, BFC Germania 1888 (Abb. S. 65), trugen ihre Uniform so würdevoll wie die Profis von Alemannia Aachen und vom Meidericher SV (heute MSV Duisburg). Die Duisburger werden heute noch „Zebras" genannt, obwohl sie nur noch selten in gestreiften Trikots auflaufen.

Das „Footer"-Team der Londoner Harrow School, 1871

Beschreibungen von Trikots erster deutscher Fußballmannschaften Ende des 19. Jahrhunderts lesen sich wie Berichte über Modeschauen. Die Sporttracht von Werder Bremen bei der Gründung 1899: „Weiße Sweater mit großem Monogramm F.V.W. auf der Brust, weiße Hose mit grünroter Biese [Ziersaum, H.S.] und schwarzen Strümpfen mit Borden in denselben Farben. Alle Spieler tragen, wie bei Schülern üblich, eine

Mütze. Der Kapitän trägt ein Samtkäppchen in den Vereinsfarben Grün-Rot mit schmucker Troddel." Der Braunschweiger Fußballklub Viktoria trat in den Jahren 1895 bis 1897 in einer blauen, knielangen Tuchhose, blauem Sweater und ebenfalls blauer Schirmmütze auf, die beim Kopfball, wie es in den vereinsinternen Regeln ausdrücklich hieß, vorher abzunehmen sei.

Die Geschichte des Fußballtrikots im 20. Jahrhundert verläuft parallel mit der allmählichen Verdrängung der englischen durch die amerikanische Freizeitmode. Sahen Fußballhemden bis Ende der fünfziger Jahre noch wie Poloshirts aus, so setzt sich – die Übergänge sind fließend – seit den sechziger Jahren die Form von T-Shirts durch, zumeist unifarben. Besonders modebewusste Mannschaften gingen verstärkt dazu über, in weißem Trikot, weißen Hosen und weißen Stutzen aufzulaufen. „Ganz in Weiß" – das war elegant und verwegen zugleich.

In keiner anderen Garnitur geben Schmutzflecken einem Spieler so viel verwegenen Charme wie auf weißem Zwirn. Der 1. FC Köln spielte in den sechziger Jahren in Weiß. Der erste Bundesliga-Meister (1964) wollte aussehen wie Real Madrid.

Wo früher ein Kragen war, findet sich heute höchstens ein Bündchen, manchmal ein V-Ausschnitt. Durchgehend gestreifte Trikots, wie sie noch der FC Bayern München in den sechziger Jahren trug, sind im heutigen Profifußball in Deutschland eher selten zu sehen. Durchgehende Streifen sind kein willkommenes Muster für den Sponsor, dessen Namenszug oder Emblem heute überdeutlich auf den Trikots prangt. Wo früher ein Schmutzfleck war, wird heute auf ein fußballfremdes Produkt hingewiesen. Trikot-Werbung ist heute so aufdringlich, dass man vor lauter Auto, Bier und Versicherung die historischen Vereinswappen kaum noch erkennen kann.

Mit dem „Jägermeister" eines Likörfabrikanten fing es 1973 an. Der Verein musste den Hirschkopf der Firma als Vereinswappen übernehmen, damit es keine Strafe gegen das Verbot von Werbung auf dem Trikot gab. Als die Mannschaft zum ersten Mal am 24. März 1973 mit dem Schriftzug „Jägermeister“ und dem Hirschkopf auflief, hatte der Verein eine jährliche Werbeeinnahme von 200 000 Mark auf dem Konto. Wie sehr der Alkohol die Anfänge der Trikotwerbung bestimmte, sieht man auch beim Hamburger SV: er setzte auf „Campari“.

Erste Trikotwerbung im deutschen Fußball, Eintracht Braunschweig, 1973

Auf dem Trikot von Wolfsburg liest man heute nur „VW“ (und nicht VfL); der Schriftzug „Veltins“ auf dem Hemd von Schalke 04 ist bis zum hintersten Platz im Stadion zu lesen, das große „S“ mit dem „04“ im Kreis über der linken Brust des Spielers kann man nur noch erahnen; das auf die Spitze gestellte Viereck des Hamburger SV wird von dem schrägen Schriftzug „TV Spielfilm“ geradezu weggetreten; der Geißbock als Wappentier des 1. FC Köln hat gegen „Ford“ und „VPV“ keine Chance. Es wurde einem ganz nostalgisch zumute, als in der Spielzeit 2001/2002 aufgrund eines fehlenden Hauptsponsors der SV Werder Bremen in einem nahezu unbedruckten Trikot (sattes Grün) auf den Platz lief.

Am Trikot erkennt der Zuschauer seine Mannschaft. Jahrelang spielten Mannschaften im immer gleichen Dress. Heute wundert man sich von Saison zu Saison, in welcher Kombination die heimische Elf nun wieder aufläuft. Jedes Jahr denken sich Modedesigner neue Kollektionen aus. Auch Fußballzuschauer wollen schließlich mitspielen. Und werden zur Kasse gebeten. Im Fanshop hängen die neuen Trikots an der Stange, in M, L, XL und XXL.

Das Trikot hat im Show-Zeitalter des Fußballs eine rituelle Funktion. Der Austausch des Trikots unter den jeweiligen Gegenspielern nach dem Spiel – früher eine beklatschte Geste der Fairness im Mittelkreis – ist heute eine Beiläufigkeit am Spielfeldrand. Die gegnerischen Mannschaften gehen sich nach neunzig Minuten intensiven Köperkontakts schleunigst aus dem Weg. Ein gemeinsamer Abschied vor dem Publikum im Stadion ist nicht mehr drin. Schnell hin zu Mikrofon und Kamera.

Manchmal wirft ein Spieler noch aus Stolz nach einem gelungenen Spiel in der Fankurve sein Trikot unters Volk. Der überglückliche Fänger nimmt es als Trophäe mit nach Hause und pflegt es als ungewaschenes Kultobjekt. Manchmal werden Trikots von Fußballstars für einen guten Zweck versteigert wie Kleidungsstücke von bekannten Schauspielern oder Popstars. Zu ewigem Ruhm kommt ein Spieler, wenn sein Trikot im Museum landet. In der Fußballausstellung „Der Ball ist rund" im Oberhausener Gasometer zum hundertjährigen Bestehen des DFB im Jahre 2000 hielten die Besucher vor dem Trikot inne, das der Schalker Spieler Martin Max beim UEFA-Pokalendspiel 1997 trug.

Dieses Trikot trug Martin Max beim UEFA-Pokalendspiel 1997; Schalke gewann im Rückspiel gegen Inter Mailand nach Elfmeterschießen mit 4:1.

Die Rückennummern

Das wichtigste Detail auf dem Trikot ist die Nummer auf dem Rücken. Bis 1939 gab es sie noch nicht. Fortan diente die Durchnummerierung von 1 bis 11 nicht nur der Vergewisserung, dass auch tatsächlich, der Regel entsprechend, elf Spieler auf dem Platz sind; jede Nummer stand für eine festgeschriebene Position des Spielers auf dem Platz: von der Nummer 1 des Torwarts bis zur Nummer 11 des Linksaußens, von der 2 des rechten und der 3 des linken Verteidigers über die 4 des rechten, die 5 des Mittel- und die 6 des linken Läufers bis hin zur 7 des Rechtsaußens, die 8 des halbrechten, die 9 des mittleren und die 10 des halblinken Stürmers. Die Nummerierung entsprach dem damaligen Spielsystem: 2-3-5.

Besondere Signalkraft und Kultcharakter hatte immer die Nummer 5 des Mittelläufers oder Liberos (Beckenbauer), die Nummer 9 des Mittelstürmers (Seeler) und die Nummer 10 des Mittelfeldregisseurs (Netzer). Für den einen oder anderen ist die Nummer 7 die Kultnummer schlechthin. Die 7 war einem immer ganz nah. Sie lief stets an der Seitenauslinie entlang, da, wo die Zuschauer parallel zu ihr am Spielfeldrand stehen oder sitzen – Rechtsaußen Reinhard „Stan" Libuda trug die 7 (Abb. S. 159). „An Gott kommt keiner vorbei", war an einer Litfaßsäule in Gelsenkirchen zu lesen – „Außer Libuda" schrieb ein Fan darunter.

Die Durchnummerierung der Spieler von 1 bis 22 kam zustande, weil jede bei der Weltmeisterschaftsendrunde teilnehmende Nation bis zu 22 Spieler anmelden konnte und jeder Spieler seine Nummer vom ersten bis zum letzten Spieltag behielt. Nach gleichem Muster funktioniert heute die Kleiderordnung in der Bundesliga. Nummern werden nicht nach der Position des Spielers auf dem Platz vergeben, man bekommt sie bei Vertragsabschluss und behält sie bis zum Vertragsende wie eine Mitgliedsnummer. Bei Bundesligaspielen geht heute das Zahlenspiel auf den Trikots bis hoch zu den 30er-Nummern. Das hängt mit der deutlich gewachsenen Anzahl vertraglich engagierter Spieler eines Vereins zusammen. Man spricht nicht mehr nur von der Mannschaft, man hat heute einen „Kader". Das Durcheinander mit den Nummern entspricht auch dem Durcheinander auf dem Platz. Im modernen Fußball gibt es nicht mehr die klassischen Rollen wie „linker Verteidiger" oder „Mittelstürmer", das 2-3-5 ist längst passé. Damit macht auch eine klassische Durchnummerierung auf dem Trikot keinen Sinn mehr.

Was passieren kann, wenn das Trikot mit der dem Spieler vertraglich zugehörigen Nummer nicht parat liegt, erfuhr der 1. FC Köln in der Saison 1997/98. Der Spieler Marcel Fensch sollte Dirk Schuster ersetzen. Fensch brauchte fünf Minuten, um sein vergessenes Hemd mit der Nummer 22 aus der Kabine zu holen. In diesen fünf Minuten ging der Karlsruher SC in

Führung und gewann am Ende das Spiel. Am Ende der Saison fehlten dem 1. FC Köln drei Punkte zum Klassenerhalt. Das fehlende Trikot trug zum Abstieg der Mannschaft aus der Ersten Bundesliga bei.

Die alte Zahlenordnung auf den Trikots ist dahin; die ‚Zerschriftung' des Fußballtrikots macht es unansehnlich. Sie ist ein Schlag gegen das Selbstbewusstsein des Experten in der Kurve, der aus dem Stand sagen kann, wer dies mit der Nummer 4 da unten ist, wer das mit der Nummer 6. Seit Mitte der neunziger Jahre steht auf jedem Trikot der Nachname des Bundesligaspielers in dicken Lettern über der Nummer auf dem Rücken. Durchgesetzt hat sich dieser biografische Service bei der Europameisterschaft 1992 in Schweden. Er diente den Zuschauern im Stadion und vor allem den Fernsehreportern zum schnelleren Erkennen.

Die Hosen

Im 19. Jahrhundert reichten die Hosen der Spieler bis übers Knie. 1904 reagierte die FIFA im Zuge eines immer zivilisierteren Fußballspielens auf die sinkende Zahl von Knieverletzungen: Hosen mussten nicht mehr das Knie bedecken. Der von der Durchschlagskraft seines Regelwerks überzeugte und, was den Rückgang der Verletzungsgefahr betrifft, äußerst optimistische DFB ging 1900 noch weiter. Der Gebrauch von Schienbeinschützern, 1874 von dem englischen Nationalspieler Sam Widdowson erfunden, wurde als „unnötig" erklärt. Heute läuft kein Profi ohne sie auf den Platz.

In den immer kürzer werdenden Fußballhosen steckt ein erotisches Potential. Dies erkannte auch Richard Girulatis. In seinem 1919 vertriebenen Fußball-Lehrbuch „Fussball. Theorie, Technik, Taktik" verrenkt sich der Autor rhetorisch: „Die Hose soll bis 5 cm an das Knie heranreichen, es gewährt einen unschönen Anblick, wenn die Oberschenkel gänzlich unbedeckt sind. Man braucht kein Sittenapostel zu sein, um einen solchen Anblick als unschön zu empfinden."

Auf lange Sicht blieben solche Ermahnungen unerhört. Die Hosen von Fußballspielern wurden im Verlauf des 20. Jahrhunderts immer kürzer. Dies hatte nicht nur modische und kulturhistorische Gründe. Die Beinfreiheit in kurzen Hosen kommt dem athletischen Potential eines Fußballers entgegen.

Als Ende der sechziger Jahre, auf dem Höhepunkt der so genannten sexuellen Revolution, die Röcke immer kürzer und die Haare immer länger wurden (siehe Günter Netzer, Paul Breitner, Ewald Lienen), nahmen Fußballhosen tendenziell den Zuschnitt jenes Wäschestücks an, das später als „Hot Pants" für Erregung sorgte. Franz Beckenbauers Hose (mit Seitenschlitz!) auf dem Mannschaftsfoto anlässlich der Deutschen Meisterschaft 1969 war noch lange nicht das Kürzeste, was man in diesen Jahren in deutschen Stadien bewundern konnte.

Gerd Müllers Oberschenkel waren so dick, dass er nur mit Mühe in das enge Höschen schlüpfen konnte. Nicht nur die Jeans, auch die Fußballhosen jener Jahre waren auf Hüfte geschnitten.Wie intim das Verhältnis der Spieler zu ihren freigelegten Gliedmaßen im Zeitalter neuer Körperfreiheiten sein konnte, zeigt das Siegerfoto mit der deutschen Nationalmannschaft 1974 in München. Berti Vogts fasst sich sehr bewusst an den

Die Weltmeister von 1974, von links, hinten: Höttges, Maier, Flohe, Müller, Grabowski, Breitner, Schwarzenbeck, Cullmann; vorne: Hoeneß, Heynckes, Bonhof, Schön, Beckenbauer, Hölzenbein, Vogts, Overath

eigenen Schenkel, Gerd Müller schaut freudig zu und packt seinerseits an Jürgen Grabowskis Knie; und Franz Beckenbauers Höschen nimmt im Schritt die Form eines zwickenden Slips an.

Am Ende des 20. und Anfang des 21. Jahrhunderts sind die Hosen wieder so lang, wie sie ganz früher waren. Sie enden nur knapp eine Hand breit über dem Knie – noch. Das Beinkleid des aus Prag gekommenen Dortmunder Spielers Tomas Rosicky lässt befürchten, dass Profihosen in Bälde wieder so lang sein werden wie Ende des 19. Jahrhunderts: bis hinunter zu den Waden.

Die kürzesten Hosen tragen heute ausgerechnet jene Herren, die bei ihrem Eintritt in die Fußballgeschichte noch mit Bowler-Hut und Straßenanzug auf den Platz kamen, Dekaden auf ein trauriges Schwarz festgelegt waren und bei der Wahl ihrer Hemden heute zwischen grün, gelb oder dunkelrot wählen: die „Pfeifenmänner“, heute Schiedsrichter genannt. Als Unparteiische verlieren allerdings auch sie ihre Neutralität. Kurz vor Karneval am 2. Februar 2002 lief folgende Meldung über die Agenturen: „Der DFB plant eine Arbeitsgemeinschaft, die ein einheitliches Konzept für die Werbung auf Schiedsrichter-Trikots erstellen soll. Eine entsprechende Regelung soll für alle Ligen unter dem Dach des DFB gelten.“

Eine der herausragenden Schiedsrichter-Persönlichkeiten in der ersten Hälfte des 20. Jahrhunderts: John Langenus (1891–1952) pfiff zwischen 1923 und 1939 insgesamt 85 Länderspiele.

Der eleganteste Vertreter seines Fachs blieb bis heute der legendäre belgische Unparteiische, Weltenbummler und Sportreporter in einer Person: John Langenus. Er pfiff in engen schwarzen Strumpfhosen, über denen er dunkle Knickerbocker trug. Sein weißes Oberhemd war gestärkt und gebügelt, der Schlips fest geknotet, das schwarze Jackett lag eng an. In einer solchen Tracht müsste kein Schiedsrichter der Welt, und sei seine Fehlentscheidung noch so peinlich, von den Rängen mit jenem animalisch-bösen Sprechgesang rechnen, der sich seit Jahrzehnten in deutschen Stadien hält: „Schwarze Sau!“

Die aktuelle Fußballmode für die Spieler ist nicht ohne Einfluss auf den Verlauf eines Wettkampfs. Je flatteriger die Hose und je weiter das Hemd, desto eher bietet sich dem verteidigenden Spieler die Möglichkeit, am Trikot des Stürmers zu zupfen, zu packen, zu reißen – heute eine mehr und mehr geahndete Regelverletzung.

Das weite Trikot hat indes auch eine dramaturgische Funktion. Im Handumdrehen lässt es sich selbst beim Laufen aus der Hose und über den Kopf ziehen – heute eine weit verbreitete Form des individuellen Torjubels. Nach einem Treffer läuft der glückliche Schütze nicht mehr, wie früher, zu seinen Kameraden hin; er läuft davon, um seiner Einzigartigkeit oder seinem Glauben Ausdruck zu verleihen: „Jesus lebt" (besonders beliebt bei brasilianischen Spielern). Im Profifußball muss man sich nicht nur von seinen Gegenspielern unterscheiden, sondern auch von den Kollegen im Team. Die Gestik entspricht dem Trend zum zunehmenden Individualismus im Fußball. Allerdings beabsichtigt der Fußball-Weltverband, zukünftig solche „Unterhemden-Nachrichten" wieder aus den Stadien zu verbannen: Ende Februar 2002 erklärte der FIFA-Generalsekretär Michel Zen-Ruffinen: „Wir werden wohl zur alten Regel zurückkehren, dass Spieler ihr Trikot anlassen müssen."

Die Torwartkluft

Einen besonderen Stellenwert in der Geschichte der Fußballerbekleidung nimmt die Kluft des Torhüters ein. Sie unterscheidet sich von der seiner Mitstreiter durch Farbe und Ausstattung. Er hat, was die anderen nicht haben: ein gepolstertes Sweatshirt, spezielle Handschuhe, Knieschoner (auf Ascheplatz unbedingt zu empfehlen) und – nach Bedarf – eine Kopfbedeckung. Willi Jürissen (sechs Länderspiele für Deutschland zwischen 1935 und 1939), Torwart bei Rot-Weiß Oberhausen und der SpVgg Erkenschwick, wegen seiner nassen Brisk-Frisur und seines strengen Scheitels „Pomaden-Willi" genannt, spielte stets mit weißen Handschuhen.

Das besondere Accessoire, ein Relikt aus Gentleman-Zeiten: die aus England stammende Schirmmütze. Günter Sawitzki vom VfB Stuttgart (bis 1970) habe ich nur mit Schirmmütze in Erinnerung. Auch Hans Tilkowski trug eine in der Verlängerung beim Finale gegen England in Wembley 1966. Seit dem fragwürdigen dritten Tor für England sind deutsche Torhüter abergläubisch. Sie verbinden mit der Schirmmütze Unglück.

Der Torhüter mit Schirmmütze: Hans Tilkowski und das „Wembley-Tor“

Die Torwartkluft schlechthin trug die spanische Legende Ricardo Zamora. Jedes seiner ausgewählten Kleidungsstücke ruft uns zu: Seht her, ich bin die Abwehr, mir schießt keiner einen rein! Toni Turek, unser „Fußballgott“ im Endspiel 1954 gegen Ungarn, trug eine schwarze Tracht. Unvergessen auch das Schwarz der russischen Ausnahmeerscheinung Lew Jaschin. So wie er wollten nicht nur alle halten, wie Jaschin wollten auch alle aussehen. Sie trugen alle Schwarz, meine Torwartidole in der Oberliga West der späten fünfziger Jahre: Albert Görtz von Fortuna Düsseldorf, Helmut Traska von Rot-Weiß Oberhausen, Heinz Kwiatkowski von Borussia Dortmund, Manfred Orzessek von Schalke 04.

Schwarz – das war die Farbe des Existentialismus. Die musste tragen, wer für den sportlichen wie philosophischen Ernst einer Niederlage berufen ist: der Torwart. Was war das für eine Sensation, als Fritz Ewert vom 1. FC Köln Anfang der sechziger Jahre wie aus heiterem Himmel in einem hellgelben Sweater im Kasten stand. Dabei folgte der Verein nur einer alten Tradition. Gelb war die 1921 vorgeschriebene Farbe des Sweaters, zumindest bei internationalen Spielen.

Gelb, Grün oder Weiß – das sind die Farben der Zukunft. Bunt wie Papageien verkleiden sich die Torhüter der Gegenwart.

„El Divino", der Göttliche, Ricardo Zamora (1901–1978) hütete das Tor der spanischen Nationalmannschaft zwischen 1920 und 1936.

Das Schuhwerk

Von allen Teilen einer Fußballkluft hat das Schuhwerk den direktesten Einfluss auf das Niveau des Spiels. Azteken und Aborigines spielten barfuß, Eskimos banden sich rutschfeste Felllappen unter die Füße, die Kemari-Fußballer in Japan hielten ihr ballistisches Zeremoniell in feinen Leinenschuhen ab, Ernst Kuzorra, Fußballidol in Schalke, trat in B-Jugendspielen in blitzblanken Lackschuhen an. Je robuster das Spiel wurde, desto widerstandsfähiger mussten die Schuhe gearbeitet sein.

Die ersten englischen Mannschaftsspieler spielten in Lederstiefeln. Sie reichten über die Knöchel hinaus. Acht Lederstollen wurden unter die Sohlen genagelt. In Absatz III, Punkt 8 hält das Regelwerk des frisch gegründeten DFB 1900 unmissverständlich fest: „Zur Spielkleidung gehören notwendig Schnürstiefel (oder Zugstiefel), minder zweckmäßig sind Schaftstiefel, ganz unbrauchbar Turnschuhe und vorn spitz zulaufende Stiefel. Verboten sind Schuhe oder Stiefel mit metallenen Nägeln oder Beschlägen."

Lew Jaschin (1929–1990) wurde 1963 als erster Torhüter überhaupt zum europäischen Fußballer des Jahres gekürt.

Ein echter Fußball-Gentleman achtete bei der Wahl seiner Sportstiefel auch auf modische Details. Das Paar „Cup Final" des Jahres 1910 fiel durch ein eingeprägtes „Budapester" Flechtwerkmuster an der Kappe auf, wie man es heute im Sport allenfalls auf Golfschuhen findet. Unter deutsche Herren-Fußballschuhe aus dem Jahr 1920, wie sie im Deutschen Sportmuseum Köln zu bestaunen sind, wurden nebst Stollen auch flache Klötzchen genagelt. Bis zur zweiten Weltmeisterschaft 1934 in Italien zogen die Spieler Fußballstiefel an, die jenen Knochen bedeckten, der für die Genauigkeit eines Stoßes keine herausragende Bedeutung hat, indes äußerst schmerzanfällig ist: der Knöchel.

Wie spielentscheidend leichte Stiefel vor allem auf nassem Rasen sein können, beweist das Weltmeisterschaftsendspiel gegen Ungarn 1954 in Bern. „Wir hatten eben die leichteren Schuhe", kommentierte Sepp Herberger in der ihm eigenen Lakonie den Sieg. Die Deutschen spielten auf diesem Turnier erstmals mit Schraubstollenschuhen von „adidas". Beim Endspiel in Bern war der Boden vom Regen tief, also waren die Stollen lang. Der Siegerschuh reichte dem Spieler nur noch knapp bis an den Knöchel heran. (An den Schraubschlüsseln zum Eindrehen der Stollen in die Sohle verzweifelten Generationen von Fußballspielern.) Helmut Rahns Schuh wog nur 380 Gramm. Die „Zauberschuhe" des siebzehnjährigen Brasilianers Pelé 1958 auf der siegreich beendeten Weltmeisterschaft in Schweden waren schon so flach, dass sie die Knöchel frei hervortreten ließen.

Englische Fußballschuhe aus dem Jahr 1910

Auch meine Fußballstiefel des Jahres 1958 (noch sprach man tatsächlich von Stiefeln und nicht von Schuhen) hatten drei weiße Streifen auf dem Leder und hießen direkt nach Seeler „Uwe". Sie wurden, weil sie noch ganz aus Leder waren, nach jedem Spiel heftig gewichst und poliert. Vorne an der Spitze hatten sie, damit wir auch mit der (von Könnern verschmähten) „Pike" schießen konnten, noch jene berühmt-berüchtigte „Stahlkappe" (die gar nicht mehr aus Stahl war), welche das Schienbein des Gegenspielers, sollte er es nicht mit einem unter uns allerdings ungebräuchlichen Schienbeinschoner vor herzlosen Tritten geschützt haben, durchaus in Mitleidenschaft ziehen konnte.

In den sechziger Jahren wurden Fußballschuhe immer leichter, immer flacher, heute sind sie flach wie ein Schiffchen. Sie haben „Bürstensohlen" und fest aufgeprägte Nockenstollen. Die Schuhe sind gänzlich wasserdicht; sie werden aus Kunststoff gefertigt und wiegen nur noch 150 bis 175 Gramm; sie lassen sich biegen und sind leicht wie Mokassins. Wenn Spieler wie Giovane Elber (Bayern München) oder David Beckham (Manchester United) mit roten oder weißen Schuhen auflaufen, geht ein Raunen durchs Stadion. Man weiß, es handelt sich um Spezialanfertigungen.

Aber auch sie sind von einem Ritual nicht ausgeschlossen, das jedem Schiedsrichter vor Anpfiff des Spiels höchste Konzentration abfordert: der messerscharfe Blick auf die Sohle des Fußballschuhs jedes einzelnen Spielers. So will es die Regel. Spätestens seit Ewald Lienens legendärer Fleischwunde am rechten Oberschenkel, hervorgerufen durch ein übles Foulspiel des Bremer Spielers Norbert Siegmann am 14. August 1981, ist höchste Vorsicht geboten. Nicht auszudenken, wenn unkorrektes Schuhwerk für die Schwere einer Verletzung verantwortlich wäre. Doch jetzt geht es ohne bange Erwartungen hinein ins Spiel. Wir hoffen auf bunte Trikots, gut geschnittene Hosen, farbige Fußballschuhe, einen fairen und spannenden Wettkampf.

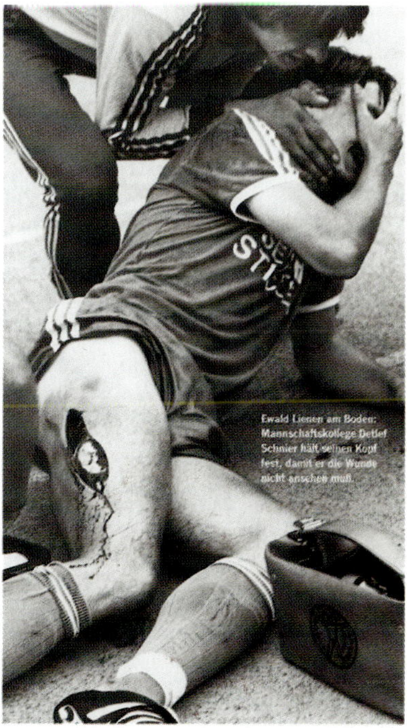

Der Bielefelder Stürmer Ewald Lienen wurde am 14.8.1981 im Meisterschaftsspiel gegen Werder Bremen von seinem Gegenspieler Norbert Siegmann brutal gefoult.

Werbeanzeige für Fußballschuhe, um 1918

Improvisationskünstler

Der Ball ist aufgepumpt, die Schuh' sind geschnürt, die Garderobe stimmt, wir stiefeln auf den Platz. Fußballspielen kann man überall: im Garten, auf der Wiese, auf der Pferdekoppel, dem Exerzierplatz, Marktplatz, Kirchplatz, Parkplatz vor dem Supermarkt (sonntags), am Strand, auf dem Feld, im Park, im Hinterhof, auf dem Schulhof, im Tempelhof, in der Wohnung, in der Turnhalle, auf dem Bürgersteig, in der Sackgasse, auf einem Ascheplatz, auf einem Sandplatz, auf dem Rasen, im Stadion, nur nicht im Wasser. Hauptsache es gibt ein Tor, auf das man schießen kann – oder besser noch zwei. Und wenn keins da ist, denkt man sich eben eins.

Goodison Road, Liverpool, 1999

Ein Tor ist nicht immer ein Tor. Es kann eine Garageneinfahrt sein, ein Zaun, eine Teppichstange, eine mit Kreide bemalte Hauswand, ein Baum neben einem anderen, eine Holzwand mit zwei Löchern drin, eins oben links, eins unten rechts. Im 19. Jahrhundert wurden Tore „Thore" genannt, sie bestanden aus zwei „Malstangen" und hatten nur selten Latten. Dann kam der Deutsche Fußball-Bund (DFB) und schrieb 1900 vor: „Die Thore bestehen aus zwei hölzernen Pfosten mit langen eisernen Spitzen und einer dünneren eisernen Querstange (Gasrohr) oder hölzernen Querlatte."

Wem eine eiserne oder hölzerne Querstange bedrohlich erschien, nahm ein Stoffband oder eine Wäscheleine als Latte. Bälle gingen zunächst nicht „ins", sondern „durchs" Tor. In den fünfziger Jahren hatten viele Sportplätze Tore, die wie ein Drahtverhau aussahen. Tore, die den Ball wieder zurück ins Feld springen lassen (zum Beispiel diese stabilen Eisentore auf Kinderspielplätzen), sind nicht „cool". Tore werden auch „Kasten" oder „Gehäuse" genannt, das Revier für den, der „zwischen den Pfosten" steht, der „Torhüter", „Torwart", das „Schlusslicht", die „Nummer eins", der „Kipper" (nach dem engl. „keeper").

Es gibt für den Fußballspieler und Zuschauer im Stadion keinen schöneren Anblick als das Fliegen oder Segeln des Balls ins Netz des Gegners. Wie es, vom Blitz getroffen, erzittert und den Ball, nach einem Hochschuss, abgleiten lässt. Oder wie der Ball, bei einem flachen Torschuss, in stoischer Gelassenheit im Gehäuse liegen bleibt! „Der Ball zappelt im Netz!" So wenig korrekt der Satz den beschriebenen Tatbestand erfasst, so wunderbar geht er einem doch über die Lippen. Selbst von der 2001 abgerissenen Südkurve im alten Kölner Müngersdorfer Stadion aus konnte der Zuschauer, auch wenn er die Vorgeschichte des Tores vor der weit entfernt liegenden Nordkurve nicht richtig mitbekam, am kurzen Zucken des Netzes erkennen: es hat eingeschlagen!

Wilfriedstraße, Duisburg, 2000

Derry, Nordirland, 1998

Ein Tor wird auch dann gegeben, wenn der Ball zwar mit dem nötigen vollen Umfang über die Linie geht, aber nicht ins Netz; für den Ästheten ist das kein schönes Tor, auch wenn es zum Sieg der „eigenen" Mannschaft beiträgt. Wie ein klassisches Holztor an seine Grenzen stößt, konnte man im Spiel Borussia Mönchengladbach gegen Werder Bremen 1971 am Bökelberg erleben. Nach einem besonders stürmischen Versuch der „Fohlenelf" in der 87. Minute brach ein Pfosten mittendurch. Das Tor sah wirklich aus wie erschossen. Spätestens seit diesem Ereignis muss einem die im Zusammenhang mit Fußball am häufigsten gebrauchte Formulierung „ein Tor schießen" suspekt

3.3.1971: Beim Meisterschaftsspiel zwischen Mönchengladbach und Werder Bremen bricht ein Torpfosten; nach Spielabbruch wertet das DFB-Sportgericht das Spiel mit 2:0 für Bremen.

erscheinen. Man kann nicht „ein Tor schießen“, sondern nur „ins Tor“. Kurz nach der Gladbacher Katastrophe wurden die Aluminiumtore erfunden, die es noch heute gibt. Dass auch die umfallen können, und wie lange es dauern kann, bis sie wieder aufgestellt sind, erlebten mehr als zehn Millionen Fernsehzuschauer beim Champions-League-Halbfinale Real Madrid gegen Borussia Dortmund 1998: 90 Minuten!

Kinderspiele

Mein erstes Tor war kleiner. Unsere „Dribbelspiele“ fanden auf dem Bürgersteig vor dem Mietshaus statt. Einer gegen einen, manchmal zwei gegen zwei, manchmal spielte man auch, wenn mal wieder keiner „runter“ durfte, gegen sich selbst. Unser Tor war das mit einem engmaschigen Eisengitter geschützte Kellerfenster, dessen unterer Rahmen etwa dreißig Zentimeter über dem Bürgersteig lag. Wir mussten also, um ins Tor zu treffen, den Ball ein wenig lupfen. Dieser satte Klang, wenn die „Pille“ einschlug!

Später gingen wir zum Eisenbahndamm auf die Wiese. Sie war besser als der Ascheplatz vom „Heerdter Turnverein“. So viele Pflaster wie Schürfwunden konnte es auf der Welt nicht geben. Wir nahmen vier Wacker- oder Ziegelsteine von der nahen Baustelle mit, es war Wirtschaftswunderzeit, es wurde viel gebaut, es gab viele Pfosten, wir träumten von echten „Netztoren“; die kannten wir nur von unseren Fußballbildchen zum Sammeln fürs Album. Sonntags mussten einige von uns in die Kirche und durften nur im Anzug ’raus. Wir waren zu wenige für ein Spiel auf zwei Tore, also gab es das „Spiel auf ein Tor“. Eine Notvariante. Vieles kommt hierbei darauf an, wie der Torwart den Ball abschlägt. Um nicht als parteiisch zu gelten, wirft er ihn mit dem Rücken zu den beiden Kleinstmannschaften stehend ins Feld. Oder übt den Rückzieher.

Bei einem „Dribbelspiel“ (engl. „to dribble“), auch „Fummelspiel“ genannt, spielt man ohne Torwart. Das Tor war nur etwa ein Meter breit, das Spielfeld begrenzten wir in der Länge auf etwa dreißig Meter, die Breite ergab sich wie von selbst aus den lokalen Gegebenheiten: das „Seitenaus“ auf der einen Seite waren die Bahnschienen, auf der anderen Seite lag eine Böschung. Mit dem Toraus hielten wir es beim Dribbelspiel nicht so genau („hinterm Tor geht's weiter“); in keiner anderen Lebenssituation nahmen wir allerdings unsere Rechenaufgaben so ernst wie beim Zählen der erzielten Tore. Jeder war ein anderer, ich nannte mich „Garrincha“, ein anderer war „Vava“, wieder ein anderer „Didi“, und jeder wollte Pelé sein, die „schwarze Perle“, der beste von allen Brasilianern; er schoss als 18-Jähriger in einer einzigen Saison für seinen Verein FC Santos 127 Tore.

Die Brasilianer Pelé und Garrincha bei der WM 1958 in Schweden

Waren unsere Steine am nächsten Tag verschwunden, suchten wir nach Stöcken; im Notfall mussten Anoraks oder Pudelmützen als Pfosten herhalten. (Seltersflaschen waren zu gefährlich.) Waren wir genug und konnten also mit Torhütern spielen, verbreiterten wir unsere Tore je nach Alter und fußballerischer Selbsteinschätzung der beiden „Kipper“. Das Spielfeld wurde natürlich länger, und dann „Piss-Pot“. Das geht so: die beiden ältesten oder besten Spieler stehen sich etwa drei Meter gegenüber und nähern sich abwechselnd einander auf gerader Linie, indem ein Schuh exakt vor den anderen gesetzt wird; der eine sagt „Piss“, der andere „Pot“, wer als Letzter die gesamte Länge seines Schuhs nicht mehr in den immer enger werdenden Platz zwischen eigenem und „fremdem“ Fuß hineinzwängen kann, hat verloren. Der Gewinner darf mit dem Auswählen einzelner Spieler aus dem bange herumstehenden Haufen beginnen. Wer als Letzter gewählt wurde, hatte einen schweren Stand, nicht nur auf dem Spielfeld, auch im sonstigen Leben: „Der kann nix!“ Das Wählen beim Fußballspiel gehörte zu den grausamsten Ritualen meiner Kindheit. Es traf immer die Kleinsten. Und die Dicken mussten ins Tor. Es sei denn, einer war „Herkenrath“ (Rot-Weiß Essen, 21 Länderspiele bis 1958), der drängelte sich vor.

Wir spielten „bis zehn“ – das heißt: bis eine der beiden Mannschaften zehn Tore geschossen hatte und als Sieger nach Hause torkelte oder lief, wenn es mal wieder zu spät geworden war. Kam jemand mit Armbanduhr, ging es über „Zweimalzwanzigminuten“ – umso länger, je älter wir wurden. An langen Ferientagen spielten wir mehrere Spiele hintereinander, wir spielten so lange, wie der Arbeitstag unserer Väter dauerte. Zwischendurch ruhten wir uns mit „Elfmeterschießen“ aus, und zwar dessen vornehmer Variante: dem „Königsschießen“. Der Jüngste muss ins Tor, der Älteste fängt an. Wer den Ball nicht reinschießt, muss ins Tor. Wer sich drei Tore hintereinander „fängt“, scheidet aus. Am Ende bleiben zwei Spieler übrig, wer die meisten von drei Schüssen verwandelt, ist der „König“.

Wir spielten ohne Abseits, aber „mit Hand“ – was hieß, dass bei einem Handspiel ein Frei- oder sogar Strafstoß gegen den Sündenbock gegeben wurde. Da wir auf der Wiese nicht mit den Schuhabsätzen Linien ziehen konnten, gab es keinen Strafraum. Wir keilten uns, ob es denn „nur“ einen Freistoß (bei dem die abwehrende Mannschaft eine Mauer aufstellen darf) oder „schon“ einen Strafstoß gab. Mit anderen Worten: einen Elfmeter. Der kam allerdings nie aus elf Metern, sondern höchstens aus neun.

Absichtliches Handspiel war das Schlimmste. Es

Nikolaus Heidelbach, *Freistoß*, Aquarell, 1991

entlarvte den Mitspieler als einen „Der kann nix". Wir spielten „Drei-Ecken-Ein-Elfer". Nach der dritten Ecke, die eine Mannschaft erzielte, gab es zur Belohnung der stürmischen Aktivitäten einen Elfer. Einen Schiedsrichter hatten wir nie, alle trugen das gleiche Trikot, Buschhemden und kurze Lederhosen im Sommer, Reißverschlusspullover und Manchester- oder Keilhosen im Winter. Trikots in den Farben der Lieblingsmannschaft? – Hatte kaum einer.

Am schlimmsten war es, wenn die einen sagten „der war drin", und die anderen „der war drüber", wir hatten ja keine Latten. Wir prügelten uns wie die englischen Jungs, die sich am Ende des 19. Jahrhunderts auf den Wiesen trafen und noch Rugby spielten, obwohl sie von Fußball sprachen. Wir stritten darum, wer das schönste Tor des Tages geschossen hatte. Und jeder hatte selbstverständlich eine andere Meinung.

Lothar Emmerichs Tor zum 2:1 gegen Spanien bei der WM 1966

Schöne Tore, tolle Tore

Das schönste Tor? Darüber gibt es nach jedem Spiel, nach jeder Saison, nach jeder Weltmeisterschaft keine Einigkeit. Meistens sind die „schönsten Tore" die Tore von Spielern der Mannschaft, für die man hält. Kein Fußballfan ist objektiv. Aber es gibt „schönste Tore", die waren wirklich schön, und jeder hat sie gesehen oder darüber gelesen: Lothar Emmerichs Schuss aus einem Winkel, der spitzer nicht sein konnte, am 20. Juli 1966 in Birmingham im WM-Vorrundenspiel gegen Spanien; Stan Libudas „Bogenlampe" zum 2:1 für Borussia Dortmund gegen FC Liverpool in der Verlängerung des Europapokalendspiels 1966 in Glasgow; Klaus Fischers Fallrückzieher beim 4:2 der deutschen Nationalmannschaft gegen die Schweiz am 16. November 1977 in Stuttgart – nur eine kleine Auswahl, die Liste ließe sich beliebig verlängern, ein Gesellschaftsspiel.

Aber seitdem kein „schönes Tor“ dem Fußballfan dank der Dauertorflut im Fernsehen, aus den verschiedensten Kameraperspektiven, in Superzeitlupe x-fach wiederholt, mehr vorenthalten wird, hat das „schöne Tor“ seine Aura, seinen Glanz der Einmaligkeit verloren. Man ist mit „schönen Toren“ heute so verwöhnt, dass die Zuschauer der ARD im Jahre 2001 den Zufallstreffer eines unbekannten Mannes nur deshalb zum „Tor des Jahres“ gewählt haben, weil der Schütze ein 80-jähriger Rentner ist und zufällig eine Amateurkamera dabei war, als er in den Winkel traf.

Aber es gibt nicht nur „zufällige“ und „schöne Tore“, es gibt „verrückte Tore“. Alex Alvez schoss ein „verrücktes Tor“ für Hertha BSC gegen den 1. FC Köln vom Anstoßpunkt aus, am 30. September 2000 in Berlin. Günter Netzers verrutschter Schuss in den Winkel nach seiner selbst vorgenommenen Einwechslung für Borussia Mönchengladbach gegen den 1. FC Köln in der Verlängerung des Endspiels um den DFB-Pokal am 23. Juni 1973 in Düsseldorf war ein „Glückstor“. Das erste „Golden Goal“ erzielte Oliver Bierhoff gegen Tschechien im Endspiel um die Europameisterschaft 1996. Thomas Helmers deutlich neben den Pfosten kullerndes 2:1 für Bayern München gegen den 1. FC Nürnberg am 32. Spieltag der Saison 1993/94 war definitiv ein „zu Unrecht gegebenes Tor“. (Das Spiel wurde wiederholt.) Ein „Tor in letzter Sekunde“ entschied die Deutsche Meisterschaft 2000/2001: das 1:1 durch Patrik Andersson für Bayern München gegen den HSV in der Nachspielzeit nahm den Schalkern den schon sicher geglaubten 1. Platz. Die beiden Tore von Manchester United in der 90. Minute gegen Bay-

Günter Netzers legendäres Tor zum 2:1 für Borussia Mönchengladbach gegen den 1. FC Köln im Pokalfinale von 1973

Entsetzen im Bernabeu Stadion: Ole Gunnar Solskjaer erzielt in der 92. Minute das 2:1 für Manchester United im Champions-League-Finale gegen Bayern München, 1999.

ern München beim Champions-League-Finale 1999 waren ein „Doppelschlag". Ein „erlösendes Tor" war jedes der vier geschossenen im Qualifikationsspiel für die WM 2002 in Japan und Korea in Leverkusen gegen die Ukraine. Das 3:2 für England gegen Deutschland bei der WM 1966 ist als „Wembley-Tor" in die Geschichte eingegangen (Abb. S. 157). Darüber hinaus gibt es immer wieder herrliche „Kopfballtore", sagenhafte „Eigentore", geschenkte „Abseitstore", „wie an der Schnur gezogene" oder „mit viel Gefühl" über die Mauer gehobene „Freistoßtore", direkt verwandelte „Eckstoßtore", unhaltbare „Elfmetertore" und und und – und immer wieder das von Herbert Zimmermann via Rundfunk übermittelte spielentscheidende „Tor, Tor, Tor" von Helmut Rahn beim WM-Endspiel 1954 gegen Ungarn in Bern. Ein Tor ist eben nicht nur ein Tor. Und als es mit dem Fußball losging, waren Tore lange nicht so wichtig wie heute.

Karl Heidelbach, *Scherenschlag*, Ölgemälde, 1986

Chinesisches Ts'uh-küh, indianisches Ulama

Im zweiten Jahrtausend vor Christus ging es beim Fußball robust zur Sache. Bei den Chinesen gehörte die Keilerei zum Ritual wie das Schwert zum Krieg. Allerdings waren die Vorzeichen andere als bei uns. Die unterlegene Mannschaft durfte aus erzieherischen Gründen nach dem Spiel von den Siegern verprügelt werden. Zur Warnung vor einer Niederlage im nächsten Krieg.

„Ts'uh-küh" wurde zunächst nur von Soldaten gespielt. Es ging um Taktik, Tapferkeit, Disziplin, Reaktionsschnelligkeit, Muskelkraft, persönliches Heldentum und mannschaftliche Geschlossenheit, kurz: um Tugenden, die auch heute zum Fußball gehören wie der Pokal zur Meisterschaft. „Ts'uh" heißt „mit dem Fuß stoßen", und „küh" ist der Ball. Er wurde von acht zusammengenähten Lederstücken zusammengehalten, ausgestopft mit Federn und Tierhaar. Zwei Mannschaften treten gegeneinander an, mindestens zehn gegen zehn; es gibt einen Torwart, einen Spielführer und Spielregeln. So richtungweisend diese früheste Form fußballerischer Spiellust auch anmutet – es ist bis heute nicht geklärt, warum „Ts'uh-küh" um das Jahr 900 n. Chr. von den Plätzen verschwindet.

Das zeremonielle chinesische Fußballspiel Ts'uh-küh

Eine kultische Funktion hatte das Ballspiel in den mittelamerikanischen Hochkulturen im ersten Jahrtausend. Da, wo heute Mexiko und Honduras liegen, spielten Fürsten und Priester zwischen dem 4. und 9. Jahrhundert mit einem Kautschukball „Ulama". Sinn des Spiels war es, zu demonstrieren, dass der Mensch den Zweikampf zwischen Licht und Finsternis, Diesseits und Jenseits, Gut und Böse aufzunehmen bereit ist – ein Ritual. Zur Untermauerung des religiösen Ernstes, mit dem die Männer bei der Sache waren, wurden vor dem Anstoß zum Wohlgefallen der Götter Zuschauer geopfert. Mit ihrem Blut wurden auf dem Spielfeld Linien gezogen.

Das Spielfeld ist rechteckig, etwa halb so groß wie heute. Es treten zwei Mannschaften von jeweils zwei bis sieben Spielern gegeneinander an. An einer Längsseite des Feldes steht eine Mauer, darin eingelassen steinerne Ringe, durch die man die Kugel, die deutlich kleiner ist als ein heutiger Fußball, so gerade eben befördern kann. (Ähnlich schwer machten es sich nur die Fußballspieler auf Hawaii, sie versuchten beim „Pe-ku-ku-ni-po-po“ [„Tret-Renn-Ball“] ihr Bällchen in selbst gegrabene Löcher zu treiben.) Wer die Kugel zuerst durch den Ring bekommt, ist Sieger. Das konnte Stunden dauern, denn das „Tor“ bekam man nur, wenn das Spielgerät mit dem Knie, dem Gesäß oder der Hüfte durch den Ring gestoßen wurde.

Zur Ausrüstung der Spieler gehörte beim Ulama neben Lendenschurz, Handschuh, Helm, Knie und Armschoner ein so genannter Yugo. Dabei handelte es sich um einen aus Leder oder Holz gefertigten Gürtel, mit dem man der „gehüfteten“ Kugel den nötigen Schwung geben konnte. Warum ausgerechnet Körperteile zum Erzielen von Toren autorisiert wurden, die aus unserer Erfahrung allenfalls für Zufallstreffer gut sind, wird das ewige Geheimnis Ulamas bleiben.

Darstellung eines so genannten Yugos, eines aus Leder oder Holz gefertigten Hüftgürtels, mit dessen Hilfe man beim „Ulama“ dem Ball die gewünschte Richtung verlieh.

Japanisches Kemari

Nicht weniger akrobatisch, aber sichtlich eleganter als die Azteken und Mayas mit Hüfte, Knie und Hintern behandelten japanische Prinzen mit ihren Fußspitzen den Ball. Doch auch ihre urzeitliche Variante des Fußballspiels diente vor allem einem Zweck: den Göttern zu gefallen. „Kemari“ durfte nur im Tempelhof gespielt werden. Seit dem 8. Jahrhundert gibt es dieses Spiel, an Feiertagen in der Kaiserstadt Kyoto zieht es noch heute die Fans in Bann.

Im Unterschied zu allen anderen Urformen des Fußballspielens geht es beim Kemari nicht darum, ein Tor zu erzielen, sondern einzig und allein darum, den Ball so oft wie möglich hintereinander in die Luft zu kicken, ihn so lange wie möglich, wie wir rekordsüchtigen Jungs auf der Wiese das nannten, „hoch zu halten". Observiert wurde Kemari von einem Priester; der war allerdings nicht dazu da, wie ein Schiedsrichter Regelverstöße zu ahnden – er segnete den Ball vor und nach dem Spiel in einer aufwendigen Zeremonie.

Darstellung des zeremoniellen japanischen Fußball-Spiels „Kemari"; Seidenmalerei aus dem 19. Jahrhundert

Gespielt wird auf einem 14 mal 14 Meter großen Sandplatz, dessen vier Ecken mit Bambusstangen gekennzeichnet sind, nach ganz traditioneller Spielregel von einer Kiefer in der Nordwestecke, einem Kirschbaum in der Nordostecke, einer Weide in der Südostecke und einem Ahorn im Südwesten. Das Fußballspiel Kemari ist eine Art Fruchtbarkeitsbeschwörung.

Vier bis sechs Spieler bewegen sich auf dem Spielfeld und lupfen sich den im Durchmesser ca. 22 cm messenden Ball zu. Das ähnelt den demonstrativen Auflockerungsübungen einer Bundesliga-Mannschaft vor dem Meisterschaftsspiel. Ein Spielzug dauert so lange, bis der Ball auf den Boden tropft. Über 400 Lupfer pro Spielzug sind keine Seltenheit. Das müsste selbst einem göttlichen Ballkünstler wie Diego Maradona imponieren. Das ganze Spiel dauert so lange, bis ein Weihrauchstab abgebrannt ist – ungefähr zwanzig Minuten. Bei „Abpfiff" gibt es nur Verlierer oder nur Gewinner, je nachdem, wie viele Spielzüge die Mannschaft auf dem Sand geschafft hat und wie groß die Furcht vor der göttlichen Autorität am Spieltag war: wäre sie wohl auch mit fünfzig Lupfern pro Spielzug zufrieden?

Mehr Raum als ihre japanischen Sportgenossen nahmen die Eskimos in Grönland für ihr Spiel in Anspruch. Das liegt an den geographischen Gegebenheiten. Wo keine Bäume herumstehen, hat man mehr Platz. Die Eskimos spielten auf einem vereisten Feld von 300 bis 400 Metern Länge. Alle durften mitmachen: Kinder, Frauen, Männer. Ein Familiensport. Ziel war es, den 10 bis 20 cm großen Ball über eine Linie auf der schmaleren Seite des Spielfelds zu bewegen. Egal wie. Man durfte den Ball wie beim amerikanischen „Football" kicken, werfen, tragen. Seinem Gegenspieler das Bein stellen, ihn umwerfen, ihn festhalten – all das war erlaubt, egal wen man gerade erwischte, ob Kind oder Großmutter, ganz gleich, wo sich der Ball gerade befand. Hauptsache, es wurde einem warm.

Griechische und römische Anfänge

Blicken wir nach Süden, zu den Griechen und Römern. Wer so den Göttern zugewandt lebte wie sie, konnte am Ballspiel nicht vorbeisehen. Doch verglichen mit dem Rest der Welt hielten sie es mit dem Fußball wie heute die Amerikaner mit dem „Soccer". Da hatten sie die herrlichsten Stadien und Zirkusarenen auf Erden, doch vor lauter Diskus- und Speerwerfen (Fußball wurde erst 1900 olympische Disziplin), Gladiatorenherrlichkeit und Wagenrennen übersahen die Herrscher das heroische Potential im Ballspiel. Aus den Katakomben im Kolosseum zu Rom liefen Tiger und Löwen auf den Platz, um ihre Opfer zu verschlingen – niemals indes ein Fußballspieler, um über seinen Gegner herzufallen. Der Boden im 50 000 Zuschauer fassenden Rund konnte für künstliche Seeschlachten mit Wasser überflutet und dann nach Belieben wieder ausgetrocknet werden. Trotz bester Bodenverhältnisse: Fußballschlachten fanden dort nie statt. Fußball spielten die Griechen in ihren abgeschiedenen Palästren; das sind eigentlich Übungsplätze für Ringer. Die Römer wiederum kickten in eigens zum Ballspiel hergerichteten Räumen in ihren Thermen. In Zeiten, da alles favorisiert wurde, was

Darstellung eines Ballspiels in der griechischen Palästra, nach einem antiken Relief

Kriegern gut tat, hatte das Fußballspielen einen schweren Stand. Es war den Heroen zu lasch.

Das volle kriegerische Potential im Ballspiel erkannten allerdings die Spartaner. Sie waren es, die Platon dazu brachten, von „sphairoma chia“ zu schwärmen, was so viel heißt wie „Ballschlacht“, nach des Philosophen Meinung die militärische Übung schlechthin. In der martialischen Wortwahl steckt eine gehörige Portion Wahrheit. Die Spartaner fielen auf Rennbahnen, wie der Schriftsteller Lukian schrieb, „um eines Balles willen übereinander her und schlugen sich“. Spartaner unter dreißig ließen die Mutprobe Fußball über sich ergehen, um als vollwertige Soldaten anerkannt zu werden. Die Regeln waren knallhart. Wer sie verletzte, musste Helm und Harnisch ablegen und wurde vor der grölenden Menge ausgepeitscht. Zur Legitimation rief man die göttliche Autorität eines „Schiedsrichters“ auf den Plan: den Halbgott Herakles. Dessen Entscheidungen fielen, wie man sich denken kann, immer nur zugunsten der Götterwelt aus. Gleichheit vor dem Schiedsrichter – so etwas gibt es, zumindest auf dem Papier, erst in unseren Tagen.

Das „Harpastum“ der Römer lehnte sich eng an die „sphairoma chia“ der Griechen an. Weil die rüstigen Männer von den Apenninen, wie man weiß, ein sehr angriffslustiges Volk waren und ihre kulturellen Errungenschaften bis in unsere Breiten glaubten exportieren zu müssen, konnte es nicht ausbleiben, dass ihr Harpastum auch in Koblenz und Colonia Fuß fasste. Die Römer als Ahnherren unseres germanischen Fußballspiels zu betrachten, fiele uns allerdings nur in sprachgeschichtlicher Hinsicht ein. Kommt ein Fußballspieler viel in der Welt herum, spricht man von einem „Legionär“; von der „Kampfbahn“ in Dortmund oder Krefeld geht es in die „Arena“ auf Schalke, in die BayArena in Leverkusen oder in die AOL-Arena in Hamburg. Fehlt nur noch, dass demnächst ein neues Stadion „Kolosseum“ genannt wird.

Seit dem 12. Jahrhundert wurde in einigen Ländern Europas Fußball gespielt. Dazu gehörten nicht Deutschland, die skandinavischen und osteuropäischen Länder, sondern, neben England und Italien, vor allem Frankreich. Fußball hieß dort im Mittelalter „soule" oder „choule". Von einem Regelwerk ist nichts bekannt, es muss sich – wie aus der Bretagne überliefert – um eine recht brutale Angelegenheit gehandelt haben. Zunächst wurde ein Ball in die Höhe geworfen, dann gingen zwei aufeinander zu stürzende Lager daran, den Ball in ihre Reihen zu bekommen. Das Spiel war zu Ende, wenn eine der beiden Parteien mit den Kräften am Ende war und das Weite suchte. Das muss ausgesehen haben wie bei Asterix und Obelix.

Il Calcio, Kupferstich von Petro Bertelli, um 1595

Italienisches Calcio

Den Anfängen der Fußballgeschichte bescheren dagegen die Italiener ein festliches, feinsinniges, nachgerade fürstliches Kapitel. „Calcio" (Fußtritt, Fußball) wird seit dem frühen 16. Jahrhundert auf dem Jesuitenplatz in Venedig und am erfolgreichsten auf der Piazza di Santa Croce in Florenz gespielt. Die Florentiner holten nach, was die Römer einst verhinderten: Fußballspielen als heroische Veranstaltung, als Fest. Es war das Spiel der Adligen. Der Höhepunkt bei Hochzeiten. Mit dem Calcio demonstrierte der Adel sein Standesbewusstsein, das Spiel diente der Deklassierung der unteren Stände. Für die Medici war Fußball das barocke „Exerzierfeld höfischer Tugenden", und dazu gehörte naturgemäß auch die paramilitärische Übung. Theatertribünen wurden errichtet, das Volk musste zuschauen, wie die jungen Adligen in prachtvollen Kostümen zum Spiel antraten und kickten. Trommeln, Trompeten und Fahnen zur Anfeuerung der hohen Gesellschaft durften mitgebracht werden. Selbst der Papst war vom Calcio begeistert. Leo X., ein Medici, ließ zu seinem Plaisir am 7. Januar 1521 zwei Mannschaften aus Florenz an den Vatikan kommen. Sie kickten vor seinen Augen auf der Torre Borgia. Das Ergebnis ist nicht bekannt.

Auch die Regeln des Calcio sind überliefert. Man spielt auf einem rechteckigen Platz, etwas kleiner als heutige Fußballplätze. Ein Spiel dauert eine Stunde. Ziel zweier gegeneinander spielender Mannschaften ist es, den Ball – ebenfalls etwas kleiner als ein heutiger Fußball – über die Grundlinie an den jeweiligen Schmalseiten des Platzes zu treiben. In Ainolfo de' Bardis Regelkunde des Jahres 1615 klingt das so: „Der Calcio ist ein öffentliches Spiel zweier zu Fuß agierender und unbewaffneter Mannschaften von Jugendlichen, die auf angenehme Weise um der Ehre willen wetteifern, einen aufgepumpten Ball über den gegenüberliegenden Endpunkt hinaus zu bringen."

Gabriel Bella, *Gioco del calcio nel bersaglio di S. Alvise*, um 1780

Zu jeder Mannschaft gehören 27 Spieler. Die taktischen Vorgaben sind das genaue Gegenteil von dem, was als „Catenaccio" in die Fußballgeschichte einging, jene von Trainer Helenio Herrera propagierte äußerste Defensivtaktik, die in den sechziger und siebziger Jahren des 20. Jahrhunderts für enorme Langeweile im italienischen Fußball sorgte. (Bei der Weltmeisterschaft 1970 in Mexiko schaffte es die italienische Nationalmannschaft, mit nur einem geschossenen Tor in drei Vorrundenspielen den ersten Gruppenplatz zu belegen und ins Viertelfinale einzuziehen.) Zu den 27 Spielern beim Calcio gehören 15 Stürmer, 5 Läufer als Verbindungsreihe zwischen Abwehr und Angriff, 4 offensive Verteidiger und 3 defensive Verteidiger, von denen der mittlere, der Torwart, als einziger den Ball mit der Hand fangen darf. Man spielt also, von der Defensivabteilung aus nach vorne gerechnet, eine Art 3-4-5-15-System. Bis auf den mittleren Defensivmann (nennen wir ihn ruhig Torwart) dürfen alle anderen Spieler den Ball nur fausten und mit dem Fuß schießen, nicht aber werfen, fangen oder mit der Hand vorwärts befördern. Handspiel ist eine Charakterfrage. In einem zeitgenössischen Traktat heißt es unmissverständlich: „Vor dem, der mit den Händen vorgeht, hüte man sich, denn er ist von schwacher Natur." Fußtritte an die Adresse der Gegenspieler, ganz gleich welchen Körperteil sie trafen, waren dagegen ausdrücklich erlaubt und gaben dem Spiel seinen deftigen Charme.

Beim Calcio gab es schon Mannschaftsfarben. Auch ein Schiedsrichter war mit von der Partie. Noch heute pilgern kulturgeschichtlich interessierte Fußballfans nach Florenz, um an der Wand des Palazzo dell'Antella auf der Piazza di Santa Croce dem 1565 angebrachten Anstoßpunkt zum Calcio ihre Reverenz zu erweisen. Forderungen an die FIFA, hier zu Ehren des Geburtsortes des modernen Fußballspiels eine Gedenktafel anzubringen, werden lauter, zumal hier an Festtagen immer noch Calcio gespielt wird.

Eine Gedenktafel in Florenz – das wäre ein Schlag gegen englische Fußballhistoriker, die behaupten, im „Mutterland des modernen Fußballs" zu leben. Ein Sieg über die Römer im Jahr 217 n. Chr. in Derby soll mit einem Fußballspiel gefeiert worden sein. Außerdem habe man im 11. Jahrhundert zur Zeit der Unabhängigkeitskriege mit Dänemark mit dem Kopf eines erschlagenen Gegners auf dem Schlachtfeld Fußball gespielt, bis er regelrecht zerfleddert war. In John Websters Tragödie „White Devil" (1612) wird mit dem Schädel eines Geköpften gekickt. Es soll sich dabei um die sterblichen Überreste eines florentinischen Medici handeln. Jedenfalls rächte sich Francesco de'Medici, einer der größten Fußballfanatiker in der Renaissance, an seinen englischen Widersachern mit einer Tragödie, in der er konditionsstark zum Ausdruck brachte, nicht ruhen zu wollen, „till I can play at footeball with thy head".

1846 Studenten der Universität Cambridge verfassen die ersten Fußballregeln. Danach besteht eine Mannschaft aus 15 bis 20 Spielern.
1857 Der erste Fußballklub der Welt wird in Sheffield gegründet.
1863 Vertreter von Universitäten, Schulen und Fußballklubs gründen am 26.10. die „Football Association“ (FA): die Geburtstunde des modernen Fußballs.
1864 Einführung einer Kleiderordnung in Cambridge: Hosen müssen über das Knie reichen, die Spieler müssen Mützen tragen.
1866 Etablierung der Eckball- und Freistoßregel.
1870 Die FA beschränkt die Zahl der Spieler einer Mannschaft auf elf.
1871 Verbot des Handspiels für alle Feldspieler. Nur dem Torwart wird die Abwehr mit der Hand erlaubt. Erster Fußball-Pokalwettbewerb in England („Challenge Cup“).
1872 Im ersten Länderspiel der Geschichte trennen sich England und Schottland 0:0 in Glasgow. Das erste englische Pokal-Endspiel gewinnen die „London Wanderers“.
1874 Erfindung des Schienbeinschoners durch den engl. Nationalspieler Sam Widdowson.
1875 Die Latte ersetzt das bis dato übliche Stoffband als Querverbindung zwischen den Pfosten.

Eine Mischung aus Raufball und Geländerennen

England ist das „Mutterland“ des modernen Fußballs, dessen Geburt zäh und bisweilen sehr grausam vonstatten ging. Jugendfreier als die gerade zitierten patriotischen Beweisführungen für den Beginn des Fußballspiels in England ist ein urkundlich bewiesenes historisches Ereignis im Jahr 1174. Londoner Jugendliche fliehen aus der Stadt, um der Verpflichtung des Fastens zu entgehen, und geben sich auf freiem Feld ihrem „lusum pilae celebrem“ hin, ihrem „berühmten Ballspiel“. Im ersten Spielbericht heißt es: „Sie haben Tricks, ihren Gegner mit den Ellbogen aufs Herz zu treffen und mit den Fäusten unter die kurzen Rippen zu stoßen oder hundert mörderische Kniffe dieser Art anzuwenden.“ Kein Wunder, denn es gab keine Regeln, die die Anzahl der Kämpfer in einer Mannschaft vorschrieben, die Größe des Spielfelds festlegten, die Beschaffenheit des Tores empfahlen. Man nahm, wie wir auf unserem Bolzplatz, irgendwelche Steine als Markierung.

Die Grenzen zwischen Spielern und Zuschauern waren fließend. Ganze Dörfer traten gegeneinander an. Der Ball diente nicht der Entfaltung eines systematischen Spiels, sondern war ein Objekt grenzenloser Streitlust, der Zankapfel des Pöbels. Deshalb ist die Geschichte des Fußballs in England, ehe hier tatsächlich der „Soccer“ erfunden wurde, die Geschichte eines rabiaten Für und Wider in mehreren Etappen. Verrohung und Verbot sind die Vorboten zur Verfeinerung eines Kampfspiels, dessen Vorzüge für Geist und Körper in England von den höheren Schichten zunehmend erkannt und gefördert wurden. Die italienische Renaissance mit ihren ästhetischen, körperlich-pädagogischen Idealen, zu denen auch das Fußballspielen gehörte, schwappte nach England über.

Doch lange sollte es dauern, ehe den Fußball das „Fair Play“ einholte. Englische und schottische Könige untersagten im 14. und 15. Jahrhundert wiederholt diese Mischung aus Raufball und Geländerennen. In den Ritterromanen der Zeit gab das Fußballspiel eine blutige Metapher ab: Im „Troy Book“, einem populären Trojaroman von John Lydgate, fielen Griechen und Römer übereinander her: „Köpfe rollten durch die Gegend/Wie man Fußball spielt.“ Wehrfähige Männer sollten sich zur körperlichen Ertüchtigung und Verteidigung des Königreichs im Bogenschießen üben, verfügte Eduard III. am 12. Juni 1365 in einem Schreiben an die Sheriffs von London. Fußball sei, hieß es in Sir Thomas Elyots 1531 erschienener Anleitung zur Ausbildung edler Charakterköpfe, „The Boke named the Gouvernour“, „bestialisch furios und extrem gewalttätig“, es stimuliere zu „Arglist“ und „Boshaftigkeit“.

Drei Jahre später indes macht sich Elyot darüber Gedanken, wie man dieses „bestialische“ Spiel zur Vervollkommnung edler Charaktere jenseits der „rohen Massen“ einsetzen könne. Es war dies ein wesentlicher Gedanke, der zur Einrichtung eines „training masters“ beitrug, eines Experten also, der das Fußballspiel in zivilisierte Bahnen lenken sollte. Erster Schritt dazu: die Anzahl der Spieler auf ein überschaubares Maß zu reduzieren. Wichtige Plädoyers für den Fußball hielt der Leiter der St. Paul's School in London, Richard Mulcaster (1532–1611): „Fußball kräftigt die Muskeln des ganzen Körpers. Indem er überschüssige Säfte nach unten befördert, sorgt er für einen klaren Kopf. (...) Er ist gut für die Verdauung und treibt Steine und Grieß aus der Blase und den Nieren. Er stärkt die Oberschenkel nicht weniger als es das Reiten vermag.“

Dagegen steht der inbrünstigste Angriff, der je gegen Fußball geführt wurde. Der Puritaner Philip Stubbes, in seiner Studienzeit in Oxford und Cambridge selbst einmal Spieler gewesen, veröffentlichte 1583 ein Pamphlet mit dem Titel: „The Anatomie of Abuses“ (Die Ana-

Fußball im 19. Jahrhundert

1877 Die FA führt den Platzverweis wegen groben Spiels ein.
1878 Erstes Flutlichtspiel der Geschichte (in Sheffield). Einführung der Trillerpfeife für den Schiedsrichter.
1882 Die Fußball-Verbände von England, Schottland, Wales und Irland rufen ein Komitee zur Vereinheitlichung von Fußballregeln ins Leben.

Amedee Ferestiers Sittenbild aus dem London des 17. Jahrhunderts, gemalt zu Beginn des 20. Jahrhunderts

1883 Zum ersten Mal wird eine englische Mannschaft („Accrington Club“) wegen unerlaubter Geldzuwendungen für ein Jahr vom Spielbetrieb ausgeschlossen. Die erste internationale Meisterschaft mit den Teams von England, Wales, Schottland und Irland findet statt.
1884 Aus den Seiten- werden die Linienrichter.
1885 Die britischen Fußballverbände erlauben die Bezahlung von Fußballspielern.
1888 Gründung der englischen Liga mit anfänglich 12 Mannschaften pro Saison.

tomie der Missstände). Darin heißt es unmissverständlich: „Das Fußballspiel ist eher eine blutige, mörderische Beschäftigung als ein Spiel oder Zeitvertreib. (...) Mal wird das Genick gebrochen, mal der Rücken oder Beine und Arme. Aus den Nasen schießt das Blut, oder die Augen quellen hervor. (...) Zwei nehmen einen Dritten in ihre Mitte, rammen ihm die Ellbogen ins Herz, schlagen ihm die Fäuste unter die kurze Rippe. Daraus erwachsen Neid, Bosheit, Hass – und manchmal Mord und Totschlag.“ Was der Autor nicht ahnen konnte: derartige Schilderungen zitierten Jahrhunderte später Vertreter einer ‚soften‘ Variante des Fußballs, um sich in aller Deutlichkeit von der rauen Gangart des Rugby zu emanzipieren und ein eigenes Regelwerk zu legitimieren.

So rollte der Fußball durch die Zeit, ein leidenschaftliches Hin und Her, Für und Wider, bis er in England endgültig als ein Sport angesehen wurde, der nicht einem Horror-Szenario glich, sondern dem Gentleman-Ideal entsprach. Fußball galt als pädagogisches Instrument zur Disziplinierung wilder körperlicher Triebe und als eine den Charakter festigende Schule für Körper und Geist. Einerseits gesundheitsschädlich, andererseits gesundheitsfördernd – in diesem Flügel-

H. Heath, *Fußball in den Straßen von London*, Radierung, um 1820

kampf befinden sich Befürworter und Gegner des Fußballspiels noch heute, wenngleich in unserer Gegenwart die geistige Komponente stärker zum Tragen kommt als die physische: Trägt Fußball nun zur Verblödung der Massen bei oder ist er nicht doch eher Balsam für die gestresste Seele?

Gelände-Fußball, Gemälde aus der Mitte des 19. Jahrhunderts

Nach einem Wechselbad von modischem Aufschwung und verbissener Unterdrückung erlangte der Fußball im England des 19. Jahrhunderts seine Existenzberechtigung. Mit der zunehmenden Industrialisierung und Urbanisierung sowie dem Anwachsen politischer Einflussnahme der mittleren Schichten (Parlamentsreformen), ließ es sich nicht vermeiden, dass Fußball auch von Lohnarbeitern und Handwerkern gespielt wurde. Die Reaktion der herrschenden Klasse: neuerliches Verbieten und Abdrängen des Spiels in die Peripherie. 1825 wurde das Spiel in Yorkshire, 1847 in Derby untersagt. Gelegentliches Kicken war außerhalb der Städte, und das auch nur ein Mal im Jahr, erlaubt – auf irgendeiner brach liegenden Kuhwiese, auf irgendeiner Pferdekoppel in Northumberland, fern von der Metropole, da, wo es nicht gefährlich war, wo der Fußball die Massen nicht von der Arbeit abhalten konnte. Parallel dazu nahmen elitäre Public Schools Ballspiele in ihren Lehrplan auf. Der Ball wurde instrumentalisiert. Gemeinsames Fußballspielen sollte das Verhältnis zwischen Lehrern und Schülern verbessern. Lehrer nutzten die Gelegenheit, im Wettkampf um Tore zu demonstrieren, was für die jungen Gentlemen im weiteren Leben entscheidend sei: Führungsqualität. Fußball als bildungsbürgerliches Medium.

Immer neue Regeln

Die Fußballregeln variierten von Schule zu Schule, auf Details verständigte man sich vor jedem einzelnen Spiel. Die Größe des Platzes ergab sich aus den lokalen Gegebenheiten. Mal wurde das Spiel mit der Hand als die bessere, genauere, zielstrebigere Variante propagiert, mal lag der Schwerpunkt von Theorie und Praxis des „Football“ auf dem Fuß. Immer noch waren beides, Fuß- und Handspiel, erlaubt. Und immer noch ging es recht hart zu Sache. Die 1846 in Rugby aufgestellten Regeln wurden von anderen Schulen übernommen. Auch an der Universität Cambridge spielte man seit Mitte des 19. Jahrhunderts Fußball nach Rugby-Regeln.

Dann aber die große Überraschung: Wir schreiben das Jahr 1863. In Sheffield, Nottingham und London machen sich junge Männer aus der Mittelschicht zusehends stark für das Kicken mit dem Fuß. Es kommt zu einer Konferenz in Cambridge, an der Vertreter von sechs Schulen, auch der von Rugby, teilnehmen. Die meisten Abgesandten setzen sich dafür ein, das Treten des Gegners, Beinstellen und ähnlich wüste körperliche Attacken genauso zu verbieten wie das Laufen mit dem Ball in der Hand. Die Funktionäre aus Rugby sind beleidigt und ziehen sich von weiteren gemeinsamen Verhandlungen zurück: ohne „Hacking“ (Treten) und „Tripping“ (Beinstellen) verlöre das Spiel seine naturwüchsige, männliche Note.

Am 26. Oktober 1863 treffen sich in der Londoner „Freemason's Tavern“ Fußballfreunde von elf Schulen und Klubs, um sich ganz auf die weichere Variante des Fußballspiels einzuschwören. Das ist die Geburtsstunde des nationalen englischen Fußballverbands, der „Football Association“ (FA). Das Abstimmungsergebnis lautete 13:4. Der Kommentar von F.W. Campbell, Wortführer der Rugby-Fraktion: „Die Regel ist für jene gemacht, die lieber ihre Pfeife, ihren Grog und ihren Schnaps

Ashbourne-Ball aus dem mittelenglischen Derby

mögen als das mannhafte Spiel. Einwände gegen das Treten kommen von Leuten, die einfach zu alt für den Geist des Spiels sind.“ (Erst am 26. Januar 1871 wird die Rugby Union gegründet.) Alle Versuche einer Einigung der zwei Fußball-Fraktionen waren auf immer und ewig gescheitert.

Bei zwei weiteren Treffen der „FA“ am 24. November und 1. Dezember desselben Jahres in London nahmen die neuen Regeln Gestalt an: kein Treten mehr, kein Festhalten am Trikot, kein Beinstellen, kein Tragen des Balls. „Fair Play“ – ein Gentleman-Ideal gewinnt Konturen. Wenige Tage später kommt es zum ersten Spiel nach den neuen Regeln. Harrow siegt gegen Cambridge 3 : 1, obwohl Cambridge mit 14 Spielern antrat, dreien mehr als in den Reihen der Gewinner standen.

Jahr für Jahr kommen neue Regeln dazu: 1865 wird beschlossen, dass zwischen die Torpfosten in einer Höhe von acht Fuß (etwa 2,50 Meter) ein Band gespannt werden muss. Ein Jahr später stellt man eine Abseitsregel auf. Zwischen vorderstem Angreifer und „feindlichem“ Tor müssen mindestens drei (!) gegnerische Spieler stehen. Sind es weniger, wird gepfiffen. Diese Regel hatte eine ungeheure Wirkung auf die Spielkultur. Sie führte dazu, dass man den Ball, wollte

Das um 1890 entstandene Seidenbild zeigt ein Match zwischen England und Schottland.

man ihn zu einem Mitspieler befördern, im Vorwärtslaufen immer nach hinten abgeben musste. Ein Kombinationsspiel nach heutigen Maßstäben konnte sich so von vornherein nicht entwickeln. Fußball war zu dieser Zeit ein einziges „kick and rush“. Je weiter und höher einer den Ball treten konnte, umso anerkannter war seine Spielweise. Fiel der Ball auf den Boden, stürmten alle auf ihn zu. Wer ihn als erster wieder bekam, ballerte ihn zurück oder weiter nach vorne Richtung gegnerisches Tor. Ein einziges Tohuwabohu.

Erste Wettbewerbe

1864 ist von der FA der Freistoß und der Eckball eingeführt worden, 1869 der Abstoß vom Tor. 1870 beschränkt die FA die Zahl der Spieler einer Mannschaft endgültig auf elf. 1871 wird festgelegt, dass das Handspiel fortan für alle Feldspieler verboten ist, nur der Torwart darf weiterhin fangen und werfen, in der gesamten eigenen Spielhälfte. Mit der Präzisierung der Spielregeln gewinnt das Fußballspielen in England an Schliff und Popularität. Der erste englische Pokalwettbewerb („Challenge Cup“) wird organisiert. Für 20 Pfund ersteht die FA jenen silbernen Pokal, der noch heute eine der bedeutendsten Sporttrophäen der Welt ist. Das erste englische Pokalendspiel am 16. März 1872 gewinnen die „London Wanderers“ gegen die

Das schottische Nationalteam von 1896

Gegen Ende des 19. Jahrhunderts war der hier dargestellte Angriff auf den Torwart noch immer erlaubt; Farblithografie, um 1900.

favorisierten „Royal Engineers" vor 2 000 Zuschauern mit 1 : 0.

Im selben Jahr, am 30. November, findet das erste offizielle Länderspiel statt: England besiegt Schottland mit 1 : 0. Am Abend des 14. Oktober 1878 spielt man in Sheffield erstmals bei elektrischer Beleuchtung. Legendäre Klubs werden in den siebziger und achtziger Jahren gegründet: Aston Villa, Blackburn Rovers, Bolton Wanderers, FC Everton, FC Sunderland und Manchester United. Seit dem 8. September 1888 gibt es „The League". In der ersten Saison der englischen Profiliga spielen zwölf Mannschaften um Punkte und Meisterschaft. Erster Meister ohne eine einzige Niederlage: „Preston Northend". Das Geschäft beginnt, erste kommerzielle Spielertransfers gehen über die Bühne. England hat das beste Eisenbahnnetz in Europa: Auswärtsspiele, Schlachtenbummler, der Bau von Stadien – Voraussetzungen für die Genese eines neuen Menschentyps, der als „Fan" in die Geschichte eingehen wird. Die „Engländerei", wie man das Fußballspielen auf englische Art damals in Deutschland bestaunte, schwappte allmählich nach Deutschland über. Aber es wird noch lange dauern, ehe es auch hier eine nationale Liga gibt, von Profispielern ganz zu schweigen.

„Männer mit Feuereifer", Buchumschlag, um 1900

1874 Prof. Konrad Koch gründet in Braunschweig die erste deutsche Schüler-Mannschaft und gibt ein deutschsprachiges Regelwerk heraus. Für die Einhaltung der Regeln sind zwei „Spielkaiser“ aus den Reihen der beiden gegeneinander spielenden Mannschaften zuständig.
1875 Tournee einer Oxforder Mannschaft durch Deutschland. Gründung von Universitätsmannschaften in Deutschland.
1877 Der Schiedsrichter wird in Deutschland eingeführt.
1878 In Hannover wird der erste deutsche Fußballklub gegründet.
1880 Begrenzung der Dauer eines Spiels nach englischem Vorbild auf zwei Mal 30 Minuten.
1888 Gründung des „BFC Germania“ in Berlin: der älteste noch heute bestehende Fußballverein in Deutschland.
1889 Der Schiedsrichter, der bis dahin lediglich auf Reklamationen der Mannschaftsführer Regelverstöße ahndete, bekommt alleinige Entscheidungsbefugnis.
1890 Der „Bund deutscher Fußballspieler“ wird gegründet.
1891 Erste (inoffizielle) deutsche Fußballmeisterschaft. Sieger wird Germania 1888 Berlin.
1892 Der „Bund deutscher Fußballspieler“ löst sich nach seiner zweiten deutschen Meisterschaft in Berlin wieder auf.

Die Turnerbewegung

Die Voraussetzung zur Durchsetzung des Fußballsports ist ein spielerisches Verhältnis zur Welt. Damit ist es in der deutschen Geschichte – verglichen mit Italien, ja selbst England – seit dem Mittelalter schlecht bestellt. Festliche Mannschafts-Ballspiele wie jenes florentinische Calcio waren im vorindustriellen Deutschland kaum denkbar. Sich über lange Zeiträume erstreckende und dementsprechend folgenreiche Ereignisse wie der Dreißigjährige Krieg verhinderten eine umsichgreifende Freude am Spiel. Daran änderte sich nichts bis zum 19. Jahrhundert. Soldatische Tugenden wie Ausdauer und Disziplin, Kraft und Strategie gelten zu Kaisers Zeiten mehr als Spiellust und Improvisationskunst, Artistik und Spontaneität. Deshalb setzt sich als dominierende Form der Leibesübung in den dreißiger und vierziger Jahren des 19. Jahrhunderts das mit dem Namen Friedrich Ludwig Jahn (1778–1852) verbundene Turnen durch.

Turnen gilt seit „Turnvater Jahn“ als nationale Sache, es dient der Stärkung der Muskulatur und des Vaterlands. Die Turnerbewegung war die deutsche Antwort auf die Fußballeuphorie in England. Und was aus England kam, konnte nicht gut sein – der reine Kulturimperialismus. Da waren sich die chauvinistischen Ideologen einig. Schließlich waren die Engländer die größten Konkurrenten in Handel und Industrie sowie der direkte Gegner beim Erwerb von Kolonien.

Turnen hieß Haltung. Das Trachten nach guter Haltung war das genaue Gegenteil von unkoordiniert wirkenden Bewegungsabläufen, wie man sie bei der chaotischen Jagd nach dem Ball beobachteten konnte. Hechtrollen statt Tanz mit dem Ball, Reckstange statt Torpfosten, Matte statt Wiese, Reichsflagge statt Eckfahnen: das war deutsch. Fußball erniedrigt den Menschen zum Tier, fußballerische Verrenkungen sind einer aufrecht und mit geschwellter Brust durch die Welt gehenden Gattung unwürdig, so wurde allen Ernstes gewarnt.

Die größten Verächter des Fußballs kamen aus Turnerkreisen. Sie fühlten sich stark, denn sie waren nicht irgendeine kleine Vereinigung: 1880 zählte die „Deutsche Turnerschaft“ 160 000 Mitglieder, im Jahre 1900, als der „Deutsche Fußball-Bund“ gegründet wurde, gab es über 600 000 organisierte Turner in 6500 Vereinen; im DFB wurde 1904 Buch geführt über 194 Vereine und 9137 Mitglieder.

Der Pädagoge Otto Jäger wetterte 1895 gegen den Fußball und setzte sich verzweifelt für den Faustball ein, „wegen der aufrechten, männlich schönen Körperhaltung, zu welcher das Schlagen zwingt, und in welcher der Spieler dem im Bogen von oben herankommenden Ball entgegenzutreten pflegt. (...) Wollen wir aber unserer Mißachtung und Verachtung Ausdruck verleihen, dann stoßen wir das Ding, das wir gering schätzen, mit dem Fuß beiseite. Wir geben dem bissigen Köter einen Tritt mit dem Fuß. Dieses Hundstritts halber, der beim Fußballspiel eine so große Rolle spielt, dann aber auch wegen der vorgebeugten, erbärmlichen Haltung, in welcher hier die Spieler dem Ball entgegen und nacheilen, verabscheue ich das Fußballspiel. Es sollte auf keinem deutschen Turnplatz Eingang finden.“

Umschlag von Karl Plancks Buch „Fusslümmelei. Über Stauchballspiel und englische Krankheit“, 1898

Und Turnlehrer Karl Planck war von den evolutionsgeschichtlichen Nachteilen überzeugt, die mit dem Fußballspiel einhergingen: „Das Einsinken des Standbeins ins Knie, die Wölbung des Schnitzbuckels, das tierische Vorstrecken des Kinns erniedrigt den Menschen zum Affen.“ So urteilte er 1898 in Reaktion auf die rasch zunehmende Zahl von Fußball-Vereinsgründungen in seiner Streitschrift „Fusslümmelei. Über Stauchballspiel und englische Krankheit“: „Unsereiner erlaubt sich also nicht nur diese Errungenschaft englischen Aftersports, sondern auch das Fußballspiel selbst nicht nur gemein, sondern auch lächerlich, hässlich und widernatürlich zu finden. Am allerunnatürlichsten ist das ob seiner angeblich geringeren Gefährlichkeit viel gepriesene und bei uns fast allein geübte Fußballspiel ohne Aufheben des Balls.“ Immerhin, hier machte sich einer zwischen den Zeilen Gedanken zu den Regeln des verpönten Spiels.

Konrad Koch

1893 Gründung der „Süddeutschen Fußball-Union“. Einführung des Strafstoßes in Deutschland.
1896 In den „Jenaer Regeln“ wird festgelegt, dass Fußballfelder frei von Bäumen und Sträuchern sein müssen. Im ersten deutschen Städtespiel siegt Berlin gegen Hamburg mit 13:0.
1897 In ersten internationalen Spielen mit Beteiligung deutscher Mannschaften verliert Hamburg gegen Kopenhagen 0:5 und Leipzig gegen Prag 2:4.
1899 Im ersten inoffiziellen Länderspiel verliert Deutschland in Berlin gegen England mit 2:13 Toren.

Es gab andere Stimmen, Stimmen der Zukunft. Der Braunschweiger Turnlehrer Konrad Koch führte 1872 als Ergänzung zum traditionellen Turnunterricht an seinem Gymnasium „Martino-Katharineum“ so genannte „Spielnachmittage“ ein. Nachdem es ihm gelungen war, einen „echten“ Lederball aus England zu importieren, begann in Braunschweig im Oktober 1874 die deutsche Fußballgeschichte als bürgerliches Schulspiel. Koch hielt seine Eindrücke über das historische erste Spiel schriftlich fest: „Es wurde einfach ein guter Fußball aus England auf den Platz geworfen, einige der wichtigsten Regeln angegeben und bald spielten die deutschen Knaben das englische Spiel, wenn auch anfangs noch nicht mit allen Feinheiten, doch eifrig und geschickt und zu ihrem größten Vergnügen.“

Konrad Koch war es auch, der sich regelmäßig über die Entwicklung der Regeln in England informierte. In Anlehnung an englische Erfahrungen gab er zu Papier: „Für eine Gespielschaft von fünfzehn Akteuren sollte der Spielplatz hundert Schritte in der Länge und fünfundsiebzig Schritte in der Breite messen. An der Stirnseite, der Mallinie, werden die Malpfosten [Torpfosten, H.S.] aufgestellt. Die beiden 3,5 Meter hohen Stangen haben einen Abstand von fünf Metern. In drei Metern Höhe sind die Pfosten durch eine Querstange verbunden. Die Aufgabe jeder Gespielschaft ist es, den Ball über die Querstange des feindlichen Mals zu stoßen und zu verhindern, daß der Ball über das eigene Mal gelangt. Der Ball muß vorwärts auf das gegnerische Tor nur mit den Füßen gestoßen, rückwärts, in Richtung eigenes, darf er geworfen werden.“

Emanzipation vom Rugby

An den Details dieser ersten Fußballregeln in Deutschland lässt sich ablesen, dass die Emanzipation des „Soccer“ vom „Rugby“ noch längst nicht abgeschlossen war. Noch durfte man den Ball mit den Händen tragen. Noch konnte man mit einem Flachschuss kein „Mal“ erzielen, denn zählbaren Erfolg verzeichnete eine Mannschaft nur, wenn sie das Spielgerät über die Querverbindung zwischen den Malstangen bugsierte. Diese Regelung wird Konrad Koch im Jahre 1882 revidieren. Ein „Mal“ sei dann erzielt, wenn der Ball „zwischen den Malstangen unter der Querstange durchgetreten wird“. Koch war es auch, der die bis heute verzwickteste aller Regeln im Fußball, das Abseits, von der „Engländerei“ übernahm und ins Regelbuch schrieb. Koch meinte es gut: Abseits sollte nach seiner Regelauslegung verhindern, dass faule Spieler untätig vor dem gegnerischen Mal herumlungern, zu frieren beginnen und nur darauf warten, dass ihnen der Ball zufällig vor die Füße rollt, um dann einzuschießen. Aber was er mit dieser Regel anrichtete, sollte sich erst Jahre später herausstellen.

Spielen durfte man in Braunschweig übrigens nur dann, wenn kein Ostwind herrschte – die ärztliche Anweisung eines gewissen Dr. Friedrich Reck. Auf keinen Fall sollte man sich bei der Fusslümmelei erkälten, Feinde des Sports hätten so ein neues Argument, also Vorsicht. Um die Autoritätsstruktur auch innerhalb einer „Gespielschaft“ zu festigen, wurde die Institution des Mannschaftskapitäns eingeführt. Er wurde – jetzt weiß man, woher Beckenbauers Spitzname „Kaiser Franz“ herrührt – „Spielkaiser“ genannt. Seine Rolle bestand nicht nur darin, die Mitspieler zur Einhaltung der Regeln anzuhalten; er nahm auch in Abstimmung mit dem „Spielkaiser“ der „feindlichen“ Mannschaft das Amt des Schiedsrichters wahr.

So mag es ausgesehen haben, wenn sich die Fußballpioniere zum Spiel trafen. Die Zeichnung aus dem Jahr 1884 stammt vom Gründer des „Berliner Fußballclub Frankfurt“, dem Maler und Nestor des Berliner Fußballs Georg Leux (1863–1936). Dieser Verein übernahm als erster in Deutschland die englischen Regeln.

In jeder Stadt spielte man nach eigenen Regeln. In Hamburg legte die Gelehrtenschule des Johanneums 1876 fest, wie der Spielkaiser seine Mannen einzuteilen hatte: Hinten stehen die (!) „Goalkeeper“, die den Ball mit der Hand aufhalten, nicht aber weitertreiben dürfen; davor „in leicht gebogener Linie in mäßiger Entfernung vom eigenen Goal“ wehrt die „Leichte Brigade“ die Sturmläufe der gegnerischen Mannschaft ab; die „Bulldoggen“ in der Linie davor „haben dem Ball überall hin zu folgen“. Die Anzahl der Spieler in einer

Mannschaft variierte von Spiel zu Spiel, je nachdem, wie viele Spieler gerade zur Verfügung standen. So sehr man sich auch um eine Disziplinierung des Spiels bemühte, war Fußball doch vorerst eine einzige Draufgängerei.

Der hohe Schuss blieb das Ziel aller Wünsche. Deshalb wurden spezifische Schusstechniken ins Hamburger Regelbuch aufgenommen. Regeln zu Beginn des modernen Fußballs hatten stets auch etwas von einer Anleitung: „1. Place-kick: Stoß gegen den ruhig daliegenden Ball. 2. Drop-kick: Man läßt den Ball aus den Händen auf die Erde fallen und versetzt ihm den Stoß, sobald er von der Erde zurückspringt. 3. Punt: Man läßt den Ball aus den Händen fallen und versetzt ihm den Stoß, ehe er die Erde berührt.“ Im weiteren werden das Verbot von Beinstellen, Haken und Festhalten an Kleidern notiert und Einzelheiten zum Einwurf von der Seitenauslinie sowie die Modalitäten vor, während und nach der „Halftime“. Noch waren die englischen Begriffe nicht allesamt eingedeutscht. (In der Schweiz spricht man heute noch von „Corner“ und „Goal“.)

Die Entwicklung des Fußballspiels in Deutschland verdankt ihre Fortschritte nicht nur Initiativen von Einzelnen, sondern auch der wirtschaftlichen Situation. Deutschland war für die Engländer ein billiges Land, das Studenten und Handelsreisende anzog, zum Arbeiten, Lernen, Kuren und für die Ferien. So kam es, dass zuerst in den großen Handels- und Residenzstädten, wo sich nach dem Wiener Kongress (1814/15) Engländerkolonien gebildet hatten, sowie im Rheinland und in Orten mit Kureinrichtungen Fußball gespielt wurde. Schon 1865 konnte man auf dem Exerzierplatz in Bad Cannstatt junge Engländer beobachten, wie sie einem Ball hinterherjagten. Zur Komplettierung zweier Mannschaften wurden gelegentlich deutsche Jungs in die Teams hineingewählt.

Erste Fußballspiele in Deutschland gab es auf Rheinwiesen, in Handelsstädten wie Hamburg, Bremen, Berlin und Frankfurt, in Residenzstädten wie Hannover, Braunschweig und Dresden, in Kurorten wie Baden-

Baden, Wiesbaden und Bad Cannstatt. Ein Sport der feinen und gebildeten Leute, keineswegs ein Arbeitersport. Arbeiter gingen zum Turnen, sie hielten sich, vorerst, fern von der modischen, versnobten „Fusslümmelei“. Turnen war billiger. Eine Fußball-Ausrüstung samt Ball, Trikot, Hose, Stutzen und Stollenschuhen kostete einen ganzen Wochenlohn. Die ersten, die sich das Fußballspielen leisten konnten, waren Studenten aus bürgerlichem Hause, Juristen, Professoren, Ärzte, Offiziere, hohe Verwaltungsbeamte und Kaufleute.

Die ersten deutschen Vereine

Der erste satzungsgemäße Fußballverein in Deutschland wurde 1878 in Hannover gegründet. Anfang der achtziger Jahre entstanden in Norddeutschland die ersten Vereine: der Bremer Football-Club und der Hamburger Sport-Club (beide 1880) sowie der Football- und Cricket-Club Berlin (1883). Ohne Engländer in diesen Clubs wären keine schlagkräftigen Mannschaftsaufstellungen zustande gekommen. Der älteste noch heute bestehende Fußballklub in Deutschland ist der Berliner „BFC Germania“. Paul Jestram gründete ihn am 15. April 1888, ungefähr zur gleichen Zeit, als der junge Kaiser Wilhelm II. – er galt als kindisch und verspielt – den Thron bestieg.

Täglich bis zu fünf Stunden trainierten die Kicker von Germania auf dem Tempelhofer Feld, sonntags gab es ein Spiel, die meisten „Parteigenossen“ kamen aus Kreuzberg. „Ohne Trikot darf kein Mitglied den Spielplatz betreten“, gab sich der Verein stolz in seinen Statuten, „die Mitglieder gebrauchen das vertrauliche Du“ – eine Revolution, was den Umgangston ursprünglich nicht miteinander verwandter Menschen betrifft, ein früher Beleg für die identitätsstiftende Kraft des Fußballs.

Deutschlands ältester noch bestehender Fußballverein: der „Berliner Fussball-Club Germania 1888“

Mannschaftliche Geschlossenheit in einem Berliner Team war auch nötig. Denn schon 1890 gab es in der Hauptstadt eine ganze Liga von Teams, ohne dass man schon in einer Liga gespielt hätte: Askania, Borussia, Columbia, English FC, Hellas, Stern, Tasmania, Teutonia, Victoria und Vorwärts – Vereinsnamen, die schwer nach Burschenschaften klingen. Erste Mannschaftsfotos lassen die in Reih und Glied angetretenen Spieler, bisweilen mit Schärpe und Orden an der Bluse, wie Füchse einer studentischen Verbindung aussehen. Und auch auf dem Spielfeld nahmen die Spieler eine Haltung an, als kämen sie gerade vom Turnerfest. Wie sie da stehen, die beiden Spieler im gestreiften Trikot beim Spiel zwischen dem Berliner und Dresdener Fußballklub 1892 auf dem Exerzierplatz „Einsame Pappel“: als wären sie gerade von der Reckstange gesprungen, als käme jeden Moment der Kaiser persönlich vorbei.

Emil Limmer, *Fußballspiel auf dem Exercierplatz ‚Einsame Pappel‘ bei Berlin*, kolorierter Holzstich, um 1890

Erste Turniere

Berlin wurde die Hochburg der deutschen Fußballbewegung. Zu diesem Ergebnis kam auch Fußballprofessor Konrad Koch im ersten Buch über Fußball mit wissenschaftlichem Anspruch: „Die Geschichte des Fußballs im Altertum und in der Neuzeit“. Darin belegte er anhand einer empirischen Untersuchung über die Zahl der verkauften Fußbälle, dass der Sport nicht mehr zu stoppen sei. Annähernd 2 000 Fußbälle wurden allein im Jahre 1893 in Deutschland verkauft. Eine sensationelle Zahl – für deutsche Verhältnisse. Ein Häufchen Elend – aus englischer Perspektive.

Es schlug die Stunde des ersten Fußballmanagers. Der Kosmopolit Walther Bensemann, Sohn jüdischer

Bankiers, aufgewachsen in einem Schweizer Internat, der englischen Sprache mächtig, war ein Fadenzieher par excellence. Er gründete u.a. den Karlsruher Internationalen Football-Club (1889), den Straßburger Fußball-Club (1890) und die Karlsruher Kickers (1893). Über die Geburt des Fußballs in Baden hielt er fest: „Im September 1889 ließ ich aus der Schweiz einen Fußball kommen; der Ball wurde morgens vor der Schule aufgeblasen und in der 10-Uhr-Pause mußte bereits ein Fenster des Gymnasiums daran glauben. Der im Schulhof wandelnde Professor du jour, der Historiker Dauber, hielt eine Karzerstrafe für angemessen; allein Direktor Wendt erklärte sich mit der Bezahlung der Scheibe einverstanden und schickte uns auf den kleinen Exerzierplatz, Engländerplatz genannt.“

Inoffizielles Länderspiel zwischen Deutschland und England, 24.11. 1899, Endstand 2:10

Walther Bensemann organisierte Wettspiele in Belgien, Frankreich, Ungarn, in der Schweiz und in Holland. Weil die Karlsruher Kicker viele dieser Spiele gewannen, gaben sie sich den Titel „Meister des Kontinents“. 1899 holte Bensemann die erste englische Mannschaft zu Gastspielen nach Karlsruhe und Berlin. Das war ein Affront gegen die immer noch auch in Fußballkreisen grassierende Deutschtümelei, ein Freudenfest indes für die wachsende Anzahl der Fans der „Engländerei“, wobei gerade ihnen das Lachen verging. Bensemanns Auswahlteam verlor gegen die Profis aus England am 23. 11. 1899 vor 1500 Zuschauern auf der „Kurfürsten-Rennbahn“ in Berlin mit 2:13, ein Tag später mit 2:10, und in Karlsruhe geriet man bei strömendem Regen (immer schon das beste Wetter für englische Mannschaften) am 28. 11. vor 5000 Zuschauern mit 0:7 unter die Räder. Das waren die ersten Länderspiele auf deutschem Boden, die aber nicht in die offizielle Geschichte des deutschen Fußballs eingingen, weil es zu diesem Zeitpunkt den DFB noch nicht gab. Walther Bensemann ging indes in die Fußballgeschichte ein, weil er es war, der 1920 am Bodensee die noch heute existierende Fußballzeitschrift „Der Kicker“ gründete. Er starb am 12. November 1934 in der Schweiz, wohin er aufgrund seiner jüdischen Abstammung emigiert war.

„Der Kicker“ wurde 1920 gegründet; der Umschlag der Nr. 25 von 1921 zeigt Schiedsrichter Peco Bauwens bei der Platzwahl des Entscheidungsspiels um die Deutsche Meisterschaft zwischen dem 1. FC Nürnberg und Vorwärts Berlin (5:0).

Gegen Ende des 19. Jahrhunderts gibt es eine regelrechte Flut deutscher Vereinsgründungen. Doch immer noch hinkt man der Entwicklung in England hinterher. Dort gibt es schon seit 1885 Fußballprofis, seit 1888/89 spielen sie in einer nationalen Liga. Der arbeitsfreie Samstag, ein ausgedehntes Schienensystem für die Eisenbahn und das zunehmende Klassenbewusstsein des Proletariats sorgen dafür, dass Fußball nicht mehr nur eine Angelegenheit der höheren Schichten bleibt.

Der Fußballforscher Hans Dieter Baroth berichtet in seinem Buch „Als der Fußball laufen lernte“ (1992) von ersten wüsten Fußballspielen und abenteuerlichen Vereinsgründungen – zumeist in abgelegenen Gaststätten, irgendwo am Rande der Stadt, an der Straßenbahnendhaltestelle, in der Nachbarschaft eines erstbesten, möglichst ebenerdigen Feldes, was die natürlichen Gegebenheiten nicht immer gewährleisteten. In Bremen müssen sich die ersten Kicker einen „abschüssigen Platz von primitiver Beschaffenheit“ mit grasenden Kühen teilen, dreihundert Mark bringt jedes Mitglied auf, um eine Bretterbude zu bauen, die als Umkleidekabine für die Spieler dient. Im pfälzischen Frankenthal überlässt die Stadt ihren Fußlümmeln den Schuttabladeplatz. „Vor Beginn eines jeden Spiels entfernten die Fußballer gebrauchte Kochtöpfe, alte Öfen, Steine und zerbrochene Flaschen“, um sie dann nach dem Spiel „in harmonischer Einheit“ wieder auf den Platz zurückzulegen. In Kaiserslautern grenzt der Platz, auf dem die ersten organisierten Fußballspiele ausgetragen werden, an eine Friedhofsmauer.

Vergleichsweise geradlinige und nicht dem baldigen Untergang geweihte Vereinsgründungen gibt es in Göttingen (1885), Bad Cannstatt (1890), Duisburg (1892), Hanau (1893), Ulm (1893), Stuttgart (1893), Leipzig (1893), wo tatsächlich Arbeiter zu den Gründungsvätern gehören, Altona (1893), „Mönchengladbach“ (1894), Magdeburg (1895), Dortmund (1895), Düren (1896) und Gelsenkirchen (1896). Jede einzelne Gründung wäre eine eigene Episode wert. Auffallend ist, dass es zunehmend Turnvereine sind, die sich dem Reiz des Ballspiels nicht mehr verwehren können und den Sportgenossen aus der Abteilung „Fusslümmelei“ ihr organisatorisches Know-how zur Verfügung stellen.

Das erste Revierderby zwischen einer Dortmunder und einer Schalker Fußballmannschaft im Jahre 1897 endet 2:0 für Dortmund – und das auf Schalke! In der Lokalpresse heißt es: „Obgleich die Sonne unbarmherzig auf den der Gemeinde gehörenden Sportplatz niederbrannte, war das Spiel dennoch ein scharfes.“

Das erste Spiel von Werder Bremen am 10.9.1899 vor 17 Zuschauern endet 1:0 gegen den Allgemeinen Bremer Sportclub von 1898. Ein mitgereister Lokalreporter schwärmt: „Unser athletischster Mittelstürmer Hermann Kassens (...) er stürmt mit dem Ball über das Feld, umdribbelt seine Gegner oder wirft sie einfach um und jagt die Lederkugel ins Tor.“

Erste professionelle Spielberichte über Fußball im ausgehenden 19. Jahrhundert würdigen das so genannte „Dribbeln“ und das „Flachpassspiel“. Dribbeln und Passen sind der Inbegriff ausgereifter Spielkunst, eine Herausforderung sondergleichen, Notlösung zugleich, wenn man bedenkt, wie leicht die Spieler bei der immer noch gültigen Abseitsregel (mindestens drei Abwehrspieler mussten im Moment der Ballabgabe zwischen Tor und Stürmer stehen!) zurückgepfiffen werden konnten. Damit ein flüssiges Spiel überhaupt zustande kommen konnte, verlagerte sich das Spiel sehr weit nach vorne. Man versuchte allerdings nach Kräften, nicht mehr das bienenschwarmartige 1-2-7-System (ein Verteidiger, zwei Mittelfeldspieler, sieben Stürmer) zu spielen, sondern ein „englisches“ 2-3-5-System (zwei Verteidiger, drei Läufer, fünf Stürmer).

Möglichst hoch zu schießen – das war spätestens von dem Zeitpunkt an, da man, um ein „Mal“ zu erlangen, nicht mehr über die Querverbindung zwischen den Torstangen schießen musste, ziemlich „out“. Ein Lokalderby zwischen Lipsia und Olympia Leipzig am

24. Mai 1900 kommentierte „Sport und Bild“: „Die Stürmer gaben in bewährter alter Weise mit ihren hohen, langen Bällen den gegnerischen Backs Gelegenheit, billige Lorbeeren zu pflücken (...) Allerdings zeigten die Hinterleute ‚Olympias‘ hie und da einiges Verständnis für zeitgemäßes flaches Passen.“ Doch schon damals galt: die elegantere Spielweise ist nicht unbedingt die effektivere. Olympia verlor 0:4.

Erste Meisterschaften

Der BFC Preußen Berlin führte als eine der ersten deutschen Mannschaften das Kombinationsspiel und den Flachpass ein, auch um den Dribbelkünstler zu entlasten. Es konnte nicht so weitergehen, dass alle Last des Vorwärtsdrängens in den Füßen des einsam fummelnden Stürmers lag, der kaum ein ganzes Spiel lang, einem Skiläufer gleich, an den Verteidigern wie an Slalomstangen vorbeikurven konnte.

Abgeguckt hatte diese moderne Spielweise ein Vereinsmitglied, das sich zwecks Studien über den Profifußball längere Zeit in England aufhielt und in wöchentlichen Briefen sozusagen einen Fernlehrgang abhielt: „Der Ball muß von Mann zu Mann wandern und niedrig am Boden gehalten werden, statt auf gut Glück im hohen Bogen übers Feld – Richtung feindliches Tor – spediert zu werden.“ Immerhin führte die Beherrschung dieser Techniken dazu, dass der BFC Preußen die Berliner Saison 1899/1900 mit einem Vorsprung von neun Punkten auf den Zweiten abschloss.

Aber was nutzte die sich zunehmend weiterentwickelnde Technik im Umgang mit dem Ball, was ist ein Sieg wert, wenn es in Deutschland keine einheitlichen Spielregeln gibt? Hier wird zwei Mal eine Stunde lang gespielt, dort zwei Mal vierzig Minuten; hier ist das Tor sieben, dort nur fünf Meter breit, hier gibt es nach einem Seitenaus einen Einwurf für diejenige Mannschaft, die den Fehltritt nicht verschuldet, dort für diejenige, die den Ball jenseits der Linie als erste wieder aufgreift; hier spielt man mit, dort ohne Eckstoß; und wann und wie Abseits gegeben werden muss, weiß keiner so genau – die „Spielkaiser“ debattierten vor jedem einzelnen Spiel länger über die Regeln als die Halbzeiten dauerten. Außerdem: Einen regelmäßigen Spielbetrieb, wie er in England längst auf der Tagesordnung stand, gab es hierzulande Ende des 19. Jahrhunderts noch nicht; aber es gab erste Versuche: 1891 spielten in Berlin fünf Mannschaften zum ersten Mal um Punkte. Zusätzlich zu ‚richtigen' Toren konnten die Vereine Punkte sammeln, die nach Spielschluss in Tore umgewandelt wurden (Eckstoß = 5 Punkte, Einwurf = 3, Tor = 20). Der BFC Germania belegte den ersten Platz. 1897 trafen sich in Karlsruhe Fußballbegeisterte, um einen ersten Landesverband, den „Verband süddeutscher Fußballvereine“ zu gründen. Als erster Präsident zeichnete ein englischer Geistlicher, der in Baden-Baden wohnte und Archibald S. White hieß. Fast wäre es zu einer Vereinigung mit dem Berliner Verband gekommen, aber der Deutschen Neigung zur Vereinsmeierei – in diesem Fall der Streit um den Namen eines gemeinsamen Verbands – verhinderte dies. Festgelegt wurde am 17. 10. 1897 im „Landsknecht“, dass ein Spieljahr von September bis Juli läuft. Die Meisterschaft sollte nach einem Ausscheidungssystem ausgespielt werden. Acht Mannschaften traten gegeneinander an, zwei Teams blieben am Ende übrig, die wetteiferten im Finale um den Pokal. Diese Initiative war ein erster Versuch, in Deutschland eine Liga zumindest auszuprobieren. Der „Rheinische Spielverband“ tagte am 14. 11. 1899 in Köln, wo gerade der „Internationale Kölner Fußball-Club 1899“ und der „Fußball-Club Borussia Köln“ gegründet wurden, und kam zu keinem Ergebnis. Die Mehrheit der Deputierten vertrat die Ansicht, es sei noch zu früh für „Meisterschaftsspiele“; man versteckte sich nach guter preußischer Art in Kommissionen, wo man sich selbst genügt, nicht aber der Sache.

Szene aus dem Meisterschaftsspiel des Karlsruher FV gegen Britannia Berlin, 1903

Die Gründung des DFB

1900 ist es dann so weit. Am 28. Januar kommt es im Leipziger Mariengarten zur Gründung des „Deutschen Fußball-Bundes" (DFB). Der Name stammt von Walther Bensemann. 36 Delegierte vertraten insgesamt 86 Vereine. Anfangs nahm man auch Rugby-Vereine sowie deutsch-österreichische und deutsch-böhmische Fußballklubs auf. Erster Vorsitzender wurde Dr. Ferdinand Hueppe, ein Sportmediziner aus Prag. Auf dem 2. Bundestag am 2./3. Juni in Erfurt wird die Einsetzung einer Kommission zur Beratung über einheitliche Spielregeln beschlossen. Auf dem 3. Bundestag am 6. und 7. Oktober 1900 in Frankfurt verabschiedet der Elferrat des Bundes das erarbeitete Regelwerk. Es entspricht in wesentlichen Punkten den Bestimmungen, nach denen noch heute gespielt wird. Die Größe und Beschaffenheit des Spielfelds, der „Thore" (7,30 m lang, 2,45 m hoch) und des Spielgeräts, die Anzahl der Spieler (11), die Modalitäten bei Beginn des Spiels (Abstand des beim Münzwurf unterlegenen Teams zum Anstoßpunkt 9 Meter, absolutes Handspiel-Verbot der Feldspieler, Eckstoß- und Freistoß-Regel („der Ball muss ruhen"), Neuaufnahme des Anstoßes am Mittelpunkt nach dem Erhalt eines „Mals", der Einsatz eines Schiedsrichters und zweier Linienrichter, die Buchführung (gezählt werden nur die geschossenen Tore) – alles wurde genau festgelegt.

Ferdinand Hueppe, DFB-Präsident 1900–1904

Zwei besonders auffällige Unterschiede zwischen damals und heute: die Abseitsregel und das Verhalten des Torhüters im Spiel und beim Elfmeter. Die Abseitsregel von 1900 sieht immer noch jene Variante vor, nach der sich im Moment des Abspiels zwischen dem anstürmenden Spieler und dem Tor noch mindestens drei Gegenspieler aufhalten müssen. Der Torwart darf zur Abwehr eines Angriffs seine Hände in der gesamten eigenen Hälfte einsetzen und beim Elfmeter bis zu 5,5 m vor der „Mallinie" den Stoß erwarten – seit 1912 darf er nur im eigenen Strafraum den Ball fangen und mit der Hand aufnehmen, beim Elfmeter muss er (seit 1906) auf der Linie stehen bleiben. So wuchsen deutsche Fußlümmel langsam aber sicher aus ihren Kinderschuhen heraus. Aber wirklich erwachsen waren sie allein dank der Gründung des DFB und dessen Regelwerk noch nicht.

Es haperte in der Jugendarbeit. Lauter Lehrer, Promovierte und Professoren gelten als Pioniere des Fußballs in Deutschland (Koch und Bensemann). Sie sitzen im Vorstand des DFB und stellen die ersten Vorsitzenden aus ihrem Kreis: Ferdinand Hueppe, ab 1904 Friedrich-Wilhelm Nohe. Dennoch gilt an deutschen Schulen bis 1920 ein Spielverbot für Schüler in Vereinen. Zwei Burschen einer Oberrealschule in Freiburg mussten je acht Stunden im Karzer verbringen, weil sie in den Osterferien den Freiburger FC – immerhin Deutscher Meister 1907 – auf einer Wettspielreise nach Essen, Hamburg und Bremen begleiteten. Besonders streng war das Bayerische Kultusministerium. In einem Erlass von 1912 wurde verfügt „das Fußballspiel aus der Reihe der von den Mittelschulen gepflegten Turnspiele zu entfernen, die Teilnahme von Schülern unter 17 Jahren an Fußballspielen zu widerrufen". Turnen und Fußball – der Konkurrenzkampf sollte die Gemüter noch eine Weile erhitzen. Der Dichter Joachim Ringelnatz (1883–1934), Erfinder der beiden Ameisen, die nach Australien reisen, schrieb massenweise Turnergedichte und ein ironisches Fußball-Gedicht: „Der Fußballwahn ist eine Krank-/Heit, aber selten, Gott sei Dank./Ich kenne wen, der litt akut/An Fußballwahn und Fußballwut (...) Ich warne euch, ihr Brüder Jahns,/Vor dem Gebrauch des Fußballwahns!"

Die ersten deutschen Meisterschaften

Der in lockeren Vorrunden aufgebaute, nach Gauen unterteilte Spielbetrieb um die erste Endrunde zur Deutschen Meisterschaft 1903 verlief nicht ohne Peinlichkeiten. Der Karlsruher FV sollte gegen Prag in Leipzig spielen. Ein gefälschtes Telegramm („Spiel verschoben, Nachricht folgt, DFB") sorgte dafür, dass Prag kampflos zum Endspiel gegen den VfB Leipzig

Friedrich-Wilhelm Nohe, DFB-Präsident 1904/05

1900 Gründung des „Deutschen Fußball-Bundes" (DFB) am 28. Januar in Leipzig. Veröffentlichung eines einheitlichen Regelwerks. Gründung des FC Bayern München, 1. FC Nürnberg, 1. FC Kaiserslautern und von Borussia Mönchengladbach.
1902 Beim Länderspiel zwischen Schottland und England im Glasgower Ibrox Park bricht eine Tribüne zusammen. Trotz 25 Toter wird das Spiel nach einer halben Stunde Unterbrechung fortgesetzt.
1903 Im ersten offiziellen Endspiel um die Deutsche Meisterschaft siegt am 31. Mai der VfB Leipzig gegen den DFC Prag mit 7:2 Toren in Hamburg-Altona vor ungefähr 2000 Zuschauern. Als Wanderpokal wird zum ersten Mal die „Viktoria" vergeben. Regeländerung: Der Torwart darf nur noch innerhalb des eigenen Strafraums mit der Hand abwehren.

nach Altona fahren durfte. Die Leipziger Spieler reisen im Nachtzug 3. Klasse an, sie schlafen in den Gepäcknetzen. Gereizte Stimmung, als am nächsten Tag das Finale angepfiffen werden soll. Der Schiedsrichter hat in seiner Aufregung den Ball und die Luftpumpe vergessen. Zuschauer laufen los und besorgen wenigstens die Lederkugel bei den heimischen Kickern von Altona 93. Sie muss mit dem Mund aufgeblasen werden, das Spiel beginnt mit dreißig Minuten Verspätung. Der VfB Leipzig siegte gegen DFC Prag 7:2. Leipzig blieb die mit Abstand erfolgreichste Elf im Kaiserreich. Sie wurde auch 1906 und 1913 Deutscher Meister. Fünfzehn Siege in zwanzig Endrundenspielen – das machte dem Klub, dessen Spieler und Mitglieder auch aus gutbürgerlichen Kreisen stammten, keiner nach.

Die Meisterschaft 1904 geriet zum Debakel. Wieder war der Karlsruher FV daran beteiligt. Weil der badische Verein zum Endspiel gegen Britannia Berlin nach Berlin anreisen musste („kein neutraler Platz!"), protestierten Karlsruhe und die anderen, zuvor unterlegenen Vereine. Dem Einspruch wurde stattgegeben, das Endspiel zwischen Leipzig und Berlin fiel aus. Die mit gewaltigen Flügeln ausgestattete „Viktoria" – der schmucke Wanderpokal des DFB bis zum Jahr 1944 – blieb im Schrank. So kam es, dass in der Statistik der Deutschen Meister das Jahr 1904 eine Leerstelle blieb. 1910 hatte es der Karlsruher FV endlich geschafft und wurde mit seinem legendären Schützenkönig Fritz Förderer im Sturm Deutscher Meister.

Die Uneinheitlichkeit und Unübersichtlichkeit der verschiedenen regionalen Verbände stand der Entwicklung einer fußballerischen Infrastruktur erheblich im Wege. Jeder ermittelte seinen Landesmeister nach eigener Fasson. Von Ligen, geschweige denn einer Liga wie in England konnte man hierzulande nur träumen. Deutsche Kleinstaaterei – was Generationen von Historikern in Bezug auf die deutsche Geschichte verzweifeln ließ, gilt auch für jeden Fußballfan. Nehmen wir als Beispiel die Saison 1911/12: In „Süddeutschland" gibt es vier „Kreise" mit je 8 bis 11 Mannschaften: den

1904 Im Paris wird der Fußball-Weltverband (FIFA) gegründet.
1906 Der DFB übernimmt die Regeln der FIFA. Der Torwart darf beim Elfmeter nicht mehr die Torlinie verlassen. Das Hin- und Herhüpfen zur Irritierung des Elfmeterschützen ist gestattet. Das Material des Balls (Leder) wird vorgeschrieben.
1907 Nach einer neuen Regelauslegung ist Abseits in der eigenen Spielhälfte nicht mehr möglich.
1908 Am 4. April findet das erste offizielle Länderspiel einer deutschen Nationalmannschaft (noch ohne eigenen Trainer) statt: Die Schweiz gewinnt mit 5:3 in Basel. Der preußische Kronprinz stiftet den „Kronprinzen-Pokal" für einen jährlichen Wettbewerb, der zwischen Landesauswahlmannschaften bis 1918 stattfindet.
1909 Im ersten Endspiel um den Kronprinzen-Pokal siegt Mitteldeutschland gegen Brandenburg 3:1.
1912 Beim olympischen Turnier in Stockholm gewinnt die deutsche Mannschaft 16:0 gegen Russland. Gottfried Fuchs vom Karlsruher FV schießt 10 Tore.
1913 Nach Einführung einer neuen Freistoßregel müssen die Spieler der verteidigenden Mannschaft 10 Yards (9,15 m) Abstand zum Freistoßschützen einnehmen.

„Westkreis", „Ostkreis", „Südkreis", Nordkreis". In jedem Kreis wird eine Hin- und Rückrunde ausgetragen, jeder spielt gegen jeden, für einen Sieg gibt es zwei, für ein Unentschieden einen und für eine Niederlage keinen Punkt. In einer Entscheidungsrunde mit den vier Ersten wird der Süddeutsche Meister ermittelt (in dieser Saison der Karlsruher FV). In „Westdeutschland" gibt es eine „Zehnerliga" dazu eine „Qualifikationsrunde" der so genannten „A-Klassen-Meister" mit sechs Mannschaften, die (ohne Rückspiele) nach einer „Vorrunde" und einem „Halbfinale" den Finalisten für das Spiel gegen den Ersten der „Zehnerliga" ermittelt.

In der Saison 1911/12 bestreiten das Endspiel um die Westdeutsche Meisterschaft die Mannschaften zweier Städte, die auch heute noch heiße Derbys erleben: Köln und Mönchengladbach. Der „Cölner BC 01" siegt am 28. April 1912 gegen „FC Borussia Mönchengladbach" 4:2. In der „Endrunde" um die Deutsche Meisterschaft, für die die Vertreter aus „Mitteldeutschland", „Norddeutschland", „Berlin-Brandenburg" und aus dem „Baltenverband" nach wiederum gänzlich anderen Endrunden-Modellen gemeldet wurden, belegt Köln von acht Mannschaften dann nur den 7. Platz. Der FV Holstein Kiel besiegt im Endspiel den seit neun Monaten ungeschlagenen Karlsruher FV vor 9 000 Zuschauern auf dem Berliner Viktoria-Platz „Hoheluft" mit 1:0 durch Elfmeter in der 52. Minute. Kurz und knapp: Der Spielmodus für die Deutsche Meisterschaft 1911/12 gab schier unlösbare mathematische Rätsel auf. Er wurde in der Saison 1912/13 wieder geändert – und mit Sicherheit nicht übersichtlicher. Jedes Jahr ein neuer Liga-Salat – was haben wir es heute gut.

Das Gruppenfoto zeigt Spieler der Frankfurter Vereine FC Viktoria und FC Britannia (helles Trikot), 1907

Ein Problem in jenen kaiserlichen Jahren waren auch die Schiedsrichter. Sie standen als „Pfeifenmänner“ in feinem Zwirn und Bowler-Hut gewichtig am Spielfeldrand oder neben dem Tor, sie liefen nicht mit, sie waren nie auf Ballhöhe. Der DFB musste nach dem Spiel oftmals Proteste entgegennehmen und unliebsame Entscheidungen treffen. So wurde nach dem 0 : 1 um die Süddeutsche Meisterschaft am 14. April 1907 zwischen Hanau 93 und dem Freiburger FC das Ergebnis revidiert, weil der kurzsichtige Schiedsrichter nicht merkte, dass die Freiburger zu ihrer Verstärkung einen Spieler von Viktoria Hamburg in die Mannschaft geschmuggelt hatten. Hanau wurde vom DFB zum Sieger erklärt. Doch der Vorstand des Süddeutschen Fußballverbands ignorierte die Entscheidung und erklärte wieder Freiburg zum Sieger.

Schlimmer noch: Schiedsrichter waren bestechlich. Anderes Spiel, gleiche Mannschaft. Wieder trifft es die Breisgauer. In einer Festschrift des DFB ist zu lesen: „Der Schiedsrichter hatte einen Freistoß für die Stuttgarter Kickers gegeben. Der Freiburger FC erkannte ihn nicht an und drohte mit Spielabbruch; darauf nahm der Schiedsrichter seine Entscheidung zurück.“

Aber es gibt auch zahlenmäßig erfassbare Erfolge aus der Fußballgeschichte im Kaiserreich zu berichten.

Auch zu Kaisers Zeiten nahm die vornehme Gesellschaft auf der Tribüne Platz.

Die Mitgliederzahl von Vereinen im DFB wuchs von 194 im Gründungsjahr auf 2233 im Jahr 1914. Der DFB ging gegen ein chauvinistisches Gerichtsurteil erfolgreich in Revision, demzufolge Frauen nicht als Zuschauer bei Fußballspielen zugelassen werden sollten.

Vor allem: Die Auftritte von englischen Profimannschaften, die, gleichsam zum Nachhilfeunterricht, zu „Freundschaftsspielen“ (auch „Gesellschaftsspiele“ genannt) ins Entwicklungsland Deutschland kamen, brachten den Ball weiter zum Rollen. Karfreitag 1906 spielte der „Richmond Association FC“ in Köln, Ostersonntag in Duisburg und Ostermontag in Mönchengladbach gegen westdeutsche Spitzenklubs.

Am 29. April 1905 besuchte „Seine Kaiserliche Hoheit, der Kronprinz des Deutschen Reiches und von Preußen“ den Sportplatz des BFC Germania in Berlin, mit Zigarette in der linken Hand, lässig am Unterarm eingehaktem Spazierstock und seinem Vierbeiner im Gefolge. Es ging gegen die englische Amateur-Mannschaft des Civil-Service London. Berlin siegte 3 : 2. Der Kronprinz überreichte einen kleinen Silberpokal. Am 7. April 1907 wurde er wieder auf dem Sportplatz von Germania gesichtet. Die Fußballbegeisterung des Kronprinzen ging noch weiter. 1908 stiftete er einen noch größeren „Pott“: den „Kronprinzen-Pokal“. Ausgespielt wurde er von den Siegern der Landesverbände im DFB zum ersten Mal im Jahr 1909. Mitteldeutschland siegte im Endspiel gegen Brandenburg 3:1. Der Kronprinzen-Pokal – Vorreiter späterer Pokalwettbewerbe – wurde bis zum Jahr 1918 ausgespielt.

Die ersten Länderspiele

Das erste offizielle Länderspiel findet am 4. April 1908 in Basel gegen die Schweiz statt. Der Berliner „Lokal-Anzeiger“ kündet die Premiere in einer winzigen Notiz unter der Rubrik „Sport und Jagd“ an. Dem Spiel voraus geht ein langes Hickhack um die Mannschaftsaufstellung. Zu diesem Zweck wurde – schon im Februar – ein eigener, „außerordentlicher“ Bundestag in Hannover einberufen. Man einigte sich darauf, dass die

Gottfried Hinze, DFB-Präsident 1905–1925

Landesverbände für die Besetzung der Nationalelf sorgen sollten. Obwohl DFB-Präsident Gottfried Hinze händeringend um die Einstellung eines Bundestrainers warb, erkannten die Funktionäre die Bedeutung eines solchen Amtes nicht. So wurde eine Mannschaft weniger nach sportlichen als bürokratischen Gesichtspunkten zusammengewürfelt. Dieses Proporz-System hielt sich bis 1926 und ist – neben der Abstinenz eines Bundestrainers und der Zerstückelung der Liga in unübersichtliche Regionalverbände – einer der Hauptgründe, weshalb Deutschland so lange ein fußballerisches Entwicklungsland blieb.

Jeder der elf aufgestellten Spieler im ersten Länderspiel kommt aus einer anderen Stadt. Keiner kennt vor dem Spielanpfiff einen anderen. Der Frankfurter Schüler Fritz Becker erfährt von seiner Nominierung aus seiner Lokalzeitung. Zum Glück hat er gerade Ferien. Er schießt das erste Tor der deutschen Länderspielgeschichte. Der Wettkampf geht freilich mit 3:5 verloren. Stimmen, die darob nach einem Berufsspielertum wie in England rufen, haben beim DFB keine Chance, so wenig wie die nationalen Auswahlkicker auf einen Sieg im Länderspiel. Von insgesamt dreißig Länderspielen bis zum Krieg gewinnt Deutschland nur sechs. Im ersten Jahr 1908 kein einziges, auch im ganzen Jahr 1913 setzt es nur Packungen.

Die schmerzlichsten Niederlagen gab es gegen Holland (in allen vier Spielen kein Sieg) und gegen England: 1:5 am 20. April 1908 in Berlin, 0:9 am 16. März 1909 in Oxford, 0:3 am 21. März 1913 in Berlin. Das 2:2 am 14. April 1911 in Berlin (Debütant Ernst Möller von Holstein Kiel schoss zwei Tore) wird von Fußballhistorikern als ähnliche Sensation gewertet wie das 3:2 im WM-Endspiel gegen Ungarn 1954. Das 16:0 gegen ein fußballerisch hinterwäldlerisches Russland in der Trostrunde beim ersten Auftritt einer deutschen Nationalmannschaft auf einer Olympiade (1912) konnte über die internationale Mittelmäßigkeit der germanischen Recken nicht hinwegtäuschen. Allein der zehnfache

Torschütze Gottfried Fuchs wird lange mit Behagen an den Auftritt in Stockholm gedacht haben.

Es gab allerdings nicht nur verbandspolitische Gründe, die das mittelmäßige Abschneiden der deutschen Nationalmannschaft auf internationalem Terrain erhellen, sondern auch entschieden sportliche. Während aufeinander eingespielte Stadtmannschaften schon kleine Fortschritte im Kombinationsspiel erzielten, waren ad hoc zusammengestellte deutsche Auswahlmannschaften im Kaiserreich noch allzu sehr dem alten Spielsystem verhaftet: Kräftig hoch geschossen, „auf gut Glück" hinter dem Ball her, „die Lunge aus dem Leib gelaufen", so ergab man sich seinem Schicksal.

Man spielte immer noch eine Art 1-2-7-System, während sich die englischen Profis schon auf ein vom Ansatz her defensiveres, im Endeffekt aber mehr Tore versprechendes 2-3-5 verstanden: die Basis für ein Kombinationsspiel nach Plan. Wer beim 1-2-7 hinten spielte, musste möglichst kräftig „abfeuern" können, wer vorne sein Glück versuchte, musste, wie es in jenen Hamburger Regeln aus dem Jahre 1876 verräterisch formuliert wurde, wie eine „Bulldogge" über den Platz hetzen.

Das Kurz-, Flach- und Querpassspiel, die verschiedenen Formen des Flankens, das Vorwärtstreiben des Balls über möglichst viele Stationen in allen drei Mannschaftsblöcken – das kannte man zwar schon in Deutschland, aber eher aus Theorie und Anschauung als aus eigener Praxis. Schade, dass die Chronisten nicht darüber Buch geführt haben, wie oft die deutschen ‚Kicker' gegen die englischen ‚Players' ins Abseits gelaufen sind. Weniger Tore schossen sie allemal.

Deutsche Spieler im Kaiserreich sind robust, drahtig und unerbittlich. Sie rempeln, ehe sie schauen, sie stoßen einen Gegenspieler weg, ehe sie schießen. Deutsche Spieler sind tapfer, zielstrebig, mannhaft, sie können auch abziehen, sie haben einen „Hammer", nur den Ball, den können sie nicht so gut stoppen. Noch 1919 empfiehlt Richard Girulatis im ersten deutschen Fußball-Lehrbuch „Fussball. Theorie, Technik, Taktik" unter tatkräftiger Unterstützung von Standfotos mit vorbildlichen Spielern in Standardsituationen „das Stoppen des Balles durch Einknicken der Knie in Hockstellung“. Kein Wunder, dass deutsche Naturburschen gegen englische Ballartisten den Ball schon verloren, ehe sie ihn unter Kontrolle bringen konnten.

Das vergleichsweise statische und körperbetonte Spiel deutscher Fußballer entsprach dem militärischen Menschenbild der Kaiserzeit. Mit dem Ideal eines Spiels, das sich jenseits unserer Grenzen anschickte, zu einer Kunstform heranzureifen, hatte es nicht viel gemein. Auch wenn die Spieler von damals von einem ganz anderen Selbstverständnis beflügelt wurden: „Das Persönlichkeitsbild eines idealen Fußballspielers entsprach dem des modernen Soldaten, das sich vor dem Hintergrund der rasanten Entwicklung in der Waffentechnik, insbesondere der Verbreitung des Maschinengewehrs, mit einiger Verzögerung und durchaus nicht unwidersprochen auch im Militär herausbildete.“ Zu diesem Ergebnis kommt jedenfalls die Sporthistorikerin Christiane Eisenberg 1997. Sie kann sich auf das Glaubensbekenntnis eines Oberleutnants stützen, der im DFB-Jahrbuch 1912 frank und frei ausruft: „Das Fußballspiel halte ich für eine der besten, der segensreichsten Betätigungen zum Heile der Wehrfähigkeit der Nation.“ Damit entspricht er ganz dem fußballerischen Ideal, wie wir es von den Römern und Spartanern kennengelernt haben.

Anders als in Deutschland hatten sich in Italien bereits Ende des 19. Jahrhunderts Fußballligen und Cup-Wettbewerbe etabliert. Dieses Gemälde von Chris Jennings aus dem Jahr 1908 zeigt eine Begegnung zwischen Mailand und Turin.

So sehr Eisenbergs garstige Analyse „das Spiel von hinten“, also aus der sicheren Perspektive des Historikers, aufzäumt, eine sprachliche Vergegenwärtigung noch heute gängiger Fachbegriffe taugt kaum dazu, sie zu widerlegen: „Verteidiger“ heißen immer noch „Abwehrrecken“ und „Abwehrstrategen“; sie „attackieren“ den Gegner; „Stürmer“ „schießen“ ein „Bombentor“; ein scharfer „Schuss“ ist eine „Granate“, ein hoher Sieg ein „Schützenfest"; gerät eine „Truppe" arg in die „Defensive", bauen die Verteidiger ein „Bollwerk" auf; bei einem Freistoß geht die „Mauer" in „Deckung", man liefert den Führenden eine „Abwehrschlacht", aber „Angriff ist doch die beste Verteidigung" (was eben nicht immer stimmt); man nimmt den ersten Tabellenplatz „ins Visier"; nur nicht in die „Totaloffensive" gehen – dann läuft man ins Abseits und der „Schuss" geht nach hinten los – eine Erfahrung, die die deutschen „Schützen" im Kaiserreich oft genug gemacht haben.

Zum Fußball gehen hieß im Kaiserreich: in der ersten Reihe stehen oder nichts sehen. Es sei denn, man war mit dem natürlichen Vorteil ausgestattet, einen Kopf größer zu sein als sein Vordermann. Oder man brachte sich eine Kiste oder gar Leiter mit, um das Geschehen von höherer Warte aus zu verfolgen. Nur gut, dass das Mitbringen von Fahnen noch nicht Usus war.

Die wenigen Damen, die kamen, durften sich auf Stühle vor die Hüte tragenden Herren setzen, ihre Sonnenschirmchen sorgten für leisen Protest. Kinder hockten oder legten sich auf den Boden direkt an der Seiten- oder Torauslinie. Von da aus konnten sie ihre Mützen den Spielern nachwerfen. Manchmal wagten sie sich wenige Meter hinein ins Spielfeld; ein Match ging damals noch nicht so häufig „über die Flügel" wie heute.

Herkömmliche Fußballplätze boten zwar den Vorteil, dass beinahe alle Zuschauer auf Augenhöhe mit den Aktiven waren, doch ein bisschen Übersicht zwecks genauerer Analyse des Gebotenen hätte durchaus gut getan. Wer früh genug kam, stellte sich lässig vor die Holzumrandung und konnte sich, wenn es langweilig wurde, anlehnen und ein Pfeifchen stopfen – wenn es überhaupt eine Absperrung des Platzes gab. Auf Augenhöhe mit den Spielern: das hieß mittendrin sein. Manchmal nahmen die Fans das zu wörtlich.

Bei Schlagerspielen traten die Zuschauer so nahe ans Feld, dass die Spieler Mühe hatten, einen Einwurf oder gar Eckball ordentlich auszuführen. Das sieht man auch auf Fotos von Fußballplätzen, die schon von einer Tribüne gesäumt waren. Den ersten umzäunten Platz mit einer Holztribüne erhielt übrigens der „BFC Preußen“ am Kurfürstendamm 1899. Eine Schenkung des Briten Pitcairn Knowles, der allerdings im Gegenzug einen Prozentsatz von den Eintrittsgeldern, die in Hüten und Zigarrenkisten eingesammelt wurden, für sich beanspruchte. Fußball wird zum Geschäft.

Pfiffige Sportfreunde hängten sich, um besser sehen zu können, in die Äste von in der Nähe stehenden Bäumen oder kletterten gar auf die Tribünendächer. Sie sahen das Spiel gleichsam aus einer Kameraperspektive. Noch Generationen später werden besonders hartnäckige Fans, selbst in ausgebauten Stadien, diesen Aufwand betreiben. Ich erinnere mich noch an Spitzenspiele der Fortuna im Düsseldorfer Rheinstadion in den späten fünfziger Jahren. Es gab immer einen Erwachsenen, der mich auf einen der Laubbäume hob, damit ich die Flügelstürme meines Rechtsaußens „Berni“ Steffen besser verfolgen konnte. Das Stadion ist ein sentimentaler Ort. Jeder erinnert sich an seinen ersten Besuch.

Ein Kreuz war es für die Spieler zu Kaisers Zeiten, wenn kein Vereinsheim in unmittelbarer Nähe zum Platz lag und der „Spielkaiser“ nach dem gemeinsamen Umkleiden in einer fern gelegenen Bretterbude oder einem Schafstall, wie in Ulm, zum Marsch auf den Sportplatz blasen musste. Man ging nicht ohne schweres Gepäck. Wer was mitnehmen musste, wurde genau geregelt. Die bestens durchorganisierte „Germania Berlin“ hielt sich an folgende schriftliche Anordnung: „1. Der Linksaußen nimmt die Seitenstangen links. 2. Die übrigen vier Stürmer übernehmen das eine Goal. 3. Der rechte Half (Läufer) nimmt die Seitenstangen rechts. 4. Der Mittel- und linke Half sowie die beiden Backs (Verteidiger) das zweite Goal. 5. Der Goalkeeper nimmt die Bälle und den Bohrer.“ – Und die ganze Gerätschaft nach dem Spiel wieder zurück an ihren Platz! Verschwitzt stieg man wieder in seine Straßenklamotten. Brausen? Die gab es noch nicht.

So war’s in Deutschland, als in England schon die herrlichsten Stadien erstrahlten, mit eingebauten Umkleidekabinen, Kassenhäuschen an den Eingängen, uniformierten Ordnern an den Aufgängen und einem Platzwart, der für den ordnungsgemäßen Aufbau der Requisiten (Tore, Eckstangen), das Ziehen der Linien und den Zustand des sprichwörtlich werdenden „englischen Rasens“ zuständig war. Während in Deutschland die Zuschauerzahlen bei einem Spiel nur selten eine vierstellige Höhe erreichten, zogen auf der Insel Zehntausende ins Stadion. Zum Endspiel um die Deutsche Meisterschaft 1903 zwischen Leipzig und Prag auf dem Altonaer Exerzierplatz kamen gerade mal 2 000 Seelen. Ausverkauft. 1905 zählte man 3 500 Fußballfreunde beim Finale der Union Berlin gegen den Karlsruher FV im Weidenpescher Park in Köln-Merheim. Volles Haus.

Ein paar Jahre zuvor waren 30 000 zum schottischen Cup-Finale 1894 zwischen „Rangers“ und „Celtic“ in Glasgow gepilgert. Zum englischen Finale zwischen Aston Villa und West Bromwich Albion 1895 strömten 42 000 in den Londoner „Crystal Palace“. Beim Länderspiel am 5. April 1902 im Glasgower „Ibrox Park“ zwischen Schottland und England wurde das Fassungsvermögen des Stadions mit einer eigens für dieses Spiel angebauten Holztribüne auf 60 000 Plätze erweitert. Die Tribüne stürzte ein, 25 Personen starben. Das traurige Ereignis trug bei künftigen Stadionbauten zu großzügigeren Planungen bei. 1937 werden 149 415 Fans in den Glasgower Hampden Park hineingelassen, um Schottland gegen England zu sehen. 120 081 kamen 1914 zum Cup-Finale zwischen Aston Villa und dem FC Sunderland. Zum Vergleich: Im 1910 eingeweihten „Ronhof“ der Stadt Fürth – dem größten Stadion im Kaiserreich – fanden gerade mal 8 000 Zuschauer Platz.

Die deutsche Nationalmannschaft im Jahr 1912. Das 16:0 gegen Russland blieb bis heute der höchste Sieg einer DFB-Auswahl.

1914 Letzter Deutscher Meister vor Ausbruch des Ersten Weltkriegs wird die SpVgg Fürth.
1920 Die erste Deutsche Meisterschaft nach dem Ersten Weltkrieg gewinnt der 1. FC Nürnberg, die erfolgreichste Mannschaft in den zwanziger Jahren (fünfmal Deutscher Meister). Die FIFA lehnt einen Antrag Englands ab, Deutschland, Österreich und Ungarn wegen der Verursachung des Ersten Weltkriegs aus dem Weltverband auszuschließen. England tritt daraufhin aus der FIFA aus (Rückkehr 1924). Das erste Länderspiel nach dem Ersten Weltkrieg verliert Deutschland gegen die Schweiz mit 1:4. Walther Bensemann gründet das Fachmagazin „Der Kicker".
1921 Dem Torhüter wird vorgeschrieben, bei internationalen Spielen einen gelben Sweater zu tragen.
1922 Der Hamburger SV wird nach zwei vorzeitig abgebrochenen Endspielen (2:2 in Berlin nach 189 Minuten, 1:1 in Leipzig nach drei ausgeschiedenen Nürnberger Spielern) am „grünen Tisch" zum Deutschen Meister erklärt. Der HSV verzichtet auf den Titel.
1923 Dr. Otto Nerz wird erster Trainer einer deutschen Nationalmannschaft. Das englische Cup-Final wird erstmals im Wembley-Stadion vor 126047 Zuschauern ausgetragen.

Fußball im Ersten Weltkrieg

Mit Ausbruch des Ersten Weltkriegs 1914 kommt der Spielbetrieb in Deutschland nicht zum Erliegen. Zwar gibt es keine Länderspiele und deutschen Meisterschaften mehr, aber auf regionaler und lokaler Ebene wird weitergekickt. So genannte Freundschaftsspiele sorgen für Abwechslung, Nachbardörfer und Stadtteile spielen gegeneinander, zu weit von zu Hause weg konnte man sich nicht wagen. Vereine fusionieren, damit genug Spieler zusammenkommen. „Kriegsvereinigung des St. Georger FC von 1895 e.V. und SC Sperber von 1898 e.V." nennt sich der Hamburger Meister 1918.

Begegnungen zwischen „Frontmannschaften" finden regelmäßig statt. Daran beteiligen sich Soldaten, die nie zuvor gegen einen Lederball getreten haben. Sie lernten also im Krieg das Fußballspielen, was zur Wiederauferstehung des Spiels nach 1918 beitragen wird. Fußball an der Front diente zum einen der Auffrischung der Kampfmoral, zum anderen der Ablenkung vom Schrecklichen. Ein Major bekennt im DFB-Jahrbuch 1915/16: „Welchen Wert ich dem Fußballspielen beimesse, mögen Sie daraus ersehen, daß ich meine Leute, die durch den Schützengrabendienst steif und schwerfällig geworden waren, fleißig habe Fußball spielen lassen. Und der Erfolg des Spielens? Die Leute verjüngten sich zusehends, wurden elastisch, lustig und konnten gar nicht genug spielen."

Allerdings: die von weitblickenden Funktionären und Spielern getragene Hoffnung auf Etablierung einer nationalen Liga wurde durch den Krieg jäh zunichte gemacht. Der einzige nationale Wettbewerb, der weitergeführt wurde, war der Kronprinzen-Pokal. Im letzten Kriegsjahr siegt Berlin gegen Norddeutschland 3:1. Es gibt große Engpässe in der Versorgung der Fußballvereine mit Bällen, auch Fußballschuhe sind knapp. Fußballfelder werden in Lagerplätze für Kriegsgerät umgebaut oder zur Versorgung der Bevölkerung mit Grundnahrungsmitteln in Schrebergärten oder Kartoffeläcker verwandelt. Torpfosten und Tribünenbänke werden als Brennholz benötigt.

Das Vereinsleben kommt zum Erliegen. Vom FC St. Pauli werden bei Ausbruch des Krieges 71 Mitglieder eingezogen, ein Drittel von ihnen kommt von der Front nicht zurück. Der DFB veröffentlicht eine zehnseitige Liste mit gefallenen Fußballkameraden. Vereine mit englischem Namen benennen sich um. Aus Britannia Berlin wird der Berliner Sport-Verein. Dennoch: der Fußball ist nicht kleinzukriegen. Im Ruhrgebiet werden neue Vereine gegründet, etwa Viktoria Kellersberg, die in ihrem ersten Spiel den Lokalrivalen Porcetia Schaufenberg mit 2:0 besiegt. Auch in Erkenschwick wird eine Mannschaft aus der Taufe gehoben. Schon 1915 wurde in Offenbach, Ulm, Pforzheim, Mannheim, Hanau wieder um Tore gekämpft. Hamburg und Altona trennen sich friedlich 4:4. Die SpVgg Fürth, seit 1914 amtierender Deutscher Meister, sichert sich 1917 mit einem 2:1 gegen die Stuttgarter Kickers den Sieg in diesem erstmals ausgetragenen Wettbewerb um den „Süddeutschen Pokal“.

Der Erste Weltkrieg brach just zu einer Zeit aus, da sich die fußballerischen Beziehungen zwischen Deutschland und England zu entkrampfen begannen. Ein englischer Trainer in Deutschland, William Townly, verhalf vor dem Krieg sowohl dem Karlsruher FV als auch der SpVgg Fürth zum Meisterschaftstitel. Soeben

1925 In Abänderung der Abseitsregel müssen sich zwischen dem Spieler und dem Tor des Gegners im Augenblick der Ballabgabe mindestens zwei (bisher drei) Gegenspieler aufhalten, um ein Abseits zu vermeiden. (Einer von den beiden ist in der Regel der Torwart.) Dr. Bernhard Ernst spricht die erste Fußball-Reportage im Radio (Preußen Münster gegen Arminia Bielefeld).
1926 Das erste Länderspiel wird für eine Zahlung von 100 Reichsmark des Senders an den DFB im Hörfunk übertragen (Deutschland – Holland 4:2).

R.C. Woodville, *Britische Frontsoldaten treiben beim Sturmangriff einen Fußball vor sich her*, Lithografie aus der ersten Hälfte des 20. Jahrhunderts

1929 Der Torwart darf sich von nun an während der Erwartung des Schusses nicht mehr auf der Linie bewegen. Der DFB lehnt eine Teilnahme an der ersten Weltmeisterschaft in Uruguay ab.
1930 Die Spieler der ersten Mannschaft von Schalke werden wegen illegal eingesteckter Handgelder Einzelner zu Berufsspielern erklärt und aus dem Westdeutschen Spielverband ausgeschlossen. Der DFB lehnt zum wiederholten Male die Einführung des Berufsspielertums ab. Erster Fußballweltmeister wird Uruguay.
1931 Hertha BSC Berlin erreicht zum sechsten Mal in Folge das Endspiel um die Deutsche Meisterschaft und verteidigt den Titel gegen TSV 1860 München.

als Coach des westdeutschen Spielerverbands engagiert, kehrte er in der Nacht zum 13. August 1914 heim nach England. Dort war es ähnlich wie in Deutschland. An der Front wird gekickt, auf nationaler Ebene wird der Spielbetrieb eingestellt.

Das Überlegenheitsgefühl, den mit Abstand besten Fußball zu spielen, rief kriegslüsterne Fußballfans auf den Plan. Captain Wilfred P. Nevil wirft seinen Soldaten zwei Fußbälle mit aufgedruckten Schlachtrufen („Kick-off at zero") vor die Füße. Die Kämpfer sollen das Kriegsspielzeug zu den deutschen Schützengräben bolzen. „Wer zuerst da ist, kriegt einen Preis." Zu spät, der Captain fiel in der Schlacht an der Somme.

Mit einem fulminanten „Goal" schießt ein Spieler der „Royal Engineers" einen in den englischen Farben gemalten Ball und mit ihm den bass erstaunten deutschen Kaiser ins Netz. Diese Karikatur eines unbekannten Künstlers sieht man auf einer englischen Propagandapostkarte. Die wüste Kriegsmetaphorik wird im Vorfeld des Europameisterschaftsspiels England – Deutschland 1996 in Wembley wieder aufleben. Der „Daily Mirror" paraphrasiert die Kriegserklärung von 1940: „Mirror declares Football War on Germany".

Britische Propagandapostkarte, nach 1914

Das Spiel Deutschland – England am 10.5.1930 im Berliner Grunewald-Stadion endete unentschieden, 3:3; in der Bildmitte der Schalker Spieler Ernst Kuzorra.

Phönix voran!

Zwei Jahre nach Kriegsende stellte die FA gemeinsam mit dem belgischen Fußballverband bei der 1904 gegründeten FIFA, dem „Fußball-Weltverband“, den Antrag, Deutschland, Österreich und Ungarn auszuschließen. Vergeblich. Dennoch wurde Deutschland vom internationalen Fußball-Geschehen weitgehend isoliert. Es dauerte Jahre, ehe die Nationalelf wieder gegen England (1930) oder Frankreich (1932) spielen durfte. Auf Länderspielebene mussten sich deutsche Kicker bis 1922 zumeist mit Partien gegen die Verbündeten Österreich und Ungarn begnügen.

Das erste Länderspiel nach dem Krieg wurde am 27. Juni 1920 in Zürich angepfiffen. Die Schweizer hatten keine Mühe und gewannen gegen eine ausgelaugte deutsche Nationalmannschaft ohne Bundestrainer mit 4:1.

Länder wie England, Spanien, Italien, Frankreich und die Tschechoslowakei hatten den Berufsfußball längst gesetzlich verankert. Der DFB hielt eisern am Amateurstatus des deutschen Fußballs fest und verzichtete lieber auf Spiele gegen diese Länder, als sich dem internationalen Trend anzuschließen. Erst 1926 wurde mit Dr. Otto Nerz der erste deutsche Nationaltrainer verpflichtet – für die Mannschaftsaufstellung nach dem Proporz-Verfahren waren vorerst immer noch die Herren Funktionäre im DFB zuständig.

Eine deutsche Nationalmannschaft nahm zwar (mit bescheidenem Erfolg) an der Olympiade 1928 in Amsterdam teil. Auf die Endrunde der ersten Fußballweltmeisterschaft in Uruguay, wo auch Profimannschaften antraten, brauchte sie sich nicht vorzubereiten. Sie wurde gar nicht erst angemeldet. 1934 fiel die personelle Verantwortung für die Aufstellung der Nationalmannschaft endlich in die Hand des ausgebildeten Mediziners und Pädagogen Dr. Otto Nerz. Er führte professionelle Trainingsmethoden ein und erfand das „Trainingslager". Bei der Weltmeisterschaft in Italien belegte die deutsche Mannschaft (mit Sepp Herberger als Trainerassistent) überraschend den dritten Platz.

Auch für den lokalen Fußball gab es in Deutschland ein Profiverbot. Als 1927 der „Mitropa-Cup" (Vorläufer des Europa-Cups) ausgefochten wird, sucht man deutsche Mannschaften vergeblich auf der Teilnehmerliste. Am Mitropa-Cup nahmen die besten vier Mannschaften aus den Ligen Österreichs, Ungarns, der Tschechoslowakei, Jugoslawiens, Italiens und zeitweise auch der Schweiz teil. Erster Sieger: Sparta Prag.

Otto Nerz (1892–1946) war bis 1936 Trainer der Nationalmannschaft, hier mit seinem Assistenten Sepp Herberger.

Warum überhaupt das eiserne Festhalten des DFB am Amateurstatus? In einer von ökonomischen Krisen geschüttelten Zeit wollten dessen Befürworter erreichen, dass Fußballspieler, die ja in der Tat nur eine vergleichsweise kurze Lebenspanne Woche für Woche ein Vereinstrikot überziehen, nebenher ein „anständiges" Berufsleben führen, um dann nach ihrer letzten Saison auf dem Sportplatz sich und der Familie ein Einkommen zu sichern – eine durchaus nachvollziehbare Sorge.

Andererseits war das Festhalten am Amateurstatus ideologisch begründet. Zu viel Individualismus, Kreativität und Karriere konnten konservative Funktionäre, denen es beim Fußball durchaus um eine Demonstration nationalen Stolzes ging, nicht dulden. Der Amateur, als Gleicher unter Gleichen, entsprach dem idealistischen Menschenbild sowohl der nationalkonservativen als auch der kommunistischen Ideologie. Der DFB war angetreten, einer Form des Wettkampfs eine adäquate Organisationsform zu geben. Mit dem Zementieren des Amateurstatus kapitulierte er vor den natürlichen Folgen, die ein jeder Anstoß vom Mittelpunkt zeitigt: Leistungsbereitschaft, Konkurrenzverhalten, Elitedenken. In kaum einem anderen gesellschaftlichen Bereich werden diese Werte so rein und bildlich vorgeführt wie beim Fußball. Doch den DFB interessierte dies nicht – die Geister, die er rief, wurde er nicht mehr los.

1930 erklärte sich die erste Mannschaft von Schalke aus Frustration über die Kleinkariertheit und Verzagtheit des DFB kurzerhand selbst zu einer Profimannschaft. Der Verein wurde aus dem Westdeutschen Fußballverband ausgeschlossen, als bekannt wurde, dass jeder Spieler pro Einsatz zehn Reichsmark Handgeld einsteckte. Andere Vereine protestierten gegen den DFB. Das Zahlen von Handgeldern war in Spitzenvereinen längst üblich, damit ihre Spieler nicht zu anderen Vereinen abwanderten. Josef Herberger erfreute sich nach einem geplanten Transfer von SV Waldhof Mannheim zu Phönix 07 an 10 000 Reichsmark. Er wurde für mehrere Monate gesperrt. Es half dem späteren Bundestrainer nicht, dass er das Geld, ehe die Affäre publik wurde, artig an Phönix 07 zurückzahlte.

Die Regelungen zur Unterdrückung kommerzieller Tendenzen im deutschen Fußball waren beinhart. Vor dem Hintergrund einer aggressiven Ausstattung von Spielern, Trainern und Managern mit Werbeträgern während der Arbeit im Stadion und anschließend in den Fernsehstudios löst der Paragraph 62 des DFB aus dem Jahr 1926 geradezu Stoßseufzer aus: „Spieler dürfen mit ihrem Namen oder ihren Fähigkeiten als Fußballspieler weder Reklame treiben noch Reklame zulassen. Spieler dürfen ferner auch nicht Handelsfirmen erlauben, mit ihren Photographien Reklame zu treiben."

Doch schon damals war das nur ein frommer Wunsch. Ausgerechnet bei Zigarettenmarken erkannte man den Fußball als Werbeträger. Die neue „Manoli Sport-Zigarette" mit dem sinnigen Namen „Abseits" legte in jede ihrer Packungen „Das Bild eines bekannten Fußballspielers" ein. Eine Dose Schuhwichse von „Erdal" enthielt zwölf „Fußballsammelkarten".

Der FIFA World Cup. Nach dem dritten Titelgewinn 1970 durften die Brasilianer den Pokal behalten. Seit 1974 wird um die oben abgebildete Trophäe gespielt.

Fußballbegeisterung in den Goldenen Zwanzigern

Fußballerisch waren die Jahre der Weimarer Republik eine Epoche des Aufschwungs. Allen geschichtlichen Unbilden (Putschen, Soldaten- und Arbeiteraufständen, Generalstreik, Regierungsumsturz, Besatzung der Ruhr, Inflation etc.) zum Trotz entwickelte sich in Deutschland ein geradezu gieriges Verhältnis zum Fußball. Fußball wurde in der Weimarer Republik zum Massensport, zu einer gesellschaftlichen Institution, zum Kult. Der Acht-Stunden-Arbeitstag wurde eingeführt, es gab freie Nachmittage in der Woche, Schülern ab 10 wurde die Teilnahme an öffentlichen Sportveranstaltungen gestattet, die Körperschaftssteuer für Sportorganisationen wird 1920, die Vergnügungssteuer für Sportveranstaltungen 1921 abgeschafft. Alles Voraussetzungen, die zur Popularität des Fußballs beitrugen.

Selbst Intellektuelle und Künstler griffen jetzt zu Pinsel und Feder, um die verborgene Schönheit des Sports zu beschwören. Vor dem Krieg wollten sie das verborgene malerische und lyrische Potential im Fußballspiel noch nicht wahrhaben – im Gegensatz zu heute, da man kaum noch einen Schriftsteller trifft, der sich nicht für Fußball interessiert. John Heartfield nutzte die Popularität des Spiels aus, um seiner neuen dadaistischen Zeitschrift einen fulminanten Titel zu geben: „Jedermann sein eigener Fußball“ (1919). Ödön von Horvath erzählt in seiner „Legende vom Fußballplatz“ von der Einsamkeit eines Jungen nach dem Schlusspfiff. Franz Kafka war Fan von Hakoah Wien, der ersten Vereinsmannschaft vom Kontinent, die ein Spiel in England gewinnen konnte (5:0 gegen West Ham).

Renée Sintenis, *Fußballspieler*, Bronze, 1927

Renée Sintenis' Bronze „Fußballspieler“ gehört zu den schönsten künstlerischen Darstellungen, die dem Fußball in Deutschland je gewidmet wurden. Sie gibt den Bewegungsablauf beim Schuss in filigraner Genauigkeit wieder. Der Künstler Willi

Benhard Klein, *Fußballspieler*, Öl auf Holz, 1922

Baumeister (1889–1955) bannte Fußballszenen auf Leinwand und symbolisierte die Kameradschaft unter Sportfreunden mit einer 1928 entstandenen Lithografie. Bernhard Klein bringt seine Faszination für das Ballspiel in einem Ölbild von 1922 zum Ausdruck.

Der wahre Fußballfan allerdings hatte es nicht so mit dem Abstrakten: Ob Rasen oder Ascheplatz – kein Territorium bot dem geselligen und sportinteressierten Deutschen eine so übersichtliche Stätte wie jenes Rechteck mit den schönen geraden Linien, gezogen mit Sägemehl oder Kreidestaub, für unsereinen an sich schon ein Kunstwerk; der grüne Rasen, die Trikots der Spieler, die Fahnen auf dem Stadiondach sind Farbe genug. An der harmonischen Form eines sorgsam mit Linien gezeichneten Fußballplatzes sich erfreuend, konnte sich der Fußballfan von den Strapazen des Alltags erholen und zugleich Kraft für die Zukunft schöpfen.

Viele namentlich bekannte Fußballtalente wurden im Krieg getötet. Viele Erfolg versprechende Vereine (z. B. der Straßburger FV) gehörten wegen der so genannten Gebietsabtretungen an die Nachbarländer nicht mehr zu Deutschland. Unzählige Sportplätze waren zerstört. Die Menschen hatten beileibe größere Sorgen als die

Angst vor einer Niederlage der Lieblingsmannschaft. Gleichwohl erfasste sie im Zuge der wilden Sportbegeisterung in den zwanziger Jahren (Boxen und Radrennen), das Fußballfieber. Es übertrug sich auf alle gesellschaftlichen Schichten. Die Fußballvereine verzeichneten einen unglaublichen Zulauf, die Mitgliederzahl im DFB stieg explosionsartig. 1914 waren 190 000 Menschen im Deutschen Fußball-Verband organisiert, 1920 bereits 750 000. Weil sich nicht jeder Verein einen Trainer leisten konnte, ließ der DFB so genannte „Fußballwanderlehrer" durchs Land tingeln. Für einen 14-Tagekurs musste der Verein 200 Mark, für vier Wochen 350 Mark an den Wandersmann löhnen. Auf diese Weise kamen auch ausgediente englische Spieler nach Deutschland und leisteten Entwicklungshilfe.

Politisch ausgerichtete Verbände wie der sozialistische „Arbeiter Turn- und Sportbund" (ATSB) – Uwe Seelers Vater Erwin spielte hier –, die katholische „Deutsche Jugendkraft" (DJK) und sogar die traditionell fußballresistente Deutsche Turnerschaft gründeten eigene Fußballabteilungen und trugen so zum Boom, aber auch zur neuen Unübersichtlichkeit bei, indem sie eigene Meisterschaften, darunter auch nationale, ausfochten. 1927 gab es vier Deutsche Meister: den 1. FC Nürnberg für den DFB, den Dresdner SC für den ATSB, den TV 1861 Forst für den DT und DJK Sparta Nürnberg für die DJK.

Die Gründe für die Popularität des wie Phönix aus der Asche auferstehenden Fußballs in den zwanziger Jahren sind vielfältig. Fußball als Instrument, die Massen von ihrer ökonomischen Not abzulenken; Fußball als friedliche Fortsetzung kriegerischer Kampfbereitschaft; Fußball als „Kompensation" nicht ausgelebter Triebe (Sigmund Freud lässt grüßen); Fußball als Ersatz für den Klassenkampf (die Kommunistische Partei agitiert); Fußball als Medium, die Nation moralisch wiederaufzurüsten (der DFB doziert); Fußball als Paradeschritt für junge Männer zu neuer Wehrtüchtigkeit (das Militär zieht seine Register); Fußball als Religion; Fußball als das bessere Theater (keine Inszenierung ist wiederholbar!); Fußball als eine Möglichkeit, endlich einmal wieder zu jubilieren; Fußball als Karneval; Fußball als journalistische Erfindung (weit über 600 Sportzeitschriften gab es am Kiosk!); Fußball als Befriedigung der Lust auf Stars – all dies sind gern reproduzierte Meinungen, Theorien, Fakten und Klischees.

Wie bei allen Meinungen und Klischees sind auch jene zur Erfassung des Phänomens Fußball in den zwanziger Jahren zugleich wahr und falsch, oberflächlich und subtil. Nur eines war der Fußball in der Weimarer Republik mit Sicherheit nicht: die „schönste Nebensache der Welt". Dafür wurden einfach zu viele Tore geschossen, und wenn es nicht viele waren, so waren sie dennoch schön. Und die schönsten fallen im „Stadion", eine Kathedrale der zwanziger Jahre, das Bauwerk der Superlative, Mekka für jeden dem Fußball verfallenen Menschen.

Im Stadion der Weimarer Republik findet der Deutsche seinen Ausbruch aus der kollektiven Lautlosigkeit. Auch wenn noch nicht so heftig gebrüllt, gesungen, skandiert und angefeuert wird wie heute – das Stadion ist der Ort, an dem alle mitreden können. Keine Schwellenangst hemmt den Fußballfan hineinzugehen. Den Eintrittspreis für einen Besuch im Sta-

Was die Zuschauerzahlen betrifft, herrschen in den zwanziger Jahren in deutschen Fußballstadien englische Verhältnisse.

dion kann sich beinahe jeder leisten. Es gibt fast nur Stehplätze. Arbeitslose stehen neben Ingenieuren, Arbeiter neben Rentnern, Schüler neben Lehrern, alle blasen ins gleiche Horn, ein Ort friedlicher Eintracht, nur die Frauen waren deutlich in der Minderzahl. Randale im Stadion wie heute – die gab es in den zwanziger Jahren nicht. Ein zivilisiertes Fußballjahrzehnt.

Kein anderer Ort repräsentiert die soziale Schichtung so deutlich wie das Fußballstadion der zwanziger Jahre. Kein Wunder, dass man zu jener Zeit gerne vom „Volkspark" sprach, was zweifellos schöner klingt als die früher auch sehr gebräuchliche Bezeichnung „Kampfbahn" (Kampfbahn Rote Erde, Grotenburg Kampfbahn, Glückauf Kampfbahn). Das Wort „Stadion" war zu Beginn des Baubooms ein Fremdwort. Es kommt aus dem Griechischen und bezeichnet ursprünglich die 192,27 m lange und nicht sehr breite olympische Renn- und Kampfstrecke, die an ihren Längsseiten von zwei parallel laufenden Tribünen gesäumt war.

Ins Stadion

Das Stadion ist in der Weimarer Republik ein Bauwerk des Aufbruchs. Unheil kam meistens von oben, nicht nur in Politiker-Reden. Endlich konnten die, die in den Kriegsjahren und davor in banger Erwartung

Die Glückauf-Kampfbahn in Gelsenkirchen war dem enormen Zuschauerandrang bei Schalkes erstem Spiel nach der Sperre am 1.6.1931 kaum gewachsen.

vor dem Kommenden hauptsächlich von unten nach oben schauten, das Leben von oben nach unten betrachten, von den Rängen. Je höher man stand, desto mehr konnte man sehen, vom ganzen Spiel. Jeder, der regelmäßig ins Stadion geht und nicht gerade in Nähe der Eckfahne steht, kennt das Gefühl von Erhabenheit und Souveränität.

Nicht mehr Spielball der Geschichte sein, mitspielen – so äußerte sich der Zeitgeist. Das ganze Ausmaß der Illusion merkt der Besucher erst, wenn das Spiel aus ist. Geht er, der „zwölfte Mann", als Verlierer vom Platz, erscheint ihm die Niederlage „seiner" Mannschaft als eine eigene. Die Einsamkeit nach dem Spiel ist erträglicher, wenn die „eigene" Mannschaft gewinnt. Das beste Rezept gegen den Kater nach dem Stadionbesuch: am kommenden Wochenende wieder hingehen. So wird das Stadion zur zweiten Heimat, und manchmal auch zur ersten. Man geht regelmäßiger hin als in die Kirche, man ist an der frischen Luft (Alibi für Fußballsüchtige, deren Mitmenschen sich über die regelmäßigen Abwesenheiten beschweren), welcher Stammtisch kann das schon bieten? Und im Stadion hat man so ganz nebenher und in der Totalen einen freien Blick auf jene Naturerscheinung, die Stubenhocker in der Siedlung nur als schmalen Streifen am Horizont kennen: den Himmel.

Boxfreund Bertolt Brecht nannte die neuen Stadien „Zementtöpfe". Von Fußball hatte er keine Ahnung. Da halten wir uns lieber an Hannes Meyer, den Protagonisten der Bauhaus-Bewegung. Für ihn war das Stadion ein Prachtbau, schöner als jedes Kunstmuseum. So oder so: Stadien sind von ihrer Architektur her geniale Sportanlagen, zumindest für den Fußball. Das Größenverhältnis zwischen Spielfläche und Zuschauerrängen stimmt. Der Aktionsradius jedes einzelnen Spielers, jeder Spielzug, jede Szene, sogar das geschossene Tor vor der Gegenkurve – die ganze Schönheit des Spiels erschließt sich jedem im weiten Rund.

Die zwanziger Jahre brachten noch andere populäre Sportarten hervor. Aber was sollen Boxen, Faustball,

Barrenturnen, Ringen, Reifenschwingen, Tamburin, Weitsprung, Hochsprung und Hundertmeterlauf im Stadion? Die meisten Zuschauer sind weit weg vom Geschehen, sie sehen nichts. Von daher war es von Anfang an ein Fehler – sicher auch ein Zugeständnis an die Fans anderer Sportarten, das Turnen zumal –, dass im Zuge der Stadionbauten in den zwanziger Jahren Sprunggruben, Laufbahnen usw. einkalkuliert wurden und Turnerfeste am selben Ort stattfanden wie ein Fußballspiel. Das Resultat: wegen der zusätzlichen Anlagen saßen auch die Besucher eines Fußballspiels im Stadion zu weit weg, ein Problem, mit dem die Zuschauer auch heute noch in vielen Stadien zu kämpfen haben.

Ein fußballhistorisches Datum ist der 28. April 1923. Das Londoner Wembley-Stadion wurde mit dem Pokalfinale zwischen Bolton Wanderers und West Ham United eingeweiht. 200 000 Menschen kamen, 127 000 ergatterten eine Eintrittskarte. „Unvergleichbar die beste Sportanlage der Welt.“ Das Programmheft übertreibt nicht. Das Wembley-Stadion wurde die fußballerische Kultstätte in Europa schlechthin. Auf ihrem „heiligen Rasen“ zu spielen, war selbst für den ausgekochtesten Profi etwas Besonderes. (Im Jahr 2000 wurde das Stadion abgerissen.) Neidisch schaute man in Deutschland auf diesen Tempel des Fußballs, aber man holte auf.

Das Londoner Wembley-Stadion, 1927

Im Jahr 1926 veröffentlichte Carl Diem, Generalsekretär des Deutschen Reichsausschusses für Leibesübungen, seine Vorstellungen eines „Ideal-Sportparks“. Seine Forderungen standen im Einklang mit einer blühenden Naturliebe in der Weimarer Republik: „Sei freigebig mit schmückendem Grün, weg mit Reklame und Bretterzaun! Kein Sportplatz ohne

Schwimmbahn. (...) Eine Kampfbahn ist kein Hochbau, es ist gestaltete Natur, ein gefasster Ring mit Blick in die Weite. Strebe Hufeisen an, vermeide Waschschüsselform. (...) Übungsstätten ohne Brausen sind eine Kulturschande."

Das 1923 vom damaligen Kölner Oberbürgermeister Konrad Adenauer eingeweihte und als Arbeitsbeschaffungsmaßnahme für 15 000 Erwerbslose nicht nur sportlich herbeigesehnte Müngersdorfer Stadion entsprach den Idealvorstellungen des Carl Diem in den wesentlichen Punkten. Die Südkurve blieb nach hinten hufeisenförmig offen, damit die Natur durchscheine (eine „Waschschüssel" wurde sie erst nach dem Umbau 1975); die Stufen waren flach, so dass die Ränge längst nicht so steil anstiegen wie in englischen Stadien. Und Brausen – die gab es nicht nur in den Katakomben des damals als „Mutter deutscher Stadien" geltenden Bauwerks, sondern auch nebenan: zum „Ideal-Sportpark" in Müngersdorf gehörte ein separates Schwimmbad. An die „Hauptkampfbahn" schmiegten sich, durch Baumreihen voneinander luftig getrennt, eine West- und eine Ostkampfbahn. Auch eine Radrennbahn kam hinzu. Und die „Jahnwiesen", wie der Name schon sagt, für die Turner. Zusammen genommen ergab das eine Fläche von 55 Hektar: die damals größte Sportanlage in Europa. Zur Länderspiel-Premiere im Köln-Müngersdorfer Stadion kamen 52 000 Zuschauer: Deutschland gegen Holland am 20. November 1927, Endstand 2 : 2.

Die Stadion-Anlagen in Köln-Müngersdorf zur Zeit des Deutschen Turnfestes 1928

Allein bis 1925 wurden in Deutschland rund 850 öffentliche und 400 vereinseigene Stadien gebaut. Sie fassten 25000 bis 50000 Zuschauer und waren immer noch zu klein. Das zeigt das Endspiel um die Deutsche Meisterschaft am 12. Juni 1921. Der nach 90 (!) Pflichtspielen hintereinander ungeschlagene 1. FC Nürnberg lockte zum Finale gegen den Berliner FC Vorwärts 1890 so viele Zuschauer (27 000) ins Stadion des Düsseldorfer SC 99, dass die Spieler in der Halbzeitpause nicht in ihre Kabinen zum Ausruhen gelangen konnten: Zuschauer auf jedem freien Quadratmeter am Spielfeldrand. Und zum ersten Spiel von Schalke 04 nach jener Sperre wegen des Verstoßes gegen das Amateurstatut kamen 1931 gegen Fortuna Düsseldorf statt der vorgesehenen 40000 Anhänger der „Königsblauen" 70000. Selbst auf dem Tor lagerten Zuschauer. Ein Augenzeuge: „Das Tollste leistete ein Fußballenthusiast, der eine Fahnenstange erklettert, sich bäuchlings auf den Kopf legt und in dieser Fakirstellung zwei Stunden ausharrt." Die Betonmauer, die die Ränge von der Laufbahn trennte, hielt dem Ansturm der Fans nicht stand und brach zusammen.

Die Traditionsstadien in Deutschland entstanden fast alle in den zwanziger Jahren. Selbst wenn man die Ortsnamen nicht dazusetzte – jeder Fußballfan wüsste, wo die Stadien liegen. Der Bökelberg in Mönchengladbach (1919), der Betzenberg in Kaiserslautern (1920), der Bieberer Berg in Offenbach (1921) der Uhlenkrug in Essen (1922), das Rudolf-Harbig-Stadion in Dresden (1923), das Wildparkstadion in Karlsruhe (1923) das Volksparkstadion in Hamburg (1925), das Waldstadion in Frankfurt (1925), das Wedaustadion in Duisburg (1926), das Rheinstadion in Düsseldorf (1926), das Stadion „Rote Erde" in Dortmund (1926), die Glückauf-Kampfbahn in Gelsenkirchen (1928): in den Ohren von Stadiongängern klingt das so verheißungsvoll wie die Auflistung der würdigsten Opernhäuser in den Gehörgängen von Freunden der klassischen Musik. Selbst wenn das eine oder andere Stadion heute anders heißt, selbst wenn ein Stadion den Namen eines berühmten

Fußballers der Vergangenheit angenommen hat (das Fritz-Walter-Stadion in Kaiserslautern beispielsweise) und morgen den Namen des Hauptsponsors annehmen wird, selbst wenn das eine oder andere Stadion abgerissen und nicht ersetzt wird (das „Rheinstadion“ in Düsseldorf): deutsche Stadien aus den 20er Jahren und ihre klassischen Namen werden im Gedächtnis bleiben.

Das erste Großstadion stand in Berlin. Eine Katastrophe. Berlin bewarb sich für die Olympischen Spiele 1916 (die dann wegen des Krieges nicht stattfinden konnten) und baute das „Deutsche Stadion“ im Grunewald. Am 8. Juni 1913 wurde es zum 25-jährigen Regierungsjubiläum von Wilhelm II. eingeweiht. Für alle wurde gesorgt: die Turner, Leichtathleten, Ringer, Radfahrer, Rasensportler. Sogar ein Schwimmbecken gab es. Es lag innerhalb des Stadions. 35 000 Sportler liefen auf, 64 000 Zuschauer kamen. Das Oval war 294 m lang und 95 m breit, die Sichtweite von der Kurve bis zum Mittelkreis betrug 170 m.

Krönender Abschluss des Tages: das Finale um den Kronprinzen-Pokal zwischen Brandenburg und Westdeutschland. Endstand 3:5. Fragt sich nur, wer die Tore aus 170 m Entfernung gesehen hat. Die Stimmung soll nicht so toll gewesen sein. Es gab im „Deutschen Stadion“ in den zwanziger Jahren noch einige Länder- und Endspiele um die Deutsche Meisterschaft, doch nach nur 23 Jahren wurde es 1936 abgerissen.

Das im Jahr 1913 fertig gestellte „Deutsche Stadion“ in Berlin-Grunewald wurde bereits nach 23 Jahren abgerissen.

Das Endspiel ohne Sieger

Das längste Endspiel um die Deutsche Meisterschaft fand im „Deutschen Stadion" statt. Ein Mythos. Im ersten von zwei Finalspielen pfiff vor 25 000 Zuschauern der Kölner Schiedsrichter Dr. Peco Bauwens (später DFB-Präsident) das Spiel zwischen dem 1. FC Nürnberg und dem Hamburger SV am 18. Juni 1922 beim Spielstand von 2:2 in der 189. Minute (!) ab. Einbrechende Dunkelheit erlaubte kein Weiterspielen. Flutlicht gab es noch nicht. So lange spielen bis einer gewinnt: das war auch die Regel für das Wiederholungsspiel am 6. August 1922 in Leipzig vor 50 000 Zuschauern. Weil die Nürnberger nach zwei Platzverweisen und zwei wegen Verletzung ausgeschiedener Spieler nur noch mit sieben Mann über das Feld lahmten (Auswechselspieler waren nicht zugelassen), wurde das Spiel beim Stand von 1:1 in der Verlängerung von Dr. Bauwens regelkonform abgebrochen. Der DFB erklärte den HSV zum Meister, doch der nahm die Meisterschaft (edel, edel!) nicht an. So kam es, dass für das Jahr 1922 kein deutscher Meister verzeichnet ist.

Schuld an diesem misslichen Saisonabschluss hatten auch die Regeln. Immer noch waren Rempeln und Sperren ohne Ball erlaubt, immer noch durfte der Torhüter „innerhalb seines Torraums gerempelt werden, wenn er sich in unmittelbarer Berührung mit dem Ball befindet oder den Gegner absichtlich hindert". Nur wenn der Torhüter auf dem Ball lag, durfte er nicht angegriffen werden. Diese Regel führte im Spiel zu wenig ästhetisch anmutenden Szenen. Das oft übertrieben ausschauende „Sich-Draufschmeißen" auf den Ball ließ keinen Torhüter gut aussehen und hatte manchmal etwas Lächerliches. Auch heute noch demonstrieren übermotivierte Torhüter bei An-

Unentschieden!

Das Entscheidungsspiel um die Deutsche Meisterschaft.

Drei volle Stunden ringen 1. FC. Nürnberg und Hamburger Sportverein ohne Entscheidung.

Der Kampf beim Stande von 2:2 abgebrochen.

Reise. — Auftakt. — Das Spiel. — Kritik. — Glossen. — Rückblick auf die bisherigen Kämpfe um die Deutsche Meisterschaft seit ihrem Entstehen. — Die ersten Pressestimmen.

(Von unseren nach Berlin entsandten drei Redaktions-Mitgliedern.)

„Nicht für die ganze Kampfspielwoche, nur zum Endspiel um die Deutsche Meisterschaft wünsche ich in Berlin zu sein," äußerte ich gelegentlich einer Vorbesprechung für die Fußballwoche der Kampfspiele in unserer Redaktion. Es kam so und am Sonnabend konnte ich mich anschicken

treter der Landesverbände mit ihren Damen — soweit sie mitgekommen waren — und die Presse zu einem Frühschoppen im Restaurant des Deutschen Opernhauses eingeladen, woran sich eine gemeinsame Mittagstafel anschloß. Herr Dr. Martin vom ... Anwesenden: zuerst die Damen ...

kunft eines Balls ihre Flugtauglichkeit in übertriebenem Maße. Die wird dann von den Zuschauern weniger als zwingende Rettungstat denn als Showeinlage beklatscht.

Die wenigen Tore in den beiden Spielen zweier gleichwertiger Mannschaften im Finale 1922 hingen nicht nur mit nachlassender Kondition zusammen. Obwohl deutsche Mannschaften sichtlich Fortschritte im Kombinationsspiel und bei der Ballannahme machten, somit das Spiel schneller wurde, gab es immer noch die alte Abseitsregel, die für die fehlende Dynamik des Spiels verantwortlich war. Aber solche Spiele wie in Berlin und Leipzig machten den ‚Hardlinern' im DFB das Leben immer schwerer. 1925 wird, nach Protest der Engländer und auf Initiative der FIFA, die Abseitsregel geändert. Von nun an steht ein Spieler im Abseits, wenn er im Moment des Anspiels nicht mindestens zwei (in der Regel den Torwart und einen Feldspieler), statt bisher drei Gegenspieler, in der gegnerischen Spielhälfte vor sich hat. Diese Regeländerung führte zu einer Veränderung im Spielsystem. Es kam zu einer wahren Torflut im europäischen Fußball. Der legendäre Dixie Dean vom FC Everton traf 1927/28 in 39 Ligaspielen 60-mal. Paradox genug: je defensiver das Spielsystem wurde, desto mehr Tore fielen.

Das Endspiel ohne Sieger: 1. FC Nürnberg – Hamburger SV, 6. August 1922. Beim Spielstand von 2:2 musste es in der 189. Minute wegen Dunkelheit abgebrochen werden.

Lauter schöne Spiele: Zum Endspiel um die Deutsche Meisterschaft zwischen Hertha BSC und 1860 München (3:2) 1931 im Müngersdorfer Stadion kamen schon 60 000 Zuschauer. Es war die zweite Deutsche Meisterschaft für die „Hertha" hintereinander (im Vorjahr siegte sie gegen Nürnberg), und keine verdiente. Obwohl der Linienrichter jedes Mal die Fahne hob, gab Schiedsrichter Fissenwerth aus Mönchengladbach die zwei Abseitstore für Hertha. Außerdem wurden den Münchnern zwei glasklare Elfmeter verwehrt. Je mehr Zuschauer im Stadion, desto nervöser die Schiedsrichter.

Dennoch ging dieses Finale als „Schönheitsendspiel" in die Geschichte des deutschen Fußballs ein. Das lag an der Spielweise der Münchner. Sie beherrschten, wie der Kicker schrieb, das „Flachpassspiel". Flaches Passen (und nicht mehr das weite Nach-vorne-Schießen) ist Ausdruck des Spielsystems 2-3-5. Wenigstens das hatte sich in Deutschland durchgesetzt. Von einem „W-M-System" noch keine Spur. Die Berliner siegten nur wegen der Fehlentscheidungen des Schiedsrichters und ihrer größeren Routine. Dass die schöner spielende und um ihren Erfolg betrogene Mannschaft am Ende die unterlegene ist, gehört zu den dramatischen, immer wieder erschütternden existenziellen Erfahrungen im Fußball.

Gut spielen und trotzdem verlieren – aus diesem Paradoxon heraus entstehen Tragödien, die keine andere Bühne als das Stadion erfinden kann. Das Kölner Publikum damals verlor jedenfalls seinen Glauben an die Gerechtigkeit und tobte. Der Mönchengladbacher Schiedsrichter musste in die Kabine fliehen. Welchem Theaterregisseur ist jemals so viel Leidenschaft entgegengebrandet?

Das „W-M-System"

In England wurde das noch recht offensive 2-3-5-System durch das „W-M-System" abgelöst. Ihr Erfinder ist der Fußballstratege Herbert Chapman, 1925 Trainer bei Arsenal London. W-M ist keine Abkürzung für „Weltmeisterschaft", sondern die grafische Entsprechung eines Spielsystems, das den ursprünglich als Mittelläufer agierenden Spieler in die Defensive als zentralen Verteidiger („Stopper") zurückbeordert und zwei der Stürmer aus der Fünferreihe als Halbstürmer zurückzieht. Sie kompensieren die weitgehend verloren gegangenen Offensiv-Aufgaben des herkömmlichen Typus eines Mittelläufers und arbeiten als Mittelfeldspieler („Regisseure“) zwischen Verteidigung und Angriff. Wenn man sich dies als Grundaufstellung aus der Vogelperspektive anschaut, sieht das in der vorderen Spielhälfte aus wie ein W, in der hinteren wie ein M.

Dieses W-M-System hatte mannigfaltige Auswirkungen auf die Praxis des Spiels. Es bewirkte den tendenziellen Übergang von der Raum- zur Manndeckung, der so genannte „Konterfußball“ wird sich aus diesem System entwickeln. Die ursprünglich nur zwei Verteidiger stehen nun nicht mehr zentral in der eigenen Hälfte, sie fungieren als Außenverteidiger und decken die Außen- bzw. Flügelstürmer, welche wiederum eine ganz andere Aufgabe bekamen als gewohnt: Nicht mehr nur an der Außenlinie entlang traben („kleben bleiben“), sondern bei Gelegenheit nach innen ziehen. Der linke und der rechte Läufer sind zusehends damit beschäftigt, die Halbstürmer zu decken, der Mittelläufer folgt dem gegnerischen Mittelstürmer auf Schritt und Tritt. Da in Deutschland dieses System nicht übernommen wurde, kam es bei Vergleichen zwischen englischen und deutschen oder österreichischen Mannschaften nicht nur zu dem üblichen Wettkampf um Tore, sondern zu einem regelrechten Kampf der Spielsysteme.

Die Österreicher waren es, die mit ihrem „Donau-Fußball“ für Furore sorgten und der britischen Über-

Das „Wunderteam“ aus Österreich, Gemälde von Paul Meißner

macht ein paar Kratzer beibrachten. 5:0 gegen Schottland 1931, die hauchdünne Niederlage 1932 in Wembley mit 3:4. In Österreich wurde der Profifußball schon 1924 eingeführt. Bundestrainer Hugo Meisl übernahm zwar einzelne Maßgaben des W-M-Systems, soufflierte seinen Spielern allerdings eine Spielvariante, die im Fußball so spielentscheidend sein kann wie bei einer gelungenen erotischen Verführung: den Überraschungseffekt.

Lichtfigur des österreichischen „Wunderteams“ war Matthias Sindelar. „Er spielte stets und kämpfte nie“, schwärmte der Schriftsteller Friedrich Torberg (über welchen deutschen Spieler hätte er das sagen können?). Und Alfred Polgar schreibt in seinem Nachruf auf den 1939 gestorbenen Wunderspieler mit der „papiernen“ Figur: „Ein Fallensteller und Überrumpler ohnegleichen, unerschöpflich im Erfinden von Scheinangriffen (...), er hatte Geist in den Beinen, es fiel ihnen im Laufen eine Menge Überraschendes, Plötzliches ein, und Sindelars Schuss ins Tor traf wie eine glänzende Pointe, von der aus erst der meisterliche Aufbau der Geschichte, deren Krönung sie bildete, recht zu verstehen und würdigen war.“

Deutsche Mannschaft gegen Holland 1924, 1:0
Blaschke, Kalb, Mauch, Franz, Stuhlfaut, Seiderer, Müller, Wieder, Kugler, Träg, Schmitt, kniend: Auer, Ascherl, Hagen

Die deutsche Nationalmannschaft bestand 1924 ausschließlich aus Spielern des 1. FC Nürnberg und der SpVgg Fürth.

Fußball wurde zu einer Kunstform, das Spiel gehorchte einer ästhetischen Theorie, das geschossene Tor ist ihre Erfüllung, ein ekstatischer Höhepunkt. Das 6:0 der Österreicher gegen Deutschland in Berlin 1931 gehörte freilich zu den Spielen in der Weimarer Republik, die für eine ganz unliterarische Grabesruhe in einem deutschen Stadion sorgten.

Den leidenschaftlichsten und erfolgreichsten Fußball in der Weimarer Republik spielen der 1. FC Nürnberg und, mit gehörigem Abstand dahinter, die SpVgg Furth, der Hamburger SV und Hertha BSC. Der 1900 gegründete und ursprünglich als Rugby-Mannschaft gestartete 1. FC Nürnberg wird fünfmal Deutscher Meister, Fürth zweimal, Hamburg zweimal, die Hertha wird viermal hintereinander Vizemeister, ehe sie 1930 und 1931, glücklich, wie wir gehört haben, den Titel holten.

Nürnberg und Fürth hatten ehemalige englische und ungarische Spieler als Trainer verpflichtet. Sie zwangen ihre Schüler beim Training nicht nur zu Dauerlauf, Gymnastik und zu gesunder Ernährung; sie übten im Gegensatz zu ihren deutschen Kollegen in anderen Vereinen schon einzelne Spielzüge ein. Sie vergaben nicht nur „taktische Marschrouten", sie brachten System in die Sache. Jedes Endspiel, das die Nürnberger bestritten, gewannen sie auch, und jedes Mal gab es ein „zu null", nicht zuletzt dank der sensationellen Leistung des Stammtorwarts und Spielführers Heinrich Stuhlfauth (1896–1966). (Dass er als Nationaltorwart in fünf Länderspielen 16 Gegentore kassierte, gibt Fußballhistorikern noch heute unlösbare Rätsel auf.) Über die Spielweise der Nürnberger schrieb „Fußball", die auflagenstärkste Fachzeitschrift in den zwanziger Jahren, anlässlich des Finalsieges über den HSV (2:0) am 9. Juni 1924 vor 35 000 Zuschauern im „Deutschen Stadion" in Berlin: „Anzuerkennen ist das flache Zuspiel der Nürnberger: Das ist konsequent und jedem Mann in Fleisch und Blut übergegangen."

Heinrich Stuhlfauth (1896–1966): „Gott selbst stand im deutschen Tor" titelte eine italienische Zeitung nach dem ersten Sieg einer deutschen Nationalmannschaft gegen Italien am 29.4.1929 in Turin.

Die Dominanz der Nürnberger

Zur Dominanz der weinrot gekleideten „Cluberer" in den zwanziger Jahren trugen nicht nur professionelle Trainingsmethoden, ein konsequentes Flachpassspiel und ein begnadeter Torwart bei, sondern auch der heimische Sportpark und seine Besucher. Der 1913 eröffnete (und 1966 abgerissene) „Zerabelshof", kurz „Zabo" genannt, war ein „Hexenkessel", der jede Gast-

Die DFB-Pokalsieger

1935	1. FC Nürnberg
1936	VfB Leipzig
1937	FC Schalke 04
1938	Rapid Wien
1939	1. FC Nürnberg
1940	Dresdner SC
1941	Dresdner SC
1942	1860 München
1943	Vienna Wien
1953	Rot-Weiß Essen
1954	VfB Stuttgart
1955	Karlsruher SC
1956	Karlsruher SC
1957	Bayern München
1958	VfB Stuttgart
1959	Schwarz-Weiß Essen
1960	Borussia M'gladbach
1961	Werder Bremen
1962	1. FC Nürnberg
1963	Hamburger SV
1964	1860 München
1965	Bor. Dortmund
1966	Bayern München
1967	Bayern München
1968	1. FC Köln
1969	Bayern München
1970	Kick. Offenbach
1971	Bayern München
1972	FC Schalke 04
1973	Borussia M'gladbach
1974	Eintr. Frankfurt
1975	Eintr. Frankfurt
1976	Hamburger SV
1977	1. FC Köln
1978	1. FC Köln
1979	Fort. Düsseldorf
1980	Fort. Düsseldorf
1981	Eintr. Frankfurt
1982	Bayern München
1983	1. FC Köln
1984	Bayern München
1985	Bay. Uerdingen
1986	Bayern München
1987	Hamburger SV
1988	Eintr. Frankfurt
1989	Bor. Dortmund
1990	1. FC Kaiserslautern

mannschaft das Fürchten lehrte. Den Nürnbergern und dem „Zabo“ ist zu verdanken, dass es in Deutschland wieder regelmäßig internationalen Fußball zu sehen gab. Tottenham Hotspur, Rapid Wien, MTK Budapest, Ajax Amsterdam, Bolton Wanderers – sie alle kamen. Und noch etwas anderes verdankt der deutsche Fußball dem 1. FC Nürnberg: glänzende Nationalspieler wie Torschützenkönig Heinrich Träg (1893–1976) und Verteidiger Hans Kalb (1899–1945).

Kalb und die Defensivabteilung der SpVgg Fürth um Läufer Georg Knöpfle (1904–1987) veranlassten Nationaltrainer Otto Nerz zu einer Aufstellungspraxis, die neu war in Deutschland: die „Blockbildung“. Hinten standen die aufeinander eingespielten Männer aus Franken, vorne die Individualisten wie Richard Hofmann aus Dresden, Ernst Albrecht von Fortuna Düsseldorf, Hanne Sobeck von Hertha BSC, Ludwig Hofmann und Josef Pöttinger von Bayern München, Ernst Kuzorra von Schalke 04. Zwar schied Deutschland mit einem blamablen 1:4 gegen Uruguay 1928 beim olympischen Turnier in Holland vorzeitig aus (einer der Gründe, weshalb vom DFB keine Nationalmannschaft für die 1. Weltmeisterschaft 1930 gemeldet wurde), aber endlich gab es eine positive Jahresbilanz: vier Siege (gegen Dänemark und Norwegen und zweimal gegen die Schweiz) in sechs Länderspielen! Identifikation mit der „eigenen“ Mannschaft war nun nicht mehr nur ein regionales Phänomen in den Städten, sondern immer mehr auch eine nationale Frage. Länderspiele wurden immer populärer.

Was für Film, Musik und Revue längst schon galt, setzte in den zwanziger Jahren auch beim Fußball ein: die Lust der Massen auf Stars. Was dem Schauspieler und Sänger Leinwand und Bühne, der Tänzerin das Varieté, ist dem Fußballspieler das Stadion. Auf den Schultern von den Spielkameraden herausgetragen zu werden, unter dem Jubel der Hüte schwenkenden Männer – das verschaffte den jungen Sportlern nicht nur ein wachsendes Selbstbewusstsein auf dem Platz.

Fußballer erkannten ihren Marktwert. Als Werbeträger von Zigarettenmarken und als strahlende Helden auf den Titelseiten von Zeitungen und Zeitschriften rückten sie immer mehr ins öffentliche Bewusstsein. Davon profitierte auch jener Spieler, der zwar 1928 nur noch als Ersatzmann zum nationalen Aufgebot gehörte, zuvor allerdings in 15 Länderspielen zwischen 1914 und 1926 als „Goalgetter" triumphierte: Otto „Tull" Harder, Star vom Hamburger SV, nach dem im Jahre 2000 erschienenen Lexikon „Deutschlands Fußball" „einer der ersten Fußballer Deutschlands mit europäischem Format". Otto Harder war 1,90 m groß, der Liebling der Massen („wenn er spielt, der Harder Tull/wird es sicher drei zu null"), der Schwarm der wenigen Frauen, die zum Fußball gingen. Harder verkehrte in seiner Freizeit mit Leuten wie Hans Albers in Hamburger Kneipen, sein Name stand Pate für den Helden Tull Harper im Kinofilm „Der König der Mittelstürmer" (1927).

Eine steile, eine böse Karriere. 1932 wurde Otto Harder Mitglied der NSDAP, nach Kriegsbeginn stand er Wache in den Konzentrationslagern Sachsenhausen und Neuengamme, 1944 übernahm er die Leitung des KZs Ahlem bei Hannover. Unter seiner Führung kamen hier 230 Häftlinge ums Leben. Er wurde am 6. Mai 1947 zu 15 Jahren Zuchthaus in Werl/Westfalen verurteilt, im Dezember 1951 wurde er vorzeitig entlassen, 1956 starb er, auf seinem Sarg eine Fahne vom HSV.

1991	Werder Bremen
1992	Hannover 96
1993	Bay. Leverkusen
1994	Werder Bremen
1995	Borussia M'gladbach
1996	1. FC Kaiserslautern
1997	VfB Stuttgart
1998	Bayern München
1999	Werder Bremen
2000	Bayern München
2001	Schalke 04

Tull Harder hebt ab, und keiner seiner Gegenspieler kommt an den Ball.

Fußball als Teil einer Propagandamaschinerie

Im Januar 1933 kamen die Nazis an die Macht. Sie instrumentalisierten die fußballerische Aufbruchstimmung in der Weimarer Republik für ihre politischen Zwecke. Fußball wurde Teil einer Propagandamaschinerie. Die Nazis erklärten Fußball kurzerhand zur rein proletarischen Errungenschaft, das „satte“ Bürgertum sei seiner nicht würdig. Sie verschwiegen, dass die meisten Fußballspieler, die in Vereinen spielten, aus der bürgerlichen Mittelschicht kamen. Fußball diene der Volksgemeinschaft, also dürfe es keinen „bürgerlichen“ Berufsfußball geben. Berufsfußball gleich Kapitalismus gleich Judentum: das war die Gleichung. Damit waren alle Bestrebungen des DFB, der sich auf seinem 35. Bundestag am 16. Oktober 1932 in Wiesbaden für die Erarbeitung von Richtlinien eines zukünftigen Berufsfußballs in Deutschland durchringen konnte, über Nacht zu Nichte gemacht.

In einem Hetzartikel unter dem Titel „Europas Sport wird frei vom Judentum“ im „12 Uhr Blatt“ am 4. Juni 1943 wird Dr. Otto Nerz, Trainer a. D., vom „unheilvollen und zersetzenden Einfluß“ der Juden auf das deutsche Vereins- und Verbandsleben schreiben: „Besonders in der Berufsspielerfrage machten die Juden und ihre Hörigen der oberen Führung das Leben dauernd sehr schwer. In der Krise vor 1933 war die Gefahr der Verjudung auch im Fußball sehr groß.“

Unter dem Druck einiger liberaler Vorstandsmitglieder kurz vor der Machtübernahme der Nazis war der DFB drauf und dran, eine „Reichsliga“ zu gründen. Aber nach

Der Hetzartikel von Otto Nerz erschien am 4.6.1943 im „12 Uhr Blatt“ der „Berliner Zeitung“.

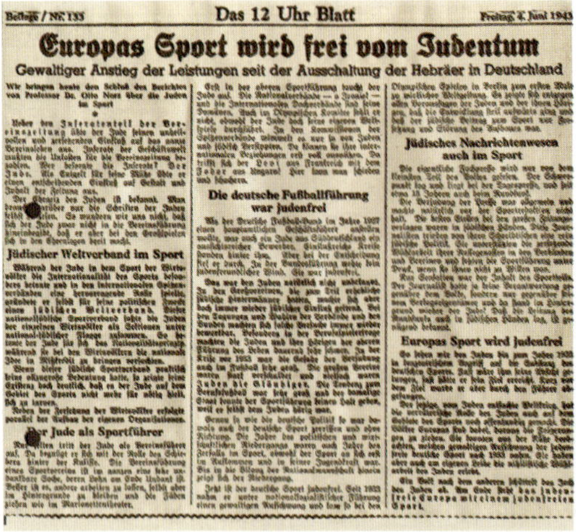

Das 12 Uhr Blatt

Europas Sport wird frei vom Judentum

Gewaltiger Anstieg der Leistungen seit der Ausschaltung der Hebräer in Deutschland

Wir bringen heute den Schluß des Berichtes von Professor Dr. Otto Nerz über die Juden im Sport

Jüdischer Weltverband im Sport

Der Jude als Sportführer

Die deutsche Fußballführung war judenfrei

Jüdisches Nachrichtenwesen auch im Sport

Europas Sport wird judenfrei

dem 31. Januar 1933, als Adolf Hitler Reichskanzler geworden war, schloss sich der Verband der „nationalen Erhebung“ an. Am 28. April wurde SA-Gruppenführer Hans von Tschammer und Osten zum „Reichssportkommissar“ ernannt. In Sportlerkreisen war er bis dato völlig unbekannt. Jetzt kürte man ihn zum höchsten deutschen Sportführer. Der DFB unter dem Vorsitz von Felix Linnemann schickte eiligst eine Ergebenheitsadresse: Kein Berufsfußball, keine Reichsliga, das fußballerische Leben in Deutschland sollte wie das literarische geordnet werden: nach Stämmen und Gauen.

Felix Linnemann, DFB-Präsident 1925–1945

Statt Reichsliga kam der „Tschammer-Pokal“, der erste Städte-Pokalwettbewerb in der deutschen Fußballgeschichte (von 1935 bis 1943). So systemkonform sich der DFB auch verhielt, seine Eigenständigkeit verlor er im Dritten Reich dennoch. Als „Fachamt Fußball“ war er nur noch eine Abteilung unter anderen im „Reichsbund für Leibesübungen“. 1940 wurde er ganz aufgelöst. Die konfessionellen Sportverbände – die katholische Deutsche Jugendkraft (DJK) und der evangelische Eichenkreuz-Verband – wurden verboten.

Am 23. Juli 1933 tragen Berlin und Bayern das erste Endspiel um den „Hitler-Pokal“ aus. 20 000 kommen in das „Deutsche Stadion“ im Grunewald. Das Spiel endet 2:2, es muss am 6. August wiederholt werden. In seinem Bericht vom 24. Juli 1933 über das sportliche Ereignis vermeidet „Die Fußball-Woche“ eine Spielanalyse und ergeht sich stattdessen in grundsätzlichen Ausführungen zum Sinn und Zweck des Fußballspiels: „Die neue Zeit wende sich ab von dem Materialismus einer überwundenen Epoche und stelle deshalb die höchsten Anforderungen an den einzelnen und an die Gesamtheit. Der Sport wolle dabei nicht in den Hintergrund treten, sondern werde durch eine einheitliche Erziehung an Körper und Geist dazu beitragen, die Liebe, den Opfermut und den Kameradschaftsgeist des einzelnen gegenüber dem Volksganzen zu fördern.“

Für die Ideologen des Nationalsozialismus war klar: Fußball dient der körperlichen Ertüchtigung, die Er-

1933 Beim englischen Cup-Final tragen Spieler zum ersten Mal Nummern auf dem Rücken. Nach der Machtübernahme der Nazis bleibt das Verbot des Berufsfußballs in Deutschland bestehen. Der DFB wird in seiner bisherigen Organisationsform aufgelöst. Statt mit einer Reichsliga startet die Saison mit 16 „Gauligen“.
1934 Erste Teilnahme einer deutschen Nationalmannschaft an einer Weltmeisterschaft. In Italien erringt sie nach einem 3:2 gegen Österreich den dritten Platz. Schalke 04 wird zum ersten Mal Deutscher Meister und entwickelt sich mit seinen Vorzeigespielern Fritz Szepan und Ernst Kuzorra und fünf weiteren Meisterschaften zur erfolgreichsten Mannschaft der Nazizeit.

tüchtigung dem Deutschen Reich, das Deutsche Reich dem „Führer“ Adolf Hitler. Fußballspieler, die den Hitlergruß verweigerten, wurden aus der Mannschaft ausgeschlossen. Vereine mit jüdischen Mitgliedern und Marxisten waren längst aufgelöst. In den „Hamburger Nachrichten“ vom 11. April 1933 erschien eine Liste mit 50 verbotenen Fußballvereinen.

Hitlers Fluch

Adolf Hitler hatte ein starkes Interesse am Fußball, ohne sich für den Sport zu interessieren. Deutsche Siege im Fußball, so hat es ihm sein Propagandaministerium beigebracht, förderten nicht nur die nationale Bewegung, sie dienten auch dem Ansehen Deutschlands in der Welt. Deshalb fanden zwischen 1933 und 1939 insgesamt 76 Länderspiele statt, von denen 47 gewonnen und nur 15 verloren wurden, eine Statistik, die politisch allerdings nur von geringem Nutzen war. Auch der überraschende dritte Platz bei der Weltmeisterschaft 1934 in Italien, wo die deutsche Mannschaft, noch unter Nerz, gegen das „Wunderteam“ aus Österreich gewann, eignete sich zu politisch-ideologischen Zwecken nur in Maßen.

Die deutsche Nationalmannschaft bei der WM 1934 in Italien

Das Spiel der Spiele fand am 7. August 1936 im Rahmen der Olympischen Spiele statt. Deutschland schied (ohne die ausgeschlossenen ‚Profis‘ Kuzorra und Szepan von Schalke) mit einem 0 : 2 schon nach dem zweiten Spiel aus. Der „Führer“ verließ grollend das Poststadion. Goebbels hatte zu viel versprochen. Der zweifache Torschütze der Norweger hatte zu deren Schmach auch noch einen jüdisch klingenden Namen: Isaksen.

Es blieb das einzige Fußballspiel, das Hitler besucht hat. Seine Gefolgsleute versprachen ihm einen Sieg. Es wurde eine Niederlage. Fußball war nichts für ihn und nichts für seine „Bewegung". Deutschland hatte gegen einen als zweitklassig eingestuften Gegner verloren. Man hatte sich vor den Augen der Weltöffentlichkeit blamiert. Überhaupt – dieses Fummeln, Schieben und Rangeln mit dem Ball war einfach zu unberechenbar, zu chaotisch. Ein Spiel, in das offenbar auch der Zufall hineinregiert, war nichts für Hitler und seine Strategen. Sie waren es gewohnt, dass alles nach Plan lief. „Reih und Glied"? – Das gibt es im Fußball nur beim parallelen Einlaufen der beiden Mannschaften und beim Aufstellen im Mittelkreis.

Hitler besuchte nur ein einziges Mal ein Fußball-Länderspiel, am 7.8. 1936 im Poststadion in Berlin, im Rahmen der Olympischen Spiele.

So sehr der Fußball unter dem Hakenkreuz für außersportliche Zwecke auch benutzt wurde – seiner ureigenen, unvorhersehbaren, unberechenbaren spielerischen Gesetze konnte er nicht beraubt werden. Das Spiel hatte sich dank zunehmender Differenzierung in der taktischen und systemorientierten Anlage von seinen starren, durchaus soldatisch anmutenden Anfängen langsam aber sicher emanzipiert und den Akteuren zunehmend individuelle Entfaltungsmöglichkeiten auf dem Platz eröffnet. So paradox es klingen mag und so sehr man auch das sportliche Selbstverständnis der Aktiven von damals relativiert: Gemessen an den Erwartungen seiner ideologischen Verwertbarkeit war die Niederlage einer deutschen Nationalmannschaft im Nationalsozialismus ein Sieg des Spiels namens Fußball. Seiner politischen Inszenierung zum Trotz war ihm die implizite Neigung zu Unberechenbarkeit und Eigensinnigkeit nicht zu nehmen.

Anders herum: Ein Sieg der deutschen Nationalmannschaft zwischen 1933 und 1939 war nicht auf ideologische Einpeitschung, sondern auf spielerische Fortschritte zurückzuführen, wenngleich auch jene Eigensinnigkeit an der politischen Ohnmacht der Organisation Fußball nicht zu rütteln und den Ausschluss unerwünschter Spieler nicht zu verhindern vermochte. Das ist aber nicht dem Spiel an sich und seinen Zuschauern im Stadion anzulasten, sondern all jenen Drahtziehern und Mitläufern des Nationalsozialismus, die für den Terror in Deutschland verantwortlich waren.

Deutsche Fußballfreunde strömten auch zu jener Zeit ins Stadion. Den meisten war es egal, ob der Fußball eine politische Funktion hat oder nicht. Gewiss, viele verdrängten das Auflösen jüdischer Vereine, den Verstoß von Spielern aus dem Verein, das plötzliche Verschwinden eines Sportkameraden oder sie wussten einfach nichts davon. Aber die Deutschen liebten das Spiel, vor allem das Länderspiel, sie gaben das Daumendrücken nicht auf – wem sonst als den Spielern, denen sie in ihren Stadien und Zeitungen regelmäßig begegneten, sollte es gelten? Die fußballerische Euphorie der zwanziger Jahre hielt an, unbeeindruckt von der Machtübernahme durch die Nazis.

Die politische Inszenierung eines Fußballspiels sah zum Beispiel so aus: Die Parteigenossen von „Kraft durch Freude“ (KdF) setzten 10 000 „Schlachtenbummler“ nach London zu einem Auswärtsspiel in Bewegung. Kaum vorstellbar, dass diese 10 000 nur Mitläufer des Regimes und nicht auch unschuldige Fußballanhänger waren. Für die meisten von ihnen und erst recht für die daheim gebliebenen Sportfreunde galt: Hauptsache es geht am 4. Dezember 1935 gegen England, zum ersten Mal wieder nach fünf Jahren. Den meisten der mitgereisten, mit Hakenkreuzfähnchen bewaffneten 10 000 Deutschen im Stadion wird es egal gewesen sein, ob die 0:3-Niederlage ein Schlag gegen die nationalsozialistische Bewegung war oder nicht – man hatte keine deutschen Tore gesehen. Im Moment des Abpfiffs zählte vor allem die sportliche Niederlage.

Plakat zum Reichssporttag der Hitlerjugend, 27.–29. 9. 1935

Es gab außer dem Schwenken von Hakenkreuzfähnchen keine gewaltsamen politischen Demonstrationen, keine Ausschreitungen deutscher Zuschauer, weder bei Heim- noch bei Auswärtsspielen. Hätte die englische Football Association diese ernsthaft befürchtet und hätte sie sich von den Protesten englischer Antifaschisten vor dem Spiel entsprechend beeinflussen lassen, wäre das Spiel am 4. Dezember 1935 gar nicht erst zustande gekommen. Zwischen 1933 und 1939 gab es keine von deutschen Fußballanhängern angezettelten Ausschreitungen, obwohl sie mit chauvinistischen und rassistischen Sprüchen der Nazis reichlich ausgerüstet wurden. Chauvinistische und nationalistische Ausschreitungen mit körperlichen Folgen für angegriffene Zuschauer bei Länderspielen wird es erst in unseren „friedlichen" Jahren geben. Im Verlauf der Europameisterschaft 1972 randalierten deutsche „Hooligans" in belgischen Städten. Vor dem Finale brüllten Unverbesserliche die erste Strophe der Nationalhymne, „Deutschland, Deutschland, über a-a-lles", Finalgegner UdSSR wurde mit Schlachtrufen bedeckt, „I, A, O – der Iwan geht k. o." Am Rande der WM 1998 in Frankreich prügelten deutsche Hooligans in Lens einen französischen Polizisten fast zu Tode.

Der von deutschen Hooligans bei der WM 1998 in Frankreich fast zu Tode geprügelte französische Polizist Daniel Nivel. Gewalttätige Ausschreitungen gab es bei Fußballspielen zur Zeit des Nationalsozialismus nicht.

Fußball im Konzentrationslager

Auf Funktionärsebene hatte die Niederlage von Berlin im Jahre 1936 Konsequenzen. Reichstrainer Otto Nerz wurde nach der für ihn, die Partei und den Führer blamablen Niederlage gegen Norwegen langsam entmachtet. Joseph Herberger wurde ihm an die Seite gestellt. Der übernahm 1938 die alleinige sportliche Führung. Mit seiner „Breslau Elf" – so genannt nach einem 8:0 gegen Dänemark am 16. Mai 1937 in Breslau – avancierte die deutsche Nationalmannschaft zum Mitfavoriten bei der Weltmeisterschaft 1938 in Frankreich. Torwart der Breslau Elf war der ehemalige Rekordnationalspieler Hans Jakob von Jahn Regensburg. Er stand zwischen 1930 und 1939 insgesamt 38-mal im Tor. In der Verteidigung spielte Paul Janes von Fortuna Düsseldorf, der 71 Länderspiele zwischen 1932 und 1942 absolvierte; große Spieler waren auch Reinhold Münzenberg von Alemannia Aachen und Ludwig Goldbrunner von Bayern München.

Nach dem „Anschluss“ Österreichs ans „Altreich“ am 13. März 1938 glaubte man, jetzt endlich die schlagkräftigste Elf in der deutschen Fußballgeschichte formen zu können. Ein Banner mit der Aufschrift „Ein Volk, ein Reich, ein Führer“ hing an der Tribüne des Wiener Praterstadions. Das „Anschlussspiel“ gewannen die Profis aus Wien sicher mit 2:0. Seither haben Begegnungen zwischen Österreich und Deutschland einen besonderen Charakter.

Sepp Herberger vermochte es nicht, die verschiedenen Temperamente – hier die rustikalen Kraftfußballer, dort die charmanten Ballkünstler, hier die Amateure, dort die Profis – unter einen Hut zu bringen. Der wunderbare Wiener Spieler Matthias Sindelar wartete das Scheitern bei der WM 1938 in Frankreich gar nicht erst ab; er widersetzte sich einer Aufstellung aus politischen Gründen. Großdeutschland schied schon in der ersten Runde gegen die Schweiz aus.

Der Ausschluss der Juden aus dem deutschen Sport war nach der Verhinderung des Profifußballs und einer Reichsliga eine der sportlich, politisch und vor allem menschlich folgenreichsten Amtshandlungen des DFB.

Die „Breslau Elf“, Berliner Olympiastadion, 1937

Am 19. April 1933 druckte der „Kicker" folgende amtliche Bekanntmachung: „Der Vorstand des Deutschen Fußball-Bundes und der Vorstand der Deutschen Sportbehörde halten Angehörige der jüdischen Rasse, ebenso auch Personen, die sich als Mitglieder der marxistischen Bewegung herausgestellt haben, in führenden Stellungen der Landesverbände und Vereine nicht für tragbar. Die Landesverbände und Vereine werden aufgefordert, die entsprechenden Maßnahmen, soweit diese nicht bereits getroffen wurden, zu veranlassen."

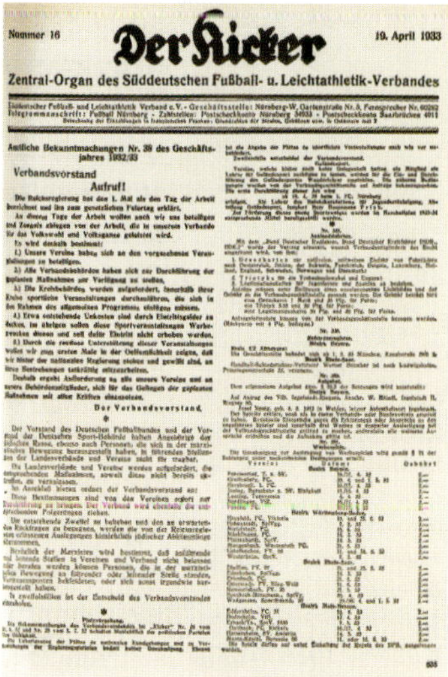
Nummer 16 **Der Kicker** 19. April 1933

Zentral-Organ des Süddeutschen Fußball- u. Leichtathletik-Verbandes

Amtliche Bekanntmachungen Nr. 39 des Geschäftsjahres 1932/33

Verbandsvorstand

Aufruf!

„Der Kicker" vom 19. 4. 1933 stellt jüdische und kommunistische Spieler an den Pranger.

Als diese Bekanntmachung veröffentlicht wurde, stand auf der Titelseite des „Kicker" immer noch der Name des Herausgebers: Walther Bensemann. Der allerdings war schon Ende März in die Schweiz emigriert. Als dieser große Förderer des deutschen Fußballs und Pionier des deutschen Fußballjournalismus in Montreux starb, war das dem ideologisch längst vereinnahmten „Kicker" am 14. November 1934 lediglich eine Randnotiz mit kurzen 13 Zeilen wert. Jüdische Fußballvereine wurden verboten, Fußballspieler flohen ins Ausland oder wurden in ein Konzentrationslager deportiert, unter ihnen die jüdischen Nationalspieler Gottfried Fuchs und Julius Hirsch, beide vom Karlsruher FV. Fuchs konnte fliehen, Julius Hirsch wurde in Auschwitz ermordet. Otto Nerz, Ex-Trainer und seit 1936 „Direktor am Sportpraktischen Institut der Deutschen Hochschule für Leibesübungen", sah seine Vision in erreichbarer Nähe: „Ein Volk nach dem anderen schüttelt das Joch des Juden ab. Am Ende steht das judenfreie Europa mit einem judenfreien Sport."

Der Karlsruher Stürmer Julius Hirsch wurde 1945 in Auschwitz ermordet.

Juden spielten weiter Fußball, sie mussten spielen. In Konzentrationslagern. Was gelegentlich als Ablenkung der Häftlinge von ihrem tödlichen Schicksal verklärt wird, war nichts anderes als eine zynische Variante des Führungspersonals im KZ, sein als sportlich

1935 Der Vereinswettbewerb um den Tschammer-Pokal (so genannt nach dem „Reichsportführer" von Tschammer und Osten) wird eingeführt. Das erste Endspiel gewinnt am 8. Dezember vor 55000 Zuschauern in Düsseldorf der 1. FC Nürnberg mit 2:0 gegen Schalke 04.
1936 Beim olympischen Fußballturnier in Berlin scheidet Deutschland mit einem 0:2 gegen Norwegen in der Vorrunde aus.
1937 Sepp Herberger wird Nachfolger von Otto Nerz und trainiert die deutsche Nationalmannschaft.
1938 Bei der Weltmeisterschaft in Frankreich scheidet die nach dem „Anschluss Österreichs" formierte „großdeutsche Mannschaft" schon in der ersten Runde aus.
1939 Die Nummerierung der Spieler wird Pflicht. Nach Ausbruch des Zweiten Weltkriegs kommt der Spielbetrieb nicht zum Erliegen.
1942 Zum neunten Mal innerhalb der letzten zehn Jahre erreicht Schalke 04 das Endspiel um die Deutsche Meisterschaft und gewinnt gegen den FC Vienna Wien seinen sechsten Titel. Das letzte Länderspiel während des Zweiten Weltkriegs gewinnt Deutschland gegen die Slowakei mit 3:2.

getarntes sadistisches Unterhaltungsbedürfnis an Ort und Stelle zu befriedigen. Im Konzentrationslager Theresienstadt wurde die Gründung einer regelrechten „Liga" angeordnet, in der die Mannschaften nach Herkunftsländern, Berufszugehörigkeit und Aufgabenbereichen in der Verwaltung aufgeteilt wurden. Die Häftlingsmannschaften erhielten Namen wie „Elektriker", „Gärtner", „Köche", „Ghettowache", „Hagibor Prag", „F.C. Wien" oder „Kleiderkammer".

Im Konzentrationslager Sachsenhausen organisierte die SS „Länderwettkämpfe" zwischen Häftlingsmannschaften. Die Gefangenen wurden in die Organisation mit einbezogen. Todgeweihte sehen anderen Todgeweihten beim Spielen zu, während sie einen Ermordeten abtransportieren; der ehemalige Häftling Odd Nansen berichtet 1949 über seine Erfahrungen in Sachsenhausen: „Während der Fußballkampf am schlimmsten tobte, kamen zwei Gefangene, die eine Leiche auf einer Bahre trugen. (...) Sie setzten die Leiche hin, zündeten sich ihre Stummel an und begannen, dem Kampf zu folgen. Als der spannende Augenblick vorbei war, gingen sie zur Leiche zurück und setzten den Transport zum Leichenschauhaus fort, während von sämtlichen Lautsprechern lustige Opernmusik ertönte."

Der „Schalker Kreisel"

Der Liga-Fußball in Nazi-Deutschland wurde nach einem vollkommen umgekrempelten Modus organisiert. In der Saison 1933/34 spielten jeweils sieben, zehn, elf oder zwölf Vereine in 16 Gau-Ligen um die Gau-Meisterschaft. In der Gau 1 spielten Mannschaften aus Ostpreußen, in der Gau 2 aus Pommern, in der Gau 3 aus Berlin-Brandenburg, in der Gau 4 aus Schlesien usw. bis zur Gau 16, in der die Mannschaften Bayerns spielten. Hier stand am Saisonende der 1. FC Nürnberg auf Platz eins, vor München 1860 und dem FC Bayern München. Aber nur jeder Gau-Meister qualifizierte sich für die Endrunde um die Deutsche Meisterschaft. In vier Vorrunden wurden die Teilnehmer am Halbfinale ermittelt. Der Sieger nach einem hoch-

Der Deutsche Meister 1936, 1. FC Nürnberg

dramatischen ersten Endspiel hieß Schalke 04. Die „Knappen" gewannen nach einem 0:1 Rückstand dank des Ausgleichstors von Fritz Szepan in der 88. Minute und des legendären Siegtors von Ernst Kuzorra in der 89. Minute mit 2:1 in Berlin vor 45 000 Zuschauern. Kuzorra spielte mit einem Leistenbruch. Schalke 04 dominierte den Vereinsfußball in den dreißiger Jahren, so wie die Nürnberger im vorangegangenen Jahrzehnt.

In den Jahren zwischen 1933 und 1942 erreichen die Schalker nur ein einziges Mal nicht das Endspiel um die Deutsche Meisterschaft (1941). Sechs Mal werden sie Meister: 1934, 1935, 1937, 1939, 1940 und 1942. Ergebnisse wie das 9:0 in der Saison 1938/39 über „SK Admira Wien" vor 90 000 Zuschauern im Berliner Olympiastadion sprechen eine eigene Sprache.

Schalkes Erfolg beruhte auf einem genialen Einfall: Fielen bei der Vorbereitung zu Torerfolgen bis dato hauptsächlich die ballführenden Spieler auf, so rückten nun auch die Mitspieler ins Zentrum des Geschehens, die nicht am Ball waren. Gute Spieler waren nicht mehr nur die, die fein fummeln und gezielt schießen konnten, sondern auch die, die sich spielstrategisch geschickt in eine für den Gegner nicht vorhersehbare Position bringen konnten. Das durch schnelle Positionsveränderungen bewirkte Besetzen des so genannten „freien Raums" und ein verwirrendes Kurzpassspiel waren die Spezialität der Schalker. „Sich frei laufen" und „Ball und Gegner laufen lassen" – das sind noch heute sprachliche Standards von Trainern

Der Deutsche Meister 1939, Schalke 04; in der Mitte mit Blumenstrauß Fritz Szepan

Ernst Kuzorra schuf gemeinsam mit seinem Schwager Fritz Szepan (Abb. unten, im hellen Trikot) den legendären „Schalker Kreisel".

und Fußballreportern. Die Schalker beherrschten ihr System aus dem Effeff. Sie spielten ihre Gegner schwindelig. Ihr Spielsystem ging als „Schalker Kreisel" in die Fußballgeschichte ein. Ernst Kuzorra und Fritz Szepan waren die spielgestaltenden Protagonisten; sie schufen einen Fußballmythos, dem fast alle nachfolgenden Mannschaften von Schalke 04 verzweifelt und von tragischen Umständen begleitet hinterherlaufen – man denke etwa an die in letzter Sekunde verpasste Meisterschaft in der Saison 2000/2001.

Für die Nazis war Schalke 04 weniger als „Kreisel" denn als proletarischer Vorzeigeklub von eminenter Bedeutung. Schalkes „heldenhafte" Geschichte und sein von treuen Anhängerscharen unterstützter Aufstieg aus dem Nichts wurden von der Nazi-Propaganda als sinnbildliche Entsprechung zur politischen Bewegung in Deutschland gefeiert. Die Affäre der Schalker mit dem Profifußball vor '33 wurde großzügig unter den Teppich gekehrt. Die Spieler und der Verein hatten kaum eine Chance, sich gegen das verbreitete Image zu wehren; sogar der fußballfeindliche Adolf Hitler stilisierte sich zum Schalke-Fan. Der blonde Vorzeigeathlet und spätere Mannschaftsführer der Nationalmannschaft Fritz Szepan sowie sein Schwager Ernst Kuzorra ließen sich von der nationalsozialistischen Propaganda einspannen. Über ihre (freiwillige oder erzwungene?) Mitgliedschaft in der NSDAP und ihre gelegentlichen Bekenntnisse zur „Bewegung" streiten sich Gelsenkirchener Stadtväter und Historiker noch heute.

In den ersten Tagen nach Hitlers Kriegserklärung am 1. September 1939 rollten keine Fußbälle auf deutschen Plätzen. Reichssportführer Hans von Tschammer und Osten sagte alle Spiele in den Gau-Ligen ab. Doch schon am 10. 9. konnte mit Ausnahme Ostpreußens aus jedem der mittlerweile 18 Gaue wieder ein geordneter Spielbetrieb gemeldet werden. Das erste Dezemberwochenende wurde zum Auftakt der „Kriegs-Gaumeisterschaft" erklärt, der weitere Spielplan wurde exakt festgelegt; das Endspiel um die Deutsche Meisterschaft sollte am 16. Juli steigen (tatsächlich wurde es eine Woche später angepfiffen), nur eine Änderung gab es in diesem Jahr: keine Absteiger! Derart demoralisierende Geschehnisse passten nicht zum von Siegesgewissheit geprägten Zeitgeist.

Programmheft zum Länderspiel Deutschland – Ungarn, 7.4.1940

Die Nationalmannschaft

Was die Deutsche Nationalmannschaft betrifft: Am 22. August 1933 hatte es noch ein Auswärtsspiel in Preßburg gegen die Slowakei (0:2) gegeben. Am 24. September wird sie in Budapest gegen Ungarn mit 1:5 „unter die Räder" kommen. Auch wenn es im Jahr 1939 hauptsächlich gegen „Verbündete" des nationalsozialistischen Deutschland ging – so viele Länderspiele wie im Jahr des Kriegsbeginns (15 an der Zahl) hat es in der Geschichte des deutschen Fußballs, abgesehen von den Jahren, in denen um WM- oder EM-Titel gespielt wurde, nicht wieder gegeben.

Mitten im Krieg zwischen 1940 und 1942 fanden noch 29 Länderspiele statt, davon 15 auf deutschen Plätzen. „Weitermachen" hieß die Durchhalteparole des Reichssportführers von Tschammer und Osten. Sie schlug voll durch und hielt auch die neutrale Schweiz

Der junge Fritz Walter erzielte gegen die Ungarn am 7.4.1940 das 2:0, Endstand 7:0.

nicht davon ab, gegen die deutsche Nationalmannschaft zu spielen. Dreimal trat die Schweiz in diesen Jahren gegen Deutschland an. Als es im ausverkauften Olympiastadion am 20. September 1942 gegen Schweden eine Niederlage gab, notierte Goebbels resigniert: „100 000 sind deprimiert aus dem Stadion gegangen; und da diesen Leuten ein Gewinn dieses Spiels mehr am Herzen lag als die Einnahme irgendeiner Stadt im Osten, müßte man für die Stimmung im Innern eine derartige Veranstaltung ablehnen." – Ein weiterer Beleg für die genuine Untauglichkeit des Fußballs im Kontext nationalsozialistischer Propagandafeldzüge.

Ungeachtet der Abstellung von Nationalspielern an die Kriegsfronten gab es 1942 noch zwei Länderspiele. Sepp Herberger, Mitglied der NSDAP seit dem 1. Mai 1933, gab das Trainieren nicht auf und tat, wie seine Biografen berichten, alles, um seinen Spielern die Abkommandierung in den Krieg zu ersparen. Lieber ins Trainingslager als sonst wohin, war seine Devise, und es gelang ihm, der Reichssportführung Zugeständnisse abzutrotzen. Viele seiner Spieler wurden im Geschwader des als Fußballfreund geltenden Jagdfliegers Hermann Graf aufgenommen. Der ließ Herbergers Mannen spielen so oft es ging.

Die „totale" Kriegserklärung von Joseph Goebbels im Berliner Sportpalast am 18. Februar 1943 setzte einen vorläufigen Schlusspunkt unter alle Länderspielerei.

Am 31. Oktober 1943 fand das letzte Finale um den „Tschammer-Pokal" statt. Vienna Wien hatte überraschend Schalke 04 im Halbfinale ausgeschaltet und siegte im Endspiel gegen den „Luftwaffen SV Groß Hamburg" mit 3:2 nach Verlängerung. Das letzte Finale um die Deutsche Meisterschaft wurde am 18. Juni 1944 im Berliner Olympiastadion ange-

Das letzte Endspiel um die Deutsche Meisterschaft im Krieg gewann der Dresdner SC am 18.6.1944 gegen den LSV Groß Hamburg im Berliner Olympiastadion mit 4:0.

pfiffen. Der genaue Termin wurde erst am Sonntag vor dem Spiel bekannt gegeben, damit „der Feind" seine Angriffe aus der Luft nicht punktgenau fliegen konnte. Während des Spiels meldete eine Sonderkommission des Luftgaukommandos alle 15 Minuten an die Organisatoren des Endspiels: „reine Luft" über Berlin. Der Dresdner SC (mit dem späteren Bundestrainer Helmut Schön) schlug vor 70 000 Zuschauern den LSV Groß Hamburg mit 4 : 0. Das letzte Aufgebot: auf dem Siegerfoto sieht man nur ernste, ausgemergelte Gesichter. Die Zuschauer im Stadion wurden gewarnt: bei einem Fliegeralarm sollten sie sich „irgendwie in der Gegend" zerstreuen oder flach auf die Stufen legen.

In den Gauen kickten die Vereine unter Lebensgefahr weiter. Um die Quote der ausgefallenen Spiele möglichst gering zu halten, rauften sich Jugendliche, Leichtverletzte und Rentner zusammen, um elf Mann zusammenzukriegen. Wenn nicht, spielte man sieben gegen sieben, nur zwei Mal eine halbe Stunde und verkleinerte das Spielfeld. Der letzte Gaumeister (HSV) wurde noch im April 1945 ermittelt. Am 26. September 1944 kam die letzte Ausgabe des „Kicker" heraus. Das „Amtliche Organ des Reichsfachamtes Fußball im NS-Reichsbund für Leibesübungen" titelte: „An allen Fronten Nationalspieler vornean!" Die „stolze Rechenschaft des deutschen Fußballsports" gipfelte im Abdruck einer Heldengedenktafel mit den Namen kriegsversehrter und gefallener Nationalspieler. Akribisch trennte die Redaktion zwischen „Torhütern", „Verteidigern", „Läufern" und „Stürmern": Insgesamt gab es 44 Verletzte und 33 Tote, darunter auch Spieler des Schalker Kreisels. Und wenn schon keine Nationalspieler mehr in den Krieg geschickt werden konnten, so waren am Ende doch noch die Kinder da. Der „Vater" deutscher Fußballstadien und Organisator der Olympischen Spiele 1936 hielt vor dem „Volkssturm" am 18. 3. 1945 in Berlin eine flammende Rede. Carl Diem rief Pimpfe „zum finalen Opfergang für Führer und Vaterland" auf. Nach der Rede starben noch Tausende von Menschen, darunter viele unter 15 Jahre alt und mit Sicherheit große Fußballfans.

1943 Letzter Pokalsieger im Krieg wird am 31. Oktober in Stuttgart Vienna Wien mit einem 3:2 gegen den Luftwaffen SV Groß Hamburg. Die Reichssportführung ordnet die Absetzung aller internationalen Spiele an. Meisterschaften bis zur Reichsebene bleiben erlaubt.
1944 Das letzte Endspiel um die Deutsche Meisterschaft im Krieg gewinnt der Dresdner SC am 18. Juni in Berlin gegen den Luftwaffen SV Groß Hamburg mit 4:0.
1945 Nach dem Ende des Krieges schließt die FIFA Deutschland aus dem Verband aus und untersagt jeglichen Spielkontakt mit deutschen Mannschaften.

Die Deutschen Meister bis 1963

1903	VfB Leipzig
1905	Union Berlin
1906	VfB Leipzig
1907	Freiburger FC
1908	Victoria Berlin
1909	Phönix Karlsruhe
1910	Karlsruher FV
1911	Viktoria Berlin
1912	Holstein Kiel
1913	VfB Leipzig
1914	SpVgg Fürth
1920	1. FC Nürnberg
1921	1. FC Nürnberg
1922	(kein Meister)
1923	Hamburger SV
1924	1. FC Nürnberg
1925	1. FC Nürnberg
1926	SpVgg Fürth
1927	1. FC Nürnberg
1928	Hamburger SV
1929	SpVgg Fürth
1930	Hertha BSC Berlin
1931	Hertha BSC Berlin
1932	Bayern München
1933	Fortuna Düsseldorf
1934	FC Schalke 04
1935	FC Schalke 04
1936	1. FC Nürnberg
1937	FC Schalke 04

Keine „Stunde null“

Am 8. Mai 1945 ist der Krieg zu Ende. Unzählige Fußballplätze und Stadien sind zerstört, das Verkehrssystem liegt brach, Bälle, Trikots, Fußballschuhe sind Mangelware, einen nationalen Fußballverband gibt es nicht mehr, in den Vereinen wartet man auf die Rückkehr von Spielern aus der Gefangenschaft, nicht alle kommen zurück.

Und doch wird weiter gekickt, verglichen mit der Situation nach dem Ersten Weltkrieg sehr viel früher und unter Umständen, die in den bombenzerstörten Metropolen noch widriger waren als 1918. In der Zeit nach dem Zweiten Weltkrieg erlebt der Fußballsport aller gesellschaftlichen Not, allem Elend und aller politischen Beschwernis zum Trotz keinen Neuanfang, sondern seine Fortsetzung. Es gibt in der Geschichte des deutschen Fußballs keine „Stunde null“, obwohl vieles neu anfängt, neu anfangen muss. Man ist es beim Fußball gewohnt, von Saison zu Saison zu denken, man schafft keine ewigen Werte. Vergangenes zählt nur, wenn es für die Gegenwart nützlich ist. Warum ein Spiel neu erfinden, wenn es gerade noch zu den wenigen tröstlichen Dingen des Lebens gehört hat.

Die Spielregeln bleiben die alten; die Spieler kommen einem bekannt vor, es wird weiter gefoult, „geschossen“ und gejubelt. Es gibt zwar neue Namen und es wird aus sportlichen wie politischen Gründen ausgesiebt, aber viele Spieler, die während des Kriegs in den

Der erste Deutsche Meister nach dem Krieg, 1. FC Nürnberg

Schlagzeilen standen, sind auch 1945 in Form und spielberechtigt. Während in Kunst und Literatur, Film und Unterhaltungsmusik Namen, die gestern noch jeder kannte, von einem Tag auf den anderen von der Bildfläche verschwinden, gibt es im Fußball eine erstaunliche Kontinuität.

Die Trainer bleiben die gleichen, die Mannschaften verändern ihr Spielsystem und ihre taktischen Eigenheiten nicht. Schalke 04, der 1. FC Nürnberg, die SpVgg Fürth und der Hamburger SV stehen nach wie vor im Rampenlicht, der 1. FC Kaiserslautern wird stärker. Das Publikum ist auch wieder mit von der Partie, und die politisch durchaus gelichtete, aber auch mit bekannten Namen gespickte Reihe der Spitzenfunktionäre befindet sich wieder auf dem Vormarsch – mit einer Altlast im Gepäck: das unbewältigte Thema Berufsfußball in Deutschland.

Schon wenige Wochen nach Kriegsende zogen Traditionsvereine wie Mannheim, Schalke oder Kaiserslautern durch die Lande und demonstrierten der fußballhungrigen Bevölkerung für den Preis einer Schweinehälfte, einer Kiste Fisch oder eines Zentners Kartoffeln ihre Spielkünste. „Kalorienspiele“ wurden solche Vorführungen genannt, entstanden aus der Not und dem Geist der Subversion. Deutschland wurde in Zonen aufgeteilt und von den Alliierten regiert. Alles bedurfte einer ausdrücklichen Genehmigung, auch in fußballerischen Angelegenheiten.

Die Alliierten wussten um die ideologische Vereinnahmung des Sports in der Nazizeit, überprüften mehr oder weniger streng die Vergangenheit von Vereinen, Spielern und leitenden Angestellten. Nicht alle mussten sich einem „Entnazifizierungsverfahren“ aussetzen, in anderen gesellschaftlichen Bereichen war es nicht anders. Einige Vereine wurden verboten, viele mussten sich umbenennen.

Fußballplätze wurden zur besseren Versorgung der Bevölkerung mit Grundnahrungsmitteln in Kartoffelacker umfunktioniert, in Parkplätze für Militärfahrzeuge verwandelt oder zweckentfremdet wie in dem

1938	Hannover 96
1939	FC Schalke 04
1940	FC Schalke 04
1941	Rapid Wien
1942	FC Schalke 04
1943	Dresdner SC
1944	Dresdner SC
1948	1. FC Nürnberg
1949	VfR Mannheim
1950	VfB Stuttgart
1951	1. FC Kaiserslautern
1952	VfB Stuttgart
1953	1. FC Kaiserslautern
1954	Hannover 96
1955	Rot-Weiß Essen
1956	Bor. Dortmund
1957	Bor. Dortmund
1958	FC Schalke 04
1959	Eintr. Frankfurt
1960	Hamburger SV
1961	1. FC Nürnberg
1962	1. FC Köln
1963	Bor. Dortmund

1946 In allen Besatzungszonen werden wieder regionale Meisterschaften durchgeführt. Süddeutschland richtet als erste Region eine Oberliga ein.
1947 Das erste Städtespiel nach Kriegsende im Olympiastadion zwischen Berlin und Düsseldorf endet vor 50000 Zuschauern 2:2. An der Deutschen Sporthochschule richtet Sepp Herberger den ersten Fußball-Lehrer-Lehrgang ein.
1948 Gründung von Oberligen im Westen und Norden Deutschlands. Erster Deutscher Meister nach dem Krieg wird der 1 FC Nürnberg mit 2:1 gegen den 1. FC Kaiserslautern.
1949 England setzt sich für die Wiederzulassung Deutschlands im internationalen Spielbetrieb ein. Wiedergründung des DFB in Stuttgart.
1950 Deutschland wird wieder Mitglied der FIFA und besiegt im ersten Länderspiel nach dem Krieg am 22. 11. in Stuttgart die Schweiz (1:0).
1952 Der Nordwestdeutsche Rundfunk zeigt im Fernsehen ein Spiel in voller Länge (HSV gegen Altona 93).
1953 England erleidet mit 3:6 gegen Ungarn die erste Heimniederlage seiner Geschichte gegen eine nichtbritische Mannschaft. Erster Sieger im Wettbewerb um den DFB-Pokal wird Rot-Weiß Essen nach einem 2:1 gegen Alemannia Aachen.

traditionell fußballvernarrten Ruhrgebietsstädtchen Erkenschwick, wo amerikanische Sportfreunde kurzerhand die Fußballtore abmontierten und durch zwei riesige Holzgestänge, die jeweils wie ein H aussahen, ersetzten. Doch bei allem, was die „Amis" ins Nachkriegsdeutschland importierten – die Einfuhr der amerikanischen Variante des Rugby, „Football" genannt, und damit gleichsam die Rückkehr Deutschlands in fußballerische Urzeiten, gelang ihnen am Ende nicht.

Neue Namen und alte Leidenschaften

Deutsche Stadien bekamen neue Namen, das „Adolf-Hitler-Stadion" in Stuttgart zum Beispiel hieß jetzt „Neckarstadion". Auch Neugründungen von Fußballvereinen und die Regelung eines wieder aufgenommenen Spielbetriebs in den einzelnen Zonen oblag Kommandanten der englischen, französischen, amerikanischen oder russischen Militärregierung. In jeder Zone war es anders, jede Zone dachte für sich, das schon traditionelle Zonenprinzip im deutschen Fußball blieb bestehen, die Hoffnung auf eine nationale Liga, wie es sie in anderen europäischen Fußballnationen längst gab, rückte in weitere Ferne als je zuvor.

Und doch ist es erstaunlich, wie schnell es die Deutschen nach dem Krieg wieder zum Fußballspielen um Punkte und Tabellenplatz drängte. Die Alliierten, die im westlichen Deutschland zumindest, verzögerten hie und da das Weiterspielen um Tore und Punkte, verhindern konnten und wollten sie es nicht. Es entstanden Landesverbände nach dem Vorbild der Gau-Ligen, darunter rangierten Regionalverbände, wie man sie noch aus der Weimarer Republik kannte. In der britisch besetzten Westzone kam es wie in Berlin und Hamburg zu Spielen um die Kreis- oder Stadtmeisterschaft, in der sowjetisch verwalteten Ostzone allerdings verbot das Militär kategorisch die Wiedergründung traditioneller Fußballvereine und ließ nur kommunale Arbeiter-Sportgruppen zu, die auf Kreisebene miteinander kickten.

Im amerikanisch besetzten Süddeutschland dagegen war man 1945 sehr viel weiter als in anderen Teilen Deutschlands. Nicht zuletzt dank der Großzügigkeit eines amerikanischen Oberstleutnants namens Jackson, der die erforderliche Lizenz erteilte. Es kam schon im November zu einer zonenweiten höchsten Spielklasse mit 16 Vereinen, die nach dem Modus „Jeder gegen jeden“ antraten. Die „Oberliga Süd“ war geboren. Sie sollte das Vorbild für die Zukunft des Liga-Fußballs in Deutschland werden. Drei Teams stellte Hessen, sechs der amerikanisch verwaltete Teil Badens und Württembergs und sieben Mannschaften Bayern. Jeder Spieler bekam für die Teilnahme an einem Spiel 30 Mark – ein winziger Schritt in Richtung bezahlter Fußball. Meister der Saison 1945/46 wurde der VfB Stuttgart vor dem 1. FC Nürnberg. Mit 42 Treffern (von insgesamt 91 für den VfB) wurde Robert Schlienz Torschützenkönig und erster „Star“ im Fußball-Nachkriegsdeutschland. Dass Schlienz nach einer Armamputation 1948 immer noch der beste Spieler beim VfB war und zwischen 1955 und 1956 dreimal das Nationaltrikot trug, machte ihn schließlich zur Legende in Schwaben.

Am 16./17. Februar 1947 tagt in Essen eine Versammlung mit Delegationen aus den drei westlichen Besatzungszonen. Der Versuch, erstmals nach 1944 wieder eine Deutsche Meisterschaft durchzuführen, scheitert am Einspruch der Besatzungsbehörden. Sie wollen keine Ausdehnung des Spielbetriebs über die Zonengrenzen hinweg, da sie einen damit einhergehenden Verlust an Kontrolle befürchten.

Sportlicher Höhepunkt in jenen Monaten, da es außer in Süddeutschland Meisterschaften nur auf Regionalebene gab, war das Endspiel um die Westfalenmeisterschaft in der Saison 1946/47 am 18. Mai in Herne. Mit dem 3 : 2 von Borussia Dortmund gegen Schalke 04 wurde nicht nur jener gefürchtete „Kreisel“ ins Trudeln gebracht, es spielte sich auch eine neue deutsche Spitzenmannschaft in den Vordergrund. Mehr noch: das Ruhrgebiet mit seinen dicht nebeneinander liegenden Arbeiterstädten und Stadien sorgte für einen

1954 Gründung der Europäischen Fußball-Union (UEFA). Deutschland wird mit Spielführer Fritz Walter zum ersten Mal Weltmeister nach einem 3:2 gegen Ungarn. Herbert Zimmermann ist der Reporter einer unvergessenen Radio-Reportage. 40980 Gebührenzahler sehen das Spiel im Fernsehen. Weil es keine Aufzeichnungsmöglichkeiten gibt, sind nur wenige Minuten des mit Radio-Originalton versehenen Filmmaterials erhalten.
1955 Der Bundestag des DFB lehnt in Berlin die Einführung des Damenfußballs ab.
1956 Im ersten Endspiel um den Fußball-Europapokal der Landesmeister besiegt Real Madrid am 12.6. in Paris Stade Reims mit 4:3 Toren.
1958 Beim 5:2 Brasiliens über Schweden im WM-Finale geht der Stern des gerade 17-jährigen Stürmers Pelé auf. Deutschland scheidet im Halbfinale gegen Schweden aus.
1960 Eintracht Frankfurt erreicht als erster deutscher Verein das Europapokalfinale der Landesmeister. Das Spiel in Glasgow gewinnt Real Madrid am 18.5. mit 7:3.
1961 Erster Sieger beim Wettbewerb um den Europapokal der Pokalsieger werden die Glasgow Rangers. Die erste „Sportschau“ mit Zusammenschnitten von Fußballspielen geht am 4. April über den Sender.

wahren Fußball-Boom; zum Auswärtsspiel waren die Wege nicht weit, man konnte sich jede Woche ein Spiel leisten. Nirgends sonst in Deutschland galt Fußball so viel wie in Gelsenkirchen, Dormund, Essen, Herne, Duisburg, Erkenschwick oder Bochum: Ablenkung vom Arbeitsalltag, von den Mühen des wirtschaftlichen Wiederaufbaus, Verdrängen des Krieges und seiner Folgen, Zusammengehörigkeitsgefühl.

Am 10. April 1948 wird der „Arbeitsausschuß für Fußball" gegründet. Dr. Peco Bauwens wird Vorsitzender. Das Ziel, eine Deutsche Meisterschaft auszurichten, wird endlich erreicht. Die Besatzungsbehörden stimmten unter der Maßgabe zu, mit einer nationalen Meisterschaft keine internationalen Ziele (sprich: die Beteiligung an einer Weltmeisterschaft) zu verfolgen. Bauwens und seinen Kollegen blieb nichts anderes übrig als zu akzeptieren. Deutschland war schon seit 1945 aus der FIFA ausgeschlossen und hatte ohnehin keine Spielberechtigung auf internationalem Terrain.

Der Versuch, auch die Ostzone an der Deutschen Meisterschaft zu beteiligen, scheiterte indes aus nahe liegenden politischen Gründen. Die Teilung in West (freie Marktwirtschaft) und Ost (sozialistische Planwirtschaft) war nicht mehr aufzuhalten. Am 21. Juni 1948 ließ die Währungsreform in den drei westlichen Zonen den Traum von einem gesamtdeutschen Endspiel platzen. Dem Sowjetzonen-Meister SC Planitz wurde die Teilnahme an der Endrunde von den zuständigen Behörden der Roten Armee untersagt.

Am 8. August stieg das erste Finale einer so genannten Deutschen Meisterschaft nach dem Krieg im Köln-Müngersdorfer Stadion vor 75 000 begeisterten Zuschauern. Der 1. FC Nürnberg gewann gegen den 1. FC Kaiserslautern 2:1. Im Verliererteam standen Spieler, die sechs Jahre später in Bern für Furore sorgen werden: Werner Kohlmeyer, Werner Liebrich, Ottmar Walter und einer, der unter Sepp Herberger schon 1940 für Deutschland gespielt hatte: Fritz Walter.

Die Spielzeit 1948/49 wurde am 10. Juli 1949 im Stuttgarter Neckarstadion mit dem Endspiel VfR Mannheim gegen Borussia Dortmund abgeschlossen. Keine zwei Monate zuvor (am 23.5.1949) war die „Bundesrepublik Deutschland" gegründet worden. Der VfR Mannheim ist der erste Deutsche Meister (eigentlich Deutsche Meister der Bundesrepublik), seit es zwei deutsche Staaten gibt. Nahezu eine Million Kartenvorbestellungen gingen für das Endspiel ein. Dank einer zusätzlichen Tribüne aus Stahlrohr passten immerhin 92 000 Menschen ins Stadion. Sie sahen eines der spannendsten Endspiele in der Geschichte der Deutschen Meisterschaft. Mannheim siegte gegen das neue Aushängeschild aus dem Ruhrgebiet mit 3:2 in der Verlängerung. Im DDR-Finale siegte ZSG Union Halle gegen SG Fortuna Erfurt vor 50 000 Zuschauern.

Beflügelt von den überwältigenden Erfolgen beim deutschen Publikum erzielten auch die Fußball-Bürokraten ihre Erfolge am Verhandlungstisch. Der Kölner Bauunternehmer Peco Bauwens, erfahrener Schiedsrichter (er pfiff die legendären Ohne-Ende-Finalspiele 1922), hatte die Nazizeit als DFB-Funktionär politisch mit reiner Weste überstanden. Er trug zur Neugründung des DFB in Stuttgart am 1. Juli 1949 entscheidend bei und wurde erster DFB-Präsident nach dem Krieg. Zum Vergleich: 1930 waren ca. 8000 Vereine im DFB organisiert, 1950 waren es auf Anhieb über 13 000.

Peter-Josef „Peco" Bauwens (1886–1963), ehemaliger Schiedsrichter, DFB-Präsident 1949–1962

Das WM-Finale 1950 im Maracana-Stadion von Rio de Janeiro zwischen Uruguay und Brasilien (2:1) sahen fast 200 000 Zuschauer.

Im Jahr der Weltmeisterschaft 1950, die zum Schock der gastgebenden Brasilianer im Endspiel vor fast 200 000 Zuschauern im Stadion „Maracana" in Rio an Uruguay ging, wurde die Bundesrepublik Deutschland wieder in die FIFA aufgenommen. Entschiedene Befürworter waren die nationalen Verbände Englands und der Schweiz. Als erster Länderspielgegner leisteten wie schon damals nach dem Ersten Weltkrieg die Eidgenossen spielerische Starthilfe. Sie gaben sich den deutschen Auswahlspielern am 21. November 1950 in Stuttgart 0 : 1 geschlagen.

Es war kein berauschendes Spiel, aber ein großes sportpolitisches und gesellschaftliches Ereignis. 95 000 kamen ins Neckarstadion, um die Aufnahme des deutschen Fußballs in die Weltgemeinschaft mitzufeiern. Das Siegtor fiel durch einen „Elfer" von Herbert Burdenski (Schalke 04). Sepp Herberger, der im Entnazifizierungsverfahren nur als „Mitläufer" eingestuft wurde und die deutsche Mannschaft wieder trainieren durfte, sollte noch viel zu tun haben, um die Mannschaft aus dem europäischen Mittelmaß, in dem sie schon vor dem Krieg stecken geblieben war, herauszuholen – von Weltniveau ganz zu schweigen. Auch wenn die Brasilianer 1950 nur Zweiter wurden, gehörte den Südamerikanern die Zukunft.

Im ersten Länderspiel nach dem Krieg gewinnt die deutsche Auswahl gegen die Schweiz am 22. 1. 1950 durch einen von Herbert Burdenski verwandelten Elfmeter.

Das Stuttgarter Neckarstadion ist mit 115 000 Zuschauern hoffnungslos überfüllt.

Fußballfieber in der Oberliga

Sepp Herberger bereitete sich fleißig auf die Qualifikationsrunde zur Weltmeisterschaft 1954 in der Schweiz vor. Währenddessen etablierten sich in der Bundesrepublik Deutschland die „Oberligen". In der Saison 1949/50 spielten jeweils 16 Vereine in der „Oberliga Nord", „Oberliga West", „Oberliga Südwest (Gruppe Nord)", „Oberliga Südwest" (Gruppe Süd), „Oberliga Süd" und zwölf Mannschaften in der „Stadtliga Berlin".

Die ersten Oberligameister waren: Hamburger SV, Borussia Dortmund, 1. FC Kaiserslautern, SSV Reutlingen, die SpVgg Fürth und Tennis Borussia Berlin. (Ab dem zweiten Oberliga-Jahr gab es nur noch eine Oberliga Südwest). Die Tabellenersten kamen automatisch eine Runde weiter, die Zweiten mussten unter sich Ausscheidungsspiele bestreiten, den weiteren Verlauf bis zum Finale regelten Achtel-, Viertel- und Halbfinalspiele. Das Finale 1949/50 fand im wieder in Stand gesetzten Olympiastadion statt. Vor 95 000 Zuschauern siegte der VfB Stuttgart gegen die Offenbacher Kickers mit 2:1. In der „Oberliga" der DDR wurde ZSG Horch Zwickau Meister.

Die Oberligen in der Bundesrepublik hatten Bestand bis 1963, dem Jahr, in dem die „Bundesliga" ihren Spielbetrieb aufnahm. Nach dem ersten Jahr „Oberliga" änderte sich der Spielmodus wieder. Nach der Ermittlung der regionalen Meister und Zweitplatzierten in Hin- und Rückspielen wurden zwei Endrunden gebildet, aus denen die jeweils Ersten das Endspiel um die Deutsche Meisterschaft bestritten. Es dauerte also immer ziemlich lange, bis es zum Finale kam. Die in die Länge gezogene Saison forderte von den einzelnen Vereinen konstante Leistung und Kondition, mit Tagesform allein kam man bis zum Ende nicht durch. Das Leistungsprinzip setzte sich nicht nur beim wirtschaftlichen Aufbau Deutschlands nach dem Krieg durch, sondern auch beim Fußball. Ob es ein „Fußballwunder" geben würde, blieb abzuwarten.

In deutschen Oberliga-Zeiten verbesserte sich die Leistungsdichte in relativ vielen Vereinen von Saison

Die Meister der DDR

1948	SG Planitz (1. Ostzonenmeisterschaft)
1949	ZSG Halle (2. Ostzonenmeisterschaft)
1950	ZSG Zwickau
1951	BSG Leipzig
1952	BSG Halle
1953	Dynamo Dresden
1954	BSG Erfurt
1955	SC Erfurt
1956	SC Wismut Karl-Marx-Stadt
1957	SC Wismut Karl-Marx-Stadt
1958	ASK Berlin
1959	SC Wismut Karl-Marx-Stadt
1960	ASK Berlin
1961	(kein Meister)
1962	ASK Berlin
1963	SC Motor Jena
1964	BSG Leipzig
1965	ASK Berlin
1966	FC Vorw. Berlin
1967	FC Wismut Karl-Marx-Stadt
1968	Carl Zeiss Jena
1969	FC Vorw. Berlin
1970	Carl Zeiss Jena
1971	Dynamo Dresden
1972	1. FC Magdeburg
1973	Dynamo Dresden
1974	1. FC Magdeburg
1975	1. FC Magdeburg
1976	Dynamo Dresden
1977	Dynamo Dresden
1978	Dynamo Dresden
1979	Berliner Dynamo
1980	Berliner Dynamo
1981	Berliner Dynamo
1982	Berliner Dynamo
1983	Berliner Dynamo
1984	Berliner Dynamo
1985	Berliner Dynamo
1986	Berliner Dynamo
1987	Berliner Dynamo
1988	Berliner Dynamo
1989	Dynamo Dresden
1990	Dynamo Dresden
1991	Hansa Rostock

zu Saison. Dies führte zu äußerst aufregenden Meisterschaften und Endspielen mit beinahe jährlich wechselnden Deutschen Meistern. Die Zeiten der Vormachtstellung einzelner Vereine, wie die der Nürnberger in den zwanziger und die der Schalker in den dreißiger Jahren, wiederholte sich nicht. Deutsche Meister zwischen 1948 und 1963 wurden Dortmund, Kaiserslautern, Nürnberg, VfB Stuttgart (jeweils mehrmals) und der Hamburger SV sowie der erst 1948 von Franz Kremer aus der Taufe gehobene 1. FC Köln.

Noch heute sehnen sich sentimental veranlagte Fußballfans nach den Zeiten zurück, da Deutsche Meister in wirklichen Endspielen ermittelt wurden: die knappe 2:3 Niederlage des 1. FC Saarbrücken 1952 gegen den VfB Stuttgart kurz nachdem das Saarland wieder zur Bundesrepublik gehörte; der gleichsam sinfonische Auftritt von Kaiserslautern gegen den VfB Stuttgart im Jahr 1953 (4:1); die satte 1:5-Packung des mit fünf Nationalspielern angetretenen gleichen 1. FC Kaiserslautern gegen Außenseiter Hannover 96 ein Jahr später; das umstrittene 4:3 von Rot-Weiß Essen 1955 gegen die „Lauterer" mit dem anschließenden Protest der Geschlagenen wegen eines spielentscheidenden Abseitstors; die jeweils vier geschossenen Tore des glanzvollen „BVB" in zwei hintereinander siegreich beendeten Finalspielen 1956 und 1957; das spektakuläre Comeback von Schalke 04 mit dem Sieg über den HSV 1957; das hart umkämpfte Derby zwischen Eintracht Frankfurt und Kickers Offenbach 1959 (5:3 n.V.); die 2:3-Niederlage des mit neun (!) Nationalspielern angetretenen 1. FC Köln (Ewert, Schnellinger, Stollenwerk, Röhrig, Wilden, Rahn, Thielen, Sturm und Schäfer) gegen den HSV im Jahr 1960, die Entthronung des BVB durch Rekordmeister 1. FC Nürnberg (0:3) im

Der Dortmunder Alfred Niepieklo erzielt im Meisterschaftsfinale zwischen Borussia Dortmund und dem Karlsruher SC das Ausgleichstor zum 1:1, Endstand 4:2.

Jahre 1961; der fulminante 4:0-Sieg der Kölner „Geißböcke“ gegen Nürnberg 1962; das letzte Endspiel um die Deutsche Meisterschaft 1963 zwischen Köln und Dortmund. Es endete 3:1 für den BVB, Dortmund holte sich zum dritten Mal die Siegerschale und avancierte damit zum erfolgreichsten Oberliga-Verein in der deutschen Fußballgeschichte.

Gemessen am enormen Publikumsinteresse war die elf Jahre währende Oberliga-Zeit im deutschen Fußball ein voller Erfolg. Allein ein Blick auf die Ergebnisse in den Endspielen verrät: es wurden damals weitaus mehr Tore geschossen als in heutigen Spitzenspielen. Das Spielen auf regionaler Ebene in den fünf Oberligen ermöglichte es den Stadiongängern, neben dem alle zwei Wochen stattfindenden Heimspiel (ein Famlienausflug!) auch zu Auswärtsspielen zu fahren. Man kam herum in der Welt, auch wenn sie sich nur von Duisburg bis Oberhausen, Ludwigshafen bis Trier, Mannheim bis Aschaffenburg, Schweinfurt bis Regensburg oder Heide bis Kiel erstreckte. Die Oberliga vertiefte die Kenntnisse in Heimatkunde – die fußballbegeisterten Schüler in Düsseldorf wussten genau, wo Erkenschwick oder Herne liegt, Fans von Wormatia Worms lernten die Kilometerzahl bis zum Stadion vom FK Pirmasens auswendig, ohne den FC St. Pauli hätten pubertierende Jungs von den Verheißungen eines prallen Vergnügungsviertels erst viel später erfahren.

Plakat der Oberliga-Vergleichsrunde 1954

„Derbys“ wurden das ganze Jahr über herbeigesehnt: Rot-Weiß Essen gegen Schwarz-Weiss Essen, 1. FC Köln gegen Viktoria Köln oder Preußen Dellbrück, Meidericher SV gegen Duisburger SV, Hamburger SV gegen FC St. Pauli oder Concordia Hamburg, 1. FC Saarbrücken gegen Saar 05 Saarbrücken, 1. FC Kaiserslautern gegen VfR Kaiserslautern, Eintracht Frankfurt gegen FSV Frankfurt. Stuttgarter Kickers gegen VfB Stuttgart, Schwaben Augsburg gegen BC Augsburg und natürlich damals schon Bayern München gegen 1860 München.

Identifikation mit der „eigenen" Mannschaft

Es herrschte zu Oberliga-Zeiten eine niemals in der Geschichte des deutschen Fußballs wieder erreichte Identifikation der Fußballanhänger mit der lokalen Mannschaft. Die Akteure blieben über Jahre zusammen, jede „Abwanderung" eines Spielers zu einem anderen Verein galt aus der Perspektive des Fans als Vertrauensbruch. Für einen Fußballanhänger, dessen lokale Mannschaft in der Oberliga spielte, war es völlig klar, zu wem er hielt: es gab ja keine höhere Spielklasse, ein Minderwertigkeitskomplex war von daher völlig unbekannt. In Kölner Kinderzimmern gab es keine Wimpel von Bayern München, undenkbar, dass ein Junge im Ruhrgebiet den HSV in sein Abendgebet einschloss. Und Fußball im Fernsehen, das einen von der heimischen Mannschaft nur entfremdet (wenn deren Spiel nicht gerade selbst auf dem Programm steht), ist bis zum Beginn der Bundesliga ohne Bedeutung gewesen. Schalke-Wimpel in Siegener Studentenbuden, BVB-Fahnen in Herner Kinderzimmern, 1. FC Nürnberg-Fotos an den Wänden Augsburger Lehrlinge – was heute gang und gäbe ist, hätte es zu Oberliga-Zeiten niemals gegeben.

Und spannend war's: In zwei Endrunden wurden die Finalgegner um die Deutsche Meisterschaft ausgespielt. Wer nicht ins Stadion ging, kroch ins Radio, um die Konferenzschaltung zu hören. „Sport und Musik" am Sonntagnachmittag im WDR mit Kurt Brumme am Mikrofon und Reportern wie Toni Kahl oder Jochen Hageleit live im Stadion bescherten selige Radiominuten und ließen jeden fußballversessenen Schüler den langweiligsten Tag der Woche überstehen. Nur die eigene Mannschaft, die durfte nicht verlieren; da bekritzelte man schon mal die Stoffbespannung auf dem Röhrengerät oder hämmerte verzweifelt auf der Tastatur herum: EIN, AUS, UKW, MW, LW, TA.

Sportlich betrachtet waren die Deutschen Meisterschaften zwischen 1951 und 1963 kein voller Erfolg. Wenn es eine deutsche Mannschaft nur einmal in über zehn Jahren schafft, ins Endspiel eines europäischen

Wettbewerbs zu gelangen, kann es mit der Oberliga, genauer gesagt: mit den Oberligen, nicht weit her sein. Nur einmal schaffte es ein Deutscher Meister, ins Endspiel um den 1955 gegründeten Europapokal der Landesmeister zu kommen. Eintracht Frankfurt war gegen Real Madrid chancenlos. Die Mannen um Torwart Egon Loy (Friedel Lutz, Alfred Pfaff, Richard Kreß und Dieter Lindner) wehrten sich im torreichsten Europapokal-Endspiel aller Zeiten vor 128 000 Zuschauern im Glasgower Hampden Park nach Kräften. Doch gegen einen Alfredo di Stefano und Ferenc Puskás (der eine schoss drei, der andere vier Tore) war kein Kraut gewachsen. Die „Königlichen" siegten 7:3. Im verwöhnten Madrid ist das ein Sieg unter vielen, längst vergessen – doch in Frankfurt spricht man noch heute über das Jahr 1960, zumal es vor dem Finale zwei spektakuläre Siege gegen die Glasgow Rangers gab: 6:1 und 6:3.

Der nur 1,59 Meter große Ungar Ferenc Puskás (* 1927) gehörte in den 50er und frühen 60er Jahren zu den besten Fußballern der Welt.

Die Gründe für die Mittelmäßigkeit des westdeutschen Vereinsfußballs in den fünfziger und frühen sechziger Jahren liegen auf der Hand. Eine lange Oberliga-Saison gegen hoffnungslos unterlegene Vertreter aus der Umgebung zu spielen, war frustrierend. Immer der Favoritenrolle gerecht zu werden, war auf Dauer langweilig. Spiele zwischen Topvereinen und „Kellerkindern" holten aus den Spitzenmannschaften, die oft genug mit fünf, sechs und noch mehr Toren Unterschied gegen die Sportkameraden aus den unteren Tabellenregionen gewannen, nicht das Optimum an spielerischem Potential heraus.

Deutsche Mittelmäßigkeit

Jeder Fußballer weiß: Je häufiger und länger hintereinander man gegen Schwächere spielen muss, umso leichter schwinden die eigenen Fähigkeiten. Dazu kamen noch die seit 1955 in der Tradition des Tschammer-Pokals stehenden Wettbewerbsspiele um den DFB-Pokal. Der erfreute sich beim Publikum wegen

UEFA-Pokal-Gewinner

1958	FC Barcelona
1960	FC Barcelona
1961	AS Rom
1962	FC Valencia
1963	FC Valencia
1964	Real Saragossa
1965	Ferencvaros Budapest
1966	FC Barcelona
1967	Dinamo Zagreb
1968	Leeds United
1969	Newcastle United
1970	Arsenal London
1971	Leeds United
1972	Tottenham Hotspur
1973	FC Liverpool
1974	Feyenoord Rotterdam
1975	Bor. M'gladbach
1976	FC Liverpool
1977	Juventus Turin
1978	PSV Eindhoven
1979	Bor. M'gladbach
1980	Eintr. Frankfurt
1981	Ipswich Town
1982	IFK Göteborg
1983	RSC Anderlecht
1984	Tottenham Hotspur
1985	Real Madrid
1986	Real Madrid
1987	IFK Göteborg
1988	Bay. Leverkusen
1989	SSC Neapel
1990	Juventus Turin
1991	Inter Mailand
1992	Ajax Amsterdam
1993	Juventus Turin
1994	Inter Mailand
1995	AC Parma
1996	Bayern München
1997	FC Schalke 04
1998	Inter Mailand
1999	AC Parma
2000	Galatasaray Istanbul
2001	FC Liverpool

überraschender Erfolge von drittklassigen Vereinsmannschaften („die Kleinen") einer steigenden Beliebtheit. Für den DFB und seine Vereine bedeutete er einen organisatorischen Mehraufwand, für die Spieler eine weitere Verpflichtung.

Deutsche Mannschaften rackern sich wie echte Profis ab, sie spielen fleißig und viel, das Fehlen einer nationalen Liga macht sich indes von Jahr zu Jahr stärker bemerkbar. Das Festhalten des DFB am Amateurstatus musste sich auf Dauer rächen. Die ersten namhaften Spieler wanderten nach Italien ab, wo damals schon am meisten bezahlt wurde. Ludwig Janda von 1860 München war 1949 der erste (für 28 000 DM Handgeld nach Florenz). Später gingen Horst Szymaniak (1961 nach Catania), Helmut Haller (1962 nach Bologna für 200 000 DM Handgeld), Albert Brülls (für 40 000 DM nach Modena) und 1963 Karl-Heinz Schnellinger. Sie verdienten nicht nur viel Geld, sie mussten nichts anderes tun als Fußball spielen. Ihre heimattreuen und keine Spur schwächer spielenden Kameraden in deutschen Vereinen (Fritz Walter und Hans Schäfer zum Beispiel) kickten im Monat offiziell für 320 DM und eine Prämie von 10 DM pro Spiel und hatten, wenigstens zum Schein, nebenher noch einer anderen bezahlten Tätigkeit nachzugehen. Dass bestimmte Spieler unter der Hand mehr Geld zugesteckt bekamen, steht auf einem anderen Blatt.

Spitzenfußballer in den Oberligen waren „Vertragsspieler", aber noch keine echten „Profis". Die halbherzige Lösung des DFB machte niemanden glücklich, nicht die Spieler, nicht die Trainer und auch nicht die Herren in der Vorstandsetage. Sie hielten eisern am Amateurideal fest, um das zu sein, was alle deutschen Vereine vom Taubenzüchterklub bis zu Borussia Dortmund nachweisen müssen, um steuerliche Vorteile zu besitzen: gemeinnützig. Aber Gemeinnützigkeit schützt nicht vor sportlichen Schlappen. Diese Erfahrung machten deutsche Vereinsmannschaften im europäischen Wettbewerb, aber auch die Spieler der deutschen (Amateur-)Nationalmannschaft. Sie fielen unmittelbar nach ihrem unerwarteten Tageserfolg am 4. Juli 1954 in Bern wieder in die internationale Mittelmäßigkeit früherer Jahre zurück.

WM 1962 in Chile: die Brasilianer beim Aufwärmtraining

Bei den Weltmeisterschaften 1958 in Schweden und 1962 in Chile lagen Welten zwischen Deutschland und dem zweimaligen Weltmeister aus Brasilien. Ein Erich Juskowiak war nun mal kein Djalma Santos, ein Horst Szymaniak kein Didi, ein Fritz Walter kein Vava, ein Berni Klodt kein Garrincha, ein Uwe Seeler kein Pelé. Der in die Jahre gekommene Sepp Herberger mit seiner vaterländischen Beschwörung von Kameradschaft, Disziplin und Kraftfußball sowie seinem Festhalten am 2-3-5-System war nicht unbedingt der zeitgemäße Trainer in einer Epoche, da anderswo Individualismus gefragt war und Fußball zu einer Kunstform avancierte.

Das variable 4-2-4-System bei südamerikanischen und auch schon einigen europäischen Mannschaften war dem deutschen Fußballsystem weit voraus. In Deutschland war nicht nur, wie überall sonst auch, das Spielfeld zweigeteilt, sondern auch das Spiel selbst. Wer hinten spielte, musste zusehen, dass die Verteidigung stabil blieb, wer vorne aufgestellt wurde, war für das Toreschießen zuständig. Ein Defensivspieler, der einen „Ausflug" nach vorne wagte, wurde von seinem Spielführer energisch wieder nach hinten beordert. Ein Stürmer, der beim Angriff nicht vorne zu finden war, galt als müde.

Im Viertelfinale der WM 1962 verliert die deutsche Auswahl gegen Jugoslawien mit 0:1; von links: Herbert Erhardt, Herbert Schäfer, Wilhelm Sturm, Willi Koslowski, Willi Giesemann, Uwe Seeler, Sepp Herberger

Deutschland wird Weltmeister

Weltmeisterschaft 1954: So erfolgreich sie für die einzelnen Spieler, die Mannschaft, den DFB, den Trainer, die Funktionäre und die Fußballanhänger in Deutschland und seine politischen Repräsentanten auch war („wir sind wieder wer“) – der Sieg wurde mit in die Waagschale geworfen, als es darum ging, sich den Profifußball noch eine Weile vom Leib zu halten. „Seht her, es geht doch auch ohne Profis!“ riefen die Verfechter des Amateur-Fußballs aus, „und das gegen die Berufsfußballspieler aus Ungarn!“ So hatte man weiterhin ein unschlagbares Argument. Man denkt im Fußball eben nur von Spieltag zu Spieltag, von Saison zu Saison.

Das 3:2 gegen Ungarn kam völlig unerwartet, trotz aller zeitintensiven Vorbereitungen seitens Sepp Herberger. Schon am 1. Juni 1946 zog er sich den Trainingsanzug an, mit dem Ziel, da weiter zu machen, wo er im Krieg aufhören musste. Professor Carl Diem (der Mann mit den menschenverachtenden Durchhalteparolen in den letzten Kriegstagen) holte ihn an die von ihm gegründete Sporthochschule Köln als Fußballlehrer. Allen politischen Vorbehalten zum Trotz, einen schon im Nazi-Deutschland mit höchsten Traineraufgaben betreuten Mann wieder ins Amt zu heben, hatte der „Deutsche Fußball-Ausschuß“ Joseph Herberger 1949 als Nationalmannschaftstrainer bestätigt.

Sepp Herberger demonstriert die Kunst des Ballstoppens.

Der „Chef“ blieb seinen fußballpädagogischen Prinzipien treu: väterliche Autorität, hartes Training, Mannschaftsgeist. Doch in den Vorbereitungs- und Qualifikationsspielen zur WM in der Schweiz gab es nur mäßige Erfolge. Herberger setzte auf altbewährte Spieler und ein Spielsystem, das noch einen echten „Spielführer“ kennt: Fritz

Die Weltmeister-Elf von 1954: Fritz Walter, Toni Turek, Horst Eckel, Helmut Rahn, Ottmar Walter, Werner Liebrich, Jupp Posipal, Hans Schäfer, Werner Kohlmeyer, Karl Mai, Max Morlock

Walter. Was bei den Schalkern der „Kreisel", ist bei Herberger der „Wirbel". Bei Gelingen entsteht er im Sturm durch einen „fliegenden Wechsel der Positionen", dirigiert von Fritz Walter. Die Verteidiger dagegen sollten „immer am Mann", bleiben, immer hart an den Fersen ihrer Gegenspieler. Für Herberger war Taktik wichtiger als Spontaneität, Ausdauer besser als Sprinten, die Flanke Erfolg versprechender als der Alleingang, Kontrolle besser als Intuition, Mann- besser als Raumdeckung. Der ideale Fußballer war nach Herbergers Auffassung der „mannschaftsdienliche" Spieler, Individualisten waren ihm suspekt. Dem Athleten vertraute er mehr als dem Artisten.

Im Endspiel um die Deutsche Meisterschaft 1954 gab es eine Packung für Herbergers Lieblingsklub: 1:5 verlor der 1. FC Kaiserslautern gegen Hannover 96. Trotzdem stützte sich der Trainer auf Spieler aus der Pfalz: Werner Kohlmeyer, Horst Eckel, Werner Liebrich, Ottmar und Fritz Walter. An ihrer Aufstellung war nicht zu rütteln, so sehr Kritiker auch bezweifelten, dass die „alte Garde" gegen die Avantgarde des europäischen Fußballs aus Ungarn eine Chance hätte – war doch zuvor schon Sensationelles passiert: Im Wembley-Stadion siegten am 25. November die Magyaren als erste kontinentale Nationalmannschaft überhaupt gegen England mit 6:3. Seit 1950 gab es für die „Pusztasöhne mit den melancholischen Namen"

(Radioreporter Herbert Zimmermann) in 32 Länderspielen keine Niederlage, das Torverhältnis 144:33.

Nationaltrainer der Ungarn war Gustav Sebes. Er vertraute weniger einer festgeschriebenen Taktik, als dieser oder jener Finte. Er überließ es dem Gespür seiner Akteure, mit einem offensiven und einem defensiven Außenläufer zu spielen sowie einem zurückhängenden Mittelstürmer: Nandor Hidegkuti. Sie servierten die Bälle einer Angriffsformation, die mit den technisch hochversierten Stürmern Puskás, Czibor und Kocsis glänzend besetzt war. Jeder Spieler, so Sebes' Ideal, musste in der Lage sein, auf jeder Position zu spielen – das wäre im deutschen System, das feste Aufgaben auf fest fixierten Rollen vorsieht, niemals möglich gewesen. Ungarische Spielkunst war die Vorstufe zu einem 4-2-4, wie es die Brasilianer vier Jahre später bei der WM in Schweden in Vollendung zelebrierten.

Gustav Sebes (1906–1986), Trainer der Ungarn, war in taktischer Hinsicht seiner Zeit weit voraus – sein Konzept der Auflösung festgefügter Spielerpositionen kann als Vorgriff auf den holländischen „totaal voetball“ der frühen 70er Jahre verstanden werden.

Nun, gegen die Türkei und Österreich lief für die Deutschen alles nach Plan. „Der Geist von Spiez“ (so genannt nach dem Trainingslager am Thuner See) entfaltete seine Wirkung in den Vorrunden- bzw. Viertel- und Halbfinalspielen gegen die Türkei (4:1 und 7:2), Jugoslawien (2:0) und Österreich (6:1) optimal. Im Vorrundenspiel gegen Ungarn gab es mit 3:8 allerdings eines saftige Niederlage. Sepp Herberger ließ zur Verblüffung der Medien und zum Ärger der „Schlachtenbummler“ eine B-Auswahl auflaufen. Er verzichtete auf Toni Turek, Karl Mai, Max Morlock, Ottmar Walter und Hans Schäfer. Später erklärte Herberger die Niederlage als einkalkuliert, damit man, wie es den Deutschen bei einem höheren Tabellenplatz in der Vorrunde geblüht hätte, nicht gegen den Favoriten Brasilien im Viertelfinale spielen musste. So trat dann Ungarn gegen Brasilien an, die Magyaren siegten nach anfänglichen Mühen leichtfüßig 4:2; und die Deutschen hatten ein vergleichsweise leichtes Spiel gegen Jugoslawien im Viertelfinale (2:0).

Gute Tagesform und glückliche Umstände

Ganz gleich, ob es nun ein schlitzohriger Schachzug war oder ob wir nur einem im Nachhinein inszenierten Mythos aufsitzen – das Endspiel am 4. Juli in Bern stand für die Deutschen unter glücklichen Vorzeichen: mit dem 6:1 gegen die favorisierten Österreicher im Semifinale sorgte Herbergers Elf für Verunsicherung im ungarischen Lager; es regnete heftig, ein aufgeweichter Boden war „dem Fritz sein Wetter" (Herberger); zudem kamen die von Adolf „Adi" Dassler (adidas) als Weltneuheit kreierten Fußballschuhe mit austauschbaren Schraubstollen zu ihrem ersten großen Einsatz. Mit einem nassen Boden, das wurde schnell klar, kamen konditionsstarke Kraftfußballer besser zurecht als leichtfüßige, gelegentlich überhebliche, ihren Gegner unterschätzende Ballartisten vom Schlag der Ungarn. Sie blieben nach der raschen 2:0 Führung zusehends im Schlamm stecken. Außerdem war Ferenc Puskás seit einem überharten Einsatz von Werner Liebrich im

Helmut Rahns Tor zum 3:2 beim WM-Finale 1954 gegen Ungarn in Bern

Gebannt verfolgen die Menschen am 4.7.1954 das Geschehen auf dem Bildschirm.

Vorrundenspiel angeschlagen. Puskás war schwach im Endspiel. Bei zwei Holztreffern der Ungarn stand jene Göttin unserem „Fußballgott“ (Reporter Zimmermann) Toni Turek bei, die seinem Düsseldorfer Verein den Namen gibt: Fortuna. Und kurz vor Schluss gab es noch ein Tor für Ungarn, das wegen Abseits nicht gegeben wurde.

Es waren also günstige klimatische Umstände, die besseren Schuhe, die bessere Kondition, die größere Willenskraft (heute würde man sagen: die „stärkeren Nerven“), die Aufmerksamkeit des englischen Schiedsrichters und am Ende selbstverständlich auch ein gezielter Schuss, die die deutschen Spieler zum Weltmeister machten. Nicht zu vergessen Herbergers „Wirbel“. Der funktionierte im Finale so gut wie selten zuvor und wie nie mehr danach. Die Weltmeisterschaft 1954 wurde dank der besseren Tagesform einer Mannschaft entschieden. Und durch einen schönen, wörtlich zu verstehenden „Zufall“: eine unglücklich abgewehrte Flanke von Hans Schäfer sprang Helmut Rahn vor den Fuß, ehe er in der 84. Minute halbrechts aus 14 Metern abzog – 3:2.

Die Stars lassen sich feiern.

Einige Spieler bleiben nach dem Sieg auf dem Teppich, andere werden den einsetzenden Rummel nicht verkraften. Daheim wird den „Helden von Bern“ ein triumphaler Empfang bereitet. Massenaufläufe. Der Trainer sieht sich und sein Konzept bestätigt – er bleibt weiter im Amt. Deutsche Zuschauer singen nach dem Spiel vor lauter Begeisterung die peinliche erste Strophe der Nationalhymne („Deutschland, Deutschland über alles ...“), die Deutschen zu Hause springen aus ihren Sesseln vor den Radios in die Luft: „Aus! Aus!

Aus! Aus! Das Spiel ist aus! Deutschland ist Weltmeister!“ schallt es aus dem Lautsprecher.

Alle schnappen über: Historiker begreifen den Sieg als eigentlichen Beginn der „Bundesrepublik“, Biografen vergleichen Joseph Herberger mit Konrad Adenauer, Gesellschafstheoretiker sehen im 3:2 die fußballerische Entsprechung zum deutschen „Wirtschaftswunder“ in den fünfziger Jahren, der DFB-Präsident Dr. Peco Bauwens kann sich überhaupt nicht bremsen und schlägt in einer Rede im Münchner Löwenbräukeller Töne an, wie man sie seit 1945 bei offiziellen Anlässen nicht mehr für möglich gehalten hätte. Er röhrte im nationalen Überschwang von der „Repräsentanz besten Deutschtums im Ausland“ und schwafelte vom „Führerprinzip“. Bundeskanzler Konrad Adenauer und Bundespräsident Theodor Heuss hatten alle Mühe, die nationalistische Stimmung im Lande zu mäßigen. Eine Auswahl deutscher Fußballspieler hatte gewonnen, nicht mehr und nicht weniger – aber die Versuche, 90 Spielminuten eine großspurige politische Bedeutung beizumessen, brachten dem Fußball an sich eine Niederlage bei, so wenig die Mannschaft selbst, die nach dem Sieg keine großen Töne spuckte, dafür konnte.

Helmut Rahn (* 1929) schoss in 40 Länderspielen für die deutsche Nationalmannschaft 21 Tore.

Gute Tagesform und ein gewonnenes Endspiel bedeuteten noch lange nicht, dass in Deutschland der weltbeste Fußball gespielt wurde. Die Ungarn triumphierten nach ihrem einmaligen Ausrutscher in Bern weiterhin (53 Tore in zwölf Länderspielen 1955), bis der 1956 mit Panzern durchgesetzte Kommunismus auch ihre hohe Spielkultur zerstörte. Profifußball wurde verboten. Puskás ging zu Real Madrid, Kocsis und Czibor wurden in Barcelona unter Vertrag genommen. In Deutschland kehrte nach dem Regenspiel in Bern ein, was die Fußballexperten zu ihrer Zeit hätten voraussagen können und die vom Endspiel Geblendeten auf den Boden der Realität zurückholte: der graue Alltag.

Mit 3:2 gewinnt die Sowjetunion am 21.8. 1955 in Moskau gegen den amtierenden Weltmeister.

Trotz Uwe – der Weltmeister schwächelt

Das erste Spiel nach der WM verloren die Weltmeister 0:2 gegen Belgien, das zweite 1:3 gegen Frankreich, das dritte 1:3 gegen England. (Das schwache 2:3 am 21. August 1955 in Moskau war eher ein Politikum als ein sportliches Ereignis, zehn Jahre nach dem Ende des Zweiten Weltkriegs das erste Spiel gegen die Sowjetunion.) In 23 weiteren Länderspielen bis zur WM 1958 in Schweden, für die sich Deutschland glücklicherweise als amtierender Weltmeister automatisch qualifizierte, gab es nur 11 Siege, die meisten davon sehr knapp.

Sepp Herberger hatte es versäumt, jungen Spielern eine Chance zu geben, sein Spielsystem zu modernisieren. Uwe Seeler vom Hamburger SV war die einzige große Entdeckung. Und weil er die einzige war, galt er gleich als einzigartig. Für uns Kinder war er das erste Idol, die „Uwe-Uwe“-Rufe klingen mir noch heute im Ohr. Selbst mein Vater fand ihn gut („ein anständiger Kerl“), aber Eckel, Rahn, Schäfer, Klodt und Fritz Walter wurden immer noch aufgestellt. Nach einem glanzlosen 1:0 im Viertelfinale wieder gegen Jugoslawien setzte es eine verdiente 1:3-Niederlage gegen Schweden im Semifinale. Der Düsseldorfer Verteidiger Juskowiak wurde ausgerechnet von einem ungarischen Schiedsrichter frühzeitig (völlig zu Recht wegen eines Revanche-Fouls) vom Platz gestellt. Der „Unparteiische" ließ zuvor eine elfmeterreife Attacke gegen Rahn und ein schweres Foul gegen den verletzten Fritz Walter ungeahndet. Und weil die schwedischen Zuschauer ihre Mannschaft unter Einsatz von Megaphonen regelrecht einpeitschten, hatte die deutsche Delegation samt Spielern schnell die Schuldigen gefunden: den Schiedsrichter und das unfaire Publikum.

Das Thema Fußball und Deutschtum wurde um ein weiteres unangenehmes Kapitel bereichert. Durch Deutschland reisenden Schweden prallte eine Ausländerfeindlichkeit entgegen, wie man sie 1958 nicht für möglich gehalten hätte. Autofahrer sollen an Tankstellen nicht bedient worden sein, ihre Reifen wurden, wie man liest, zerstochen. DFB-Präsident Dr. Peco Bauwens war wieder der Stimmungsmacher: „Wir wurden ein Opfer der Hetze gegen unsere Mannschaft. Solange ich im DFB mitentscheidend tätig bin, wird es in nächster Zeit keine Spiele mehr auf diesem Pflaster in Schweden geben." Leider hatte sein Wort bis 1963 Bestand.

Im WM-Halbfinale gegen Schweden am 24.6. 1958 wird der deutsche Verteidiger Juskowiak wegen eines Revanche-Fouls vom Platz gestellt; die Deutschen verlieren mit 1:3.

Uwe Seeler erziehlt den entscheidenden Treffer zur WM-Qualifikation, das 2:1 gegen Schweden am 26.9.1965.

Die schwache Vorstellung in Schweden war u.a. auf die Überalterung der Mannschaft zurückzuführen. Fritz Walter beendete gleich nach dem Schweden-Spiel seine Karriere. Herberger blieb im Amt, ebenso sein Assistent Helmut Schön. Endlich gestaltete sich die Länderspiel-Bilanz bis zur nächsten WM, 1962 in Chile, positiv (14 Siege, 5 Unentschieden, 6 Niederlagen). Und Uwe Seeler wurde immer besser. Mit ihm hatten wir einen Mittelstürmer mit Köpfchen und strammem Schuss.

So beliebt wie „Uwe“ war vor ihm kaum ein anderer Fußballer in Deutschland. Nicht nur, dass er viele Tore schoss – solch einen sympathischen Draufgänger wie ihn hatte es in der Geschichte des deutschen Fußballs noch nicht gegeben. Doch im Turnier wurde klar: Die deutsche Elf gehört nicht zu den Spitzenmannschaften. Sie war, wie immer, gut vorbereitet, die besonderen Bedingungen eines Turniers schienen ihr wieder zugute zu kommen. Doch das Aus im Viertelfinale (schon wieder gegen Jugoslawien, diesmal 0:1) war kein Wunder.

Sepp Herbergers Kader bestand nur aus 21 (statt der zugelassenen 22) Spielern. Er wollte allen Ernstes den 41-jährigen Fritz Walter reaktivieren und hielt ihm den 22. Platz frei. Hätte der nicht von sich aus abgesagt, wäre er im entscheidenden Viertelfinal-Spiel aufgestellt worden. Allein schon in diesem Detail zeigt sich die zunehmende Verunsicherung eines Trainers, der zu lange den Taktstock schwingen durfte. Uns Schülern, die 1954 noch Babys waren, ging dieses dauernde Gerede vom „Wunder in Bern“ langsam auf die Nerven. Die Gegenwart war spannend genug. Obwohl wir das Wort nicht kannten: Fußball war längst Kult.

Wir klebten Fußballbildchen in unsere Alben und tauschten; wir kannten die brasilianische Mannschaftsaufstellung auswendig; wir wussten, wer Colluna und Eusebio waren, wir schlugen den Diercke-Weltatlas auf und suchten Lissabon („Benfica“ war 1961 der erste Sieger im Europapokal-Wettbewerb der Landesmeister); wir bekamen ein Tip-Kick-Spiel zum Geburtstag und neue Fußballschuhe zu Weihnachten. Wir rannten nach der „Sportschau“ im Fernsehen (seit dem 4. April 1961) auf die Straße und spielten die Spiele noch einmal. In den Sommerferien war ich einmal in Gabicce Mare an der Adria. Dort standen in jeder Bar die herrlichsten Fußballkicker herum: Jeden Tag drehte, zog und ruckte ich an den vier Stangen mit den aufgereihten Spielern aus Holz, die seltsamerweise (auch heute noch) nach einem im wirklichen Leben seltenen 1-2-5-3-System angeordnet sind.

Wenn es regnete, durften wir in der Klasse bleiben. Wir spielten in der großen Pause auf den Tischen „Englisch Fußball“ mit drei Groschen. Dabei muss man versuchen, ein Geldstück zwischen den beiden anderen mit dem Zeigefinger hindurchzuschnippen, wobei sich jeweils eine neue geometrische Konstellation der Groschen ergibt. Man darf nicht zweimal hintereinander denselben Groschen bewegen. Schafft man es nicht, den Groschen hindurchzubringen oder berühren die Münzen sich, ist der Gegenspieler dran. Wer einen Groschen als Erster zehnmal gegen das Federmäppchen des anderen „kickt“, ist der Gewinner. Doch meistens war der Lehrer schneller wieder in der Klasse als der Groschen im Tor. Er schrieb irgendwas an die Tafel, wir träumten wieder von Pelé, Vava, Didi, Eusebio und Colluna und sehnten uns nach der „Bundesliga“. Alles im Leben drehte sich um Fußball. Während ich dies schreibe, spielt mein Sohn nebenan mit dem Joystick „FIFA 2002“ auf dem Computer. Die Trikots der Spieler, die eingeblendeten Namen und physiognomischen Details real existierender Spieler, die Stimmen mir bekannter Fernsehreporter aus den Stereoboxen: alles wie echt, ich fasse es nicht.

Der 17-jährige Pelé bei der WM 1958 in Stockholm

Jeder fußballbegeisterte Junge in den sechziger Jahren konnte auf Anhieb die wichtigsten europäischen Vereine herunterrasseln: Real Madrid, FC Liverpool, AC Mailand, Benfica Lissabon, Glasgow Rangers, RSC Anderlecht, West Ham United, Feyenoord Rotterdam, Stade Reims, selbst Honved Budapest war uns ein Begriff. Die Fußballkarten vom Kiosk brachten uns Europa näher. Auch eine DDR gab es in Europa, das war uns durchaus bekannt. Dass dort jede Menge Spitzensportler in den unterschiedlichsten Disziplinen hart trainierten, wussten wir genau – waren es doch ostdeutsche Athleten, die bei der Olympiade 1964 in Tokio, wo eine gesamtdeutsche Mannschaft antrat, zur Hebung des deutschen Medaillenspiegels wesentlich beitrugen. Obwohl es Spieler aus Leipzig, Ostberlin, Magdeburg, Rostock und Chemnitz waren, die im Kampf um die Bronzemedaille die Olympiamannschaft der Vereinigten Arabischen Republik sicher mit 3:1 schlugen, nahmen wir den DDR-Fußball nicht ernst.

In Sachen Fußball war die DDR für uns ein Niemandsland. In „Sport und Musik“ gab Moderator Kurt Brumme niemals die Resultate der DDR-Oberliga bekannt. Dabei konnte die Oberliga der DDR für sich in Anspruch nehmen, den ersten und am längsten existierenden nationalweiten Spielbetrieb, also eine Art „Bundesliga“, veranstaltet zu haben. Sie hielt sich 42 Jahre lang.

Ganz anders die Fußballfans im Osten. Sie waren über den aktuellen Stand der Bundesliga jederzeit bestens informiert. Wenn eine westdeutsche Mannschaft im „sozialistischen Ausland“ antrat, pilgerten die Fans aus Ostberlin, Leipzig, Dresden, Frankfurt a. d. Oder in Scharen zum Spiel. Legendär der Auftritt des 1. FC Kaiserslautern am 6. Oktober 1956 mit seinen Weltmeistern vor 100 000 Zuschauern im Leipziger Zentralstadion gegen Wismut Aue. Beim 5:3 der Lauterer schoss Fritz Walter das schönste Tor seines Lebens: im Hechtsprung per Hacke direkt in den Winkel. Augenzeugen berichten, dass die meisten der Zuschauer für die Pfälzer hielten. Der in der DDR aufgewachsene Feuilletonist und Fußballenthusiast Christoph Dieckmann resümiert das Verhältnis von Fußballfans in der DDR zum deutschen Nachbarstaat: „Die Beliebtheit der BRD-Auswahl bedeutete keineswegs, daß die DDR-Nationalmannschaft verhaßt gewesen wäre. Sie erfüllt einfach eine andere Funktion. Sie stand für Heimatfußball und Außenseitercharme.“

Der Außenseiterstatus hat historische Wurzeln. Der Aufbau des Fußballwesens nach dem Zweiten Weltkrieg erfolgte in der sowjetisch besetzten Zone unter völlig anderen Vorzeichen als in den Westzonen. Während westdeutsche Vereine unter den Argusaugen der amerikanischen, französischen und englischen Alliierten neu gegründet wurden, ließen die Sowjets in der Ostzone zunächst nur Betriebssportgemeinschaften (BSG) zu, die den volkseigenen Betrieben angeschlossen waren und damit leicht kontrollierbar. Die beiden Ostzonen-Meister hießen SG Planitz und ZSG Union Halle. Mannschaften aus

60000 Zuschauer sahen 1950 das Endspiel um die erste DDR-Meisterschaft zwischen Zwickau und Dresden (5:1).

dem Bereich Verkehrswirtschaft trugen fürderhin den Vornamen „Lokomotive", Fußball spielende Soldaten der Nationalen Volksarmee kickten in einer Mannschaft, die sich „Vorwärts" nannte. „Turbine" Halle und „Turbine" Erfurt waren die ersten DDR-Meister. „Wismut" Karl-Marx-Stadt wurde in den fünfziger Jahren (mit den Spitzenspielern Siggi Wolf und Manfred Kaiser) dreimal DDR-Meister. „Dynamo Dresden" schaffte es fünfmal. Lokomotive, Vorwärts, Turbine, Dynamo und Schwarze Pumpe – allein schon diese Namen gaben uns Wohlstandsbengeln im Westen Anlass zu Hohngelächter.

Die Hilflosigkeit des Deutschen Fußball-Verbands der DDR beim Aufbau einer schlagkräftigen Oberliga zeigte sich darin, dass neue Mannschaften von Staats wegen aus dem Boden gestampft und von einer Region in die andere verlegt wurden. Damit auch die Hauptstadt der DDR etwas zu bieten hatte, wurde gleichsam über Nacht der 1951 gegründete Armeesportklub Vorwärts von Leipzig nach Berlin verfrachtet. Sechs Meistertitel errang Vorwärts zwischen 1958 und 1969. Die beiden Halbstürmer „Kuppe" Nöldner und „Theo" Körner genossen in der DDR Kultstatus.

Heute weiß man, dass auch in der gerade auf sportlichem Gebiet sehr leistungsorientierten DDR unter professionellen Bedingungen gekickt wurde. Prämienzahlungen, Sondervergütungen, Abwerbungen von Spielern, Trikotwerbung – all dies war gang und gäbe. Als bekannt wurde, dass der FC Karl-Marx-Stadt in seinem Meisterschaftsjahr 1967 Prämien in Höhe von 500 Mark an jeden einzelnen Spieler zahlte, wurde der Vorsitzende des Vereins wegen „westlichen Profitums" beurlaubt. Weil Fußball indes nicht so medaillenträchtig war wie Schwimmen, Kanu- oder Bobfahren und die Nationalmannschaft bei Weltmeisterschaften (mit Ausnahme des Jahres 1974) meistens schon in der Qualifikation stecken blieb, hielt sich die staatliche Förderung in

Grenzen. Fünf Jahre hatte es immerhin gedauert, ehe in der Geschichte der DDR der erste Länderspielerfolg (3:2 in Rumänien am 18. 9. 1955) verzeichnet werden konnte.

Der Amateurstatus im DDR-Fußball war nur eine Fiktion. 1967 gab es einen waschechten Oberliga-Skandal: Die Liga-Mannschaften von BSG Stahl Eisenhüttenstadt und BSG Wismut Gera wurden wegen unerlaubter Geschäftemacherei mit Spielersperren und Punktabzügen bestraft. Der Fußball brachte das sozialistisch-kollektivistische Menschenideal, dem Profitstreben und aggressive Konkurrenz wesensfremd sind, ins Wanken.

Die Ignoranz des Westens gegenüber dem Fußball in der DDR blieb eigentlich bis zum letzten Spiel in der DDR-Oberliga am 25. Mai 1991 bestehen. Letzter Meister: FC Hansa Rostock. Diese Ignoranz hatte sportliche, medienpolitische, aber auch weit zurückreichende historische Gründe.

Spitzenfußball im Westen wurde in der zweiten Hälfte des 20. Jahrhunderts immer gleichgesetzt mit Profifußball. Mit internationalen Erfolgen im DDR-Fußball war es nicht weit her und damit auch nicht mit der Berichterstattung in den Westmedien. In der DDR gab es, dem grassierenden West-Vorurteil nach, „nur“ Amateurfußball. Die Spitzenspieler wurden in die Schublade „Staats-Amateure“ gesteckt. Die tapfere Niederlage von Dynamo Dresden gegen Bayern München im Europapokal der Landesmeister 1973 änderte an der arroganten Einstellung der westlichen Fußballszene gegenüber der östlichen so wenig wie der 2:0-Endspielsieg des FC Magdeburg gegen AC Mailand um den Europapokal der Pokalsieger 1974 in Rotterdam.

Erst der 1:0-Sieg der DDR 1974 im Hamburger Volksparkstadion im Gruppenspiel bei der WM gegen die BRD machte uns für einen Moment stutzig. Der Name Jürgen Sparwasser ist so ziemlich der einzige Spieler der DDR, der wegen seines Siegtors im einzigen Spiel der DDR gegen die BRD in der Länderspielgeschichte einem breiten Fußballpublikum im Westen erinnerlich ist. Der Name des Erfolgstrainers (Georg Buschner) ist vergessen, ganz zu schweigen vom Rekordinternationalen Joachim Streich (102 Länderspiele, 52 Tore), der für Hansa Rostock spielte. Weil es keine Wiederholung eines derartigen nationalen Erfolgs für den DDR-Fußball gab (der Olympiasieg in Montreal 1976 gilt als nicht so bedeutend), ging das Hamburger Spiel nur als Sensation und Kuriosum in die Fußballgeschichte ein. Gleichwohl: die siebziger Jahre waren sowohl international als auch national das stärkste Jahrzehnt in der Geschichte des DDR-Fußballs. Darin liegt durchaus eine Parallele zum anderen deutschen Staat. Was in der BRD Bayern München und Borussia

Mönchengladbach, waren in der DDR Dynamo Dresden und der 1. FC Magdeburg, die sich die Meisterschaften in den 70er Jahren teilten.

Je näher die DDR ihrem wirtschaftlichen Untergang entgegenstrebte, umso offener die Eingeständnisse des Scheiterns traditioneller sozialistischer Ideale. Das gilt auch für den Sport. Es dauerte bis 1989, ehe selbst ein Erich Honecker eingestehen musste: „Bei uns gibt es doch eigentlich auch den Berufssport. Wir brauchen uns nicht so aufzuregen. Fußballer werden gekauft. Die Oberliga-Spieler sind also Berufssportler."

Selbst so betrübliche Randerscheinungen wie Randale und Vandalismus im Stadion gab es auch in der DDR. Konfrontationen zwischen Fans und der Stasi sind dokumentiert. Fangruppen agierten in den achtziger Jahren nachweislich neonazistisch. Vom rüden Charme der Fußballkultur in der DDR sind noch lange nach dem Zusammenbruch des „Dreibuchstabenlandes" Spuren zu entdecken. Wenn Energie Cottbus und Hansa Rostock in der Bundesliga aufeinander treffen (z. B. am 23. 2. 2002), werden besondere polizeiliche Sicherheitsmaßnahmen getroffen.

Nur wenige Stars brachte der DDR-Fußball Ende der achtziger Jahre hervor. Beim letzten Pokalsieger vor der Deutschen Einheit, Dynamo Dresden, spielten Matthias Sammer und Ulf Kirsten. Nach der deutschen Wiedervereinigung wurden die ersten zwei Klubs aus der DDR-Oberliga in die Bundesliga übernommen, die folgenden sechs in der Tabelle in die Zweite Bundesliga. Von den ehemaligen DDR-Mannschaften in der Bundesliga (Dresden, Leipzig, Rostock und Cottbus) hat noch keine einen Meistertitel erlangt, keine hat an der Champions League teilgenommen oder in einem internationalen Pokalwettbewerb gewonnen. Der Außenseiter-Charme der Profiteams in den neuen Bundesländern besteht fort. Bundesligateams aus dem Osten Deutschlands spielen von Saison zu Saison in erster Linie gegen den Abstieg.

Franz Beckenbauer und Bernd Bransch beim Wimpeltausch vor dem einzigen Länderspiel zwischen der BRD und der DDR am 22. 6. 1974 im Hamburger Volksparkstadion.

1962 Der Bundestag des DFB beschließt am 28.7. die Einführung der Bundesliga und ein Lizenzspieler-Statut. Am 6.10. wird die Zahl der ersten Bundesliga-Vereine auf 16 festgelegt, je fünf aus dem Süden und Westen, drei aus dem Norden, zwei aus dem Südwesten und einer aus Berlin. Die deutsche Nationalmannschaft scheidet bei der WM in Chile im Viertelfinale gegen Jugoslawien aus.
1963 Borussia Dortmund gewinnt in Stuttgart das letzte Endspiel einer Deutschen Fußball-Meisterschaft gegen den 1. FC Köln mit 3:1. Der erste Spieltag in der Geschichte der Bundesliga findet am 24.8. statt (ausschließlich Samstagsspiele); das erste Tor schießt Friedhelm „Timo“ Konietzka für Borussia Dortmund in der 1. Spielminute gegen Werder Bremen.
1964 Erster Bundesliga-Meister wird der 1. FC Köln vor dem Meidericher SV und Eintracht Frankfurt. Die ersten Absteiger sind Preußen Münster und der 1. FC Saarbrücken. Sepp Herberger nimmt Abschied vom Amt des Bundestrainers. Sein Nachfolger wird Helmut Schön.
1965 Als erste deutsche Mannschaft im Endspiel um den Europapokal der Pokalsieger verliert 1860 München 0:2 gegen West Ham United am 19.5. in London.

Die Einführung des Profifußballs

Das schwache Abschneiden der bundesdeutschen Nationalmannschaft bei der WM 1962 in Chile und zunehmende Abwanderungspläne prominenter Spieler ins Ausland waren die wesentlichen Voraussetzungen für bedeutsame Veränderungen in den fußballerischen Verhältnissen in Deutschland. Die Rufe nach Einführung des Berufsfußballs wurden lauter, die Planungen zur „Bundesliga“ nahmen Formen an. Endlich sollte in Deutschland wahr werden, was in allen anderen fußballerisch ernst zu nehmenden Ländern schon seit Jahrzehnten Realität war. Über 60 Jahre nach Gründung des DFB, über 30 Jahre nach dem damals illegalen Vorstoß von Schalke 04 in Richtung Profifußball war es Ende Juli 1962 endlich so weit.

Auf dem Bundestag des DFB in Dortmund mit dem neuen Präsidenten Dr. Hermann Gösmann wurde mit 103:26 Stimmen die Einführung der Bundesliga zum Saisonstart im Sommer 1963 beschlossen. Die entscheidenden Anstöße kamen vom Kölner Vereinspräsidenten Franz Kremer und dem späteren DFB-Präsidenten Hermann Neuberger, die eine „Interessengemeinschaft Bundesliga und Berufs-Fußballer“ gegründet hatten. Auch Sepp Herberger war ein entschiedener Befürworter eines gemäßigten Berufsfußballwesens.

Das Monatsgehalt des neuen Typus „Lizenzspieler“ durfte zunächst 1200 Mark nicht übersteigen (Ausnahmen wie Seeler, Morlock oder Schäfer bestimmten die Regel). Daneben gab es „Treueprämien“. Die „Ablösesumme“ (max. 50000 Mark) beim Wechsel eines Spielers von einem Verein zum anderen war festgeschrieben. Das schien im europäischen Maßstab weitaus zu niedrig kalkuliert. Fußballspieler wollten immer mehr Geld und bekamen es. Von Jahr zu Jahr neue Rekordzahlen. Je mehr von Geld die Rede ist, umso misstrauischer wird der Fan. Es kommt zu einem Skandal, die Nation ist schockiert: Reihenweise zahlen Funktionäre und Spieler von abstiegsbedrohten Vereinen Bestechungsgelder an skrupellose Kollegen in Vereinen, die in der Tabelle höher stehen. Die Endergebnisse in mindestens 18 Spielen an den letzten acht Spieltagen in der Saison 1971/72 sind geschoben. Die Affäre ist als „Bundesliga-Skandal“ in die Geschichte eingegangen. Es kam zu Prozessen und Begnadigungen. 52 Spieler, zwei Trainer, sechs Vereinsfunktionäre und zwei Vereine werden nach langen Ermittlungen durch Urteile des DFB-Sportgerichts im Jahr 1973 bestraft. Arminia Bielefeld und Kickers Offenbach ereilte der Zwangabstieg aus der Bundesliga.

Das Schlechte an dem Skandal: der gesamte Fußballsport geriet in Verruf, er wurde als kommerzielles Unternehmen bloßgestellt und von jungen, aufmüpfigen Menschen, linken Gymnasiasten und Studenten zumal, grundsätzlich abgelehnt. Hätten wir zu dieser Zeit nicht einen langhaarigen Günter Netzer, eine genialisch aufspielende „Borussia“ aus Mönchengladbach, die triumphierenden „Bayern“ aus München und eine echt stark spielende Nationalmannschaft gehabt – viele hätten dem Fußball abgeschworen. Das Produktive am Bundesliga-Skandal: er trug entscheidend zu längst fälligen Änderungen der DFB-Gesetze bei. Die Freigabe der Gehälter für Fußballprofis stand bevor.

Montag, 7. Juni 1971 – 20 Pf

Bild

BERLIN

Ist Sinatra todkrank?

New Yorker Fernsehsender will mehr wissen als der Sohn des Schlager-Stars

Quark torte und frische Erdbeeren

Wachsende Sorgen um Berlin-Lösung

Riesenkrach um Hertha-Stars!

140000 Mark her – oder wir verlieren!

Vorwurf der passiven Bestechung gegen Patzke, Wild und Gergely

Die Titelseite der „Bild“-Zeitung vom 7.6.1971

Die lieb gewonnenen fünf Oberligen wurden zeitgleich mit dem Bundesliga-Start 1963/64 zu zweiten Ligen heruntergestuft und hießen fortan „Regionalliga Nord“, „Regionalliga West“, „Regionalliga Südwest“, „Regionalliga Süd“ und „Regionalliga Berlin (West)“. 46 Vereine bewarben sich um einen Startplatz in der Bundesliga, 16 wurden ausgewählt, nicht nur nach sportlichen Kriterien (die Tabellenplätze in den vergangenen Oberliga-Saisons), sondern auch gemäß eines nach Bundesländern geordneten Proporz-Systems. Darüber hinaus musste ein Bundesliga-Verein gemeinnützig sein, eine ehrenamtlich arbeitende Vereinsleitung aufweisen, ein Stadion für mindestens 35 000 Zuschauer, eine Flutlichtanlage, eine Jugend- und Amateur-Abteilung besitzen sowie – der verzwickteste Punkt – gesunde wirtschaftliche Verhältnisse nachweisen.

Hermann Gösmann, DFB-Präsident 1962–1975

Hermann Neuberger, DFB-Präsident 1975–1992

Zur Startformation gehörten, in der Reihenfolge der Tabellenplätze am Ende der ersten Spielzeit: 1. FC Köln, Meidericher SV, Eintracht Frankfurt, Borussia Dortmund, VfB Stuttgart, Hamburger SV, 1860 München, Schalke 04, 1. FC Nürnberg, Werder Bremen, Eintracht Braunschweig, 1. FC Kaiserslautern, Karlsruher SC, Hertha BSC, Preußen Münster und der 1. FC Saarbrücken. Der erste Deutsche Meister hieß also 1. FC Köln, die ersten Absteiger kamen aus Münster und Saarbrücken. Diese zwei Vereine wurden in der kommenden Saison von zwei Aufsteigern ersetzt, die in zwei zeitaufwendigen „Bundesliga-Aufstiegsrunden" ermittelt wurden. Beim ersten Mal waren dies Hannover 96 und Borussia Neunkirchen. Der deutsche Rekordmeister Bayern München war übrigens am grünen Tisch gescheitert, er stieg nach rein sportlichen Spitzenleistungen erst 1965 in die Bundesliga auf, ebenso Borussia Mönchengladbach. Sie reiften zu den besten Vereinen der siebziger Jahre heran.

Auch das Regionalliga-System und die Aufstiegsmodalitäten erwiesen sich als sportlich wenig förderlich und wirtschaftlich unattraktiv. Es wurden in Abstufung zur Ersten zwei Zweite Bundesligen (Nord und Süd) geschaffen (1974/75). (Seit der Spielzeit 1981/82 gibt es nur noch eine Zweite Bundesliga.) Die Regionalligen wurde so zu „dritten" Ligen heruntergestuft. Darunter liegen noch die Oberligen, gefolgt von den Verbandsligen, den Bezirksklassen und schließlich den Kreisklassen, in denen sich die Dorf- und Stadtteilmannschaften tummeln. Nicht zu vergessen die Junioren- und Jugendmannschaften mit ihren eigenen Staffeln – und die Frauen. Seit 1970 sind Frauen-Fußballvereine nicht mehr verboten. Im Jahr 2000, 100 Jahre nach der Gründung des DFB, zählte man in Deutschland – Männer- und Frauenklubs zusammen genommen –

26 848 Vereine mit insgesamt 173 411 Mannschaften. Ab und zu gab es Korrekturen im Liga-System.

So spielen, um bei der Ersten Bundesliga zu bleiben, heute nicht mehr, wie 1963/64 16 Mannschaften um die Deutsche Meisterschaft sondern 18, es steigen nicht zwei, sondern drei Mannschaften ab. Die einzige Bundesligamannschaft, die von Anfang an dabei ist und bis zum Ende des Jahrhunderts kein einziges Mal absteigen musste, ist der Hamburger SV.

Bei Einführung der Bundesliga gab es der langen deutschen Liga-Tradition gemäß für ein gewonnenes Spiel zwei Pluspunkte (2:0), für ein Unentschieden einen Pluspunkt und einen Minuspunkt (1:1) und für eine Niederlage keinen Pluspunkt und zwei Minuspunkte (0:2). Plus- und Minuspunkte wurden von Spieltag zu Spieltag addiert. So kam es, dass der 1. FC Köln 1963/64 mit 45:15 Punkten Deutscher Meister wurde und Saarbrücken mit 17:43 Tabellenletzter. Je größer die Differenz zwischen Plus- und Minuspunkten, desto höher der Tabellenstand. Zur Förderung offensiver Taktiken werden seit der Saison 1995/96 für einen Sieg drei Punkte, für ein Unentschieden ein Punkt und für eine Niederlage kein Punkt angerechnet, das heißt: auch keine Minuspunkte mehr.

Bei Punktgleichheit zweier oder mehrerer Mannschaften entscheidet das Torverhältnis über den Tabellenplatz. Je größer der Abstand zwischen Toren und Gegentoren umso besser; ist der Abstand gleich groß, fällt die höhere Anzahl der geschossenen Tore ins Gewicht. Ganze Meisterschaften wurden erst am letzten Spieltag durch das Torverhältnis entschieden. In der Saison 77/78 lag der 1. FC Köln am Ende mit hauchdünnem Abstand vor Borussia Mönchengladbach, 83/84 der VfB Stuttgart vor dem HSV, 85/86 Bayern München vor Werder Bremen, 91/92 der VfB Stuttgart vor Borussia Dortmund. Den vielleicht spannendsten letzten Spieltag in der Bundesliga gab es am 19. Mai 2001. Mit einem Tor in der dritten Nachspielminute (also der 93.) zum 1:1 in Hamburg erzielte Bayern München den noch nötigen Punkt zur Deutschen

1965 Der DFB beschließt die Erweiterung der Bundesliga auf 18 Vereine. Bayern München und Borussia Mönchengladbach steigen in die Bundesliga auf. Die erste Samstags-Sportschau mit Spielberichten direkt nach Schlusspfiff wird am 30. April ausgestrahlt.

1966 Borussia Dortmund gewinnt das Endspiel um den Europapokal der Pokalsieger gegen den FC Liverpool in Glasgow mit 2:1 nach Verlängerung und ist damit erster deutscher Europapokalsieger. Die deutsche Nationalmannschaft verliert das WM-Endspiel im Wembley-Stadion 2:4 n.V. gegen England. Die WM in England geht als erste „TV-Weltmeisterschaft" in die Geschichte ein.

1967 Bayern München wird zum ersten Mal Sieger eines europäischen Wettbewerbs. Im Endspiel gegen die Glasgow Rangers gibt es ein 1:0 n.V. Jeder Verein darf künftig bis zu 25 Spieler unter Vertrag haben. Der Bundestag des DFB beschließt, dass ab 1968/69 zwei Spieler ausgewechselt werden dürfen.

1968 Die deutsche Nationalmannschaft siegt am 1. Juni zum ersten Mal gegen England (1:0) in Hannover.

1969 Der Vorjahres-Meister 1. FC Nürnberg steigt in die 2. Liga ab.

Meisterschaft, die wenige hundert Kilometer entfernt Schalke 04 nach einem 5:3-Sieg gegen Unterhaching im Parkstadion schon gewonnen zu haben glaubte. Das Spiel in Schalke war wenige Minuten früher zu Ende, die Meisterschaftsfeiern im Stadion begannen schon, da sahen die Zuschauer das Münchner Tor auf der Stadionleinwand, Millionen von Radiohörern und Fernsehzuschauern waren fassungslos.

Die von der Künstlerin Elisabeth Treskow geschaffene Meisterschale des DFB

Dramen gab es auch, wenn eine Mannschaft nach 30 (bei 16 teilnehmenden Mannschaften) oder 34 Spieltagen (bei 18 Bundesligisten) nur aufgrund des schlechteren Torverhältnisses abstieg. So erwischte es Kickers Offenbach in der Saison 70/71, Fortuna Köln 73/74, Hertha BSC 79/80, Bayer Leverkusen 81/82, Arminia Bielefeld 84/85, Borussia Dortmund 85/86, Eintracht Frankfurt 88/89, den 1. FC Nürnberg 93/94 und 98/99 und den Karlsruher SC 97/98. Jedes dieser Abstiegsdramen gehorchte einer eigenen Dramaturgie.

Der letzte Spieltag am 29. Mai 1999 in der Saison 98/99 gestaltete sich zum Krimi. Dem Punktestand nach hätten noch fünf Mannschaften neben der hoffnungslos am untersten Tabellenende liegenden Borussia aus Mönchengladbach und dem VfL Bochum absteigen können. Geradezu aussichtslos sah es für Eintracht Frankfurt aus, Nürnberg durfte sich die meisten Hoffnungen machen. Und doch erwischte es die „Cluberer“. Ein Abstiegskampf um Sein oder Nichtsein, Sternstunde für die Live-Konferenz-Übertragung im Radio. Spieltage, die „auf den letzten Drücker“ über Meisterschaft und Abstieg entscheiden, sind das beste Argument gegen die nicht verstummende Schar von Fußballnostalgikern, die ein echtes Endspiel wie zu Oberliga-Zeiten für das Nonplusultra beim Fußball halten.

Der wesentliche Unterschied im Wettbewerb um die Deutsche Meisterschaft zwischen einem Oberliga- und

Bundesligamodus ist offensichtlich: Beim alten Modell kam es im Anschluss an die Liga-Saison und die Endrundenspiele alles auf das letzte Spiel, das „Endspiel“ an. Die Spannung bis zum letzten Spiel war garantiert. War eine Mannschaft im Verlauf der Oberligasaison anderen Mitbewerbern uneinholbar voraus, konnte sie sich theoretisch nur bis zu den Endrundengruppenspielen oder – die spätere Variante – den Spielen nach dem K.o.-System (Viertelfinale, Halbfinale) schonen; in der Bundesliga wird Meister, wer über die ganze Saison die meisten Punkte sammelt; ist eine Mannschaft gegen Ende der Saison den anderen so weit enteilt, dass sie nicht mehr eingeholt werden kann, ist ein gewisses Maß an Langeweile – zumindest im Kampf um die Meisterschaft – nicht auszuschließen. Letzte Spieltage wie jener am 19. Mai 2001 sind eine Ausnahme.

Bei der Oberliga kam es für den Meisterschaftsanwärter nicht nur auf das Abschneiden im Saisonverlauf an, sondern definitiv auf eine Topform im Finale; bei der Bundesliga ist jeder Spieltag gleich wichtig, Topform wird an jedem Spieltag der Saison verlangt. Noch heute wird darüber gestritten, was aufregender ist: die Ermittlung des Deutschen Meisters in einem „echten“ Endspiel oder nach dem Modus, wie wir ihn seit 1963/64 kennen.

Die Deutschen Meister ab 1963

1964	1. FC Köln
1965	Werder Bremen
1966	1860 München
1967	Eintracht Braunschweig
1968	1. FC Nürnberg
1969	Bayern München
1970	Bor. M'gladbach
1971	Bor. M'gladbach
1972	Bayern München
1973	Bayern München
1974	Bayern München
1975	Bor. M'gladbach
1976	Bor. M'gladbach
1977	Bor. M'gladbach
1978	1. FC Köln
1979	Hamburger SV
1980	Bayern München
1981	Bayern München
1982	Hamburger SV
1983	Hamburger SV
1984	VfB Stuttgart
1985	Bayern München
1986	Bayern München
1987	Bayern München
1988	Werder Bremen
1989	Bayern München
1990	Bayern München
1991	1. FC Kaiserslautern
1992	VfB Stuttgart
1993	Werd. Bremen
1994	Bayern München
1995	Bor. Dortmund
1996	Bor. Dortmund
1997	Bayern München
1998	1. FC Kaiserslautern
1999	Bayern München
2000	Bayern München
2001	Bayern München

Trauer und Trost liegen im Fußball oft eng beisammen: Cartoon anlässlich des Abstiegs von Borussia Mönchengladbach 1999.

Wembley 1966

Die Bundesliga steckte noch in ihren Kinderschuhen, als Bundestrainer Sepp Herberger von seinem Schüler Helmut Schön 1964 beerbt wurde. Schön galt zwar auch nicht als ein Erneuerer deutscher Spielkultur – aber er entdeckte in der Bundesliga neue Spieler: Verteidiger Horst-Dieter Höttges (Werder Bremen) zum Beispiel, mit Spitznamen „Eisenfuß", der technisch brillante Mittelfeldregisseur Wolfgang Overath (1. FC Köln), die Außenstürmer Lothar „Emma" Emmerich und „Sigi" Held (beide BVB) sowie die erste Lichtgestalt im Deutschen Fußball, Franz Beckenbauer (Bayern München).

Die Jungen im Verein mit den „Alten", die „Italiener" (Schnellinger, Haller und Brülls) zusammen mit bewährten Kämpfern wie Willi Schulz und „uns Uwe": sie erreichten nach ungefährdeten Vorrundenspielen ein klares 4:0 über Ex-Weltmeister Uruguay im Viertelfinale, ein mühsames 2:1 gegen die Sowjetunion im Halbfinale und dann das WM-Finale 1966 in Wembley. In dreien dieser Spiele hatte die deutsche Mannschaft das Glück, wegen „roter Karten" für die Gegner mit elf gegen zehn die neunzig Minuten zu Ende zu bringen. Erst 1966 wird es möglich sein, einen verletzten Spieler zu ersetzen oder einen Spieler durch einen anderen aus taktischen Gründen auszutauschen, ab 1968 sind es zwei.

Die deutsche WM-Auswahl von 1966: Horst-Dieter Höttges, Wolfgang Overath, Sigi Held, Helmut Haller, Wolfgang Weber, Lothar Emmerich, Willi Schulz, Franz Beckenbauer, Karl-Heinz Schnellinger, Hans Tilkowski, Uwe Seeler

Das Finale in Wembley, gutes Wetter, 97 000 Zuschauer im Stadion (darunter die Queen und Boxer Muhammad Ali), daheim zwar noch in Schwarzweiß, aber gleichwohl die erste große Fernseh-WM. 400 Millionen Menschen vor der Flimmerkiste sahen kein gutes, aber hochdramatisches Spiel: Helmut Hallers frühes Führungstor in der 12. Minute, das Kopfballtor von Geoffrey Hurst fünf Minuten später, das 1:2 nach Fehler von Höttges in der 78. Minute. Noch 12 Minuten, die Engländer spielen auf Zeit, der Kölner Wolfgang Weber grätscht in der letzten Spielminute zum 2:2 ein, Verlängerung. Die 101. Minute. Hursts Schuss geht unter die Latte, der Ball springt auf, keiner kann sagen, ob auf, vor oder hinter der Linie. Das Tor wird gegeben. Später fällt noch das 2:4.

Hätte der russische Linienrichter Gospodin Tokif Bachramow, wie er später selbst eingestand, sich von dem jubelnden Spieler Hurst und dem „untröstlich" dreinschauenden Torhüter Hans Tilkowski nicht irritieren lassen, hätte er sein Fähnchen nach einer schier endlos scheinenden Debatte mit dem Schiedsrichter und hilflos herumstehenden Spielern folglich nicht in Richtung Mittellinie gestreckt – das berühmte „Wembley-Tor" zum vorentscheidenden 2:3 im Endspiel wäre nicht gegeben worden, und wer weiß: die deutsche Nationalmannschaft wäre vielleicht wieder Weltmeister geworden. Und das, obwohl Schön einen taktischen Fehler beging.

Anstatt Franz Beckenbauer wie bei den Bayern Mittelläufer spielen zu lassen, der sich, wie schon im Turnier gesehen, bei Vorstößen mit in den Sturm einschaltet, ließ Schön den Münchner Bobby Charlton manndecken. Somit fiel Beckenbauer für die Offensivabteilung der deutschen Mannschaft weitgehend aus. Charlton war seinerseits bestrebt, Beckenbauers Offensivgeist schon in der deutschen Hälfte zu unterbinden. So schalteten

Das Wembley-Tor, das keines war – oder doch?

Europapokal der Pokalsieger

1961	AC Florenz
1962	Atletico Madrid
1963	Tottenham Hotspur
1964	Sport. Lissabon
1965	West Ham United
1966	Bor. Dortmund
1967	Bayern München
1968	AC Mailand
1969	Slov. Bratislava
1970	Manchester City
1971	Chelsea London
1972	Glasgow Rangers
1973	AC Mailand
1974	FC Magdeburg
1975	Dynamo Kiew
1976	RSC Anderlecht
1977	Hamburger SV
1978	RSC Anderlecht
1979	FC Barcelona
1980	FC Valencia
1981	Dynamo Tiflis
1982	FC Barcelona
1983	FC Aberdeen
1984	Juventus Turin
1985	FC Everton
1986	Dynamo Kiew
1987	Ajax Amsterdam
1988	KV Mechelen
1989	FC Barcelona
1990	Samp. Genua
1991	Manch. United
1992	Werder Bremen
1993	AC Parma
1994	Arsenal London
1995	Real Saragossa
1996	Paris St.Germain
1997	FC Barcelona
1998	FC Chelsea London
1999	Lazio Rom

sich die beiden Spieler gegenseitig aus, was zur spielerischen Belebung des Finales keineswegs beitrug.

Aber auch als Sieger des Turniers wäre der Erfolg, einer deutschen Tradition gemäß, eher ihrer Kampfkraft und der überall auf der Welt gefürchteten Turnierfestigkeit zu verdanken gewesen als noch nie zuvor auf dem Platz gesehenen Spielzügen. England war in diesem Punkt kaum besser. Aber endlich war das Mutterland des Fußballs nach Jahrzehnten vergeblichen Bemühens zum ersten Mal Weltmeister geworden.

England Weltmeister, das war das eigentliche historische Ereignis bei der WM 1966. Brasilien schied schon in der Vorrunde aus. Die europäische Furcht vor der Uneinholbarkeit südamerikanischer Ballkunst war vorerst gebannt. Das flexible 4-2-4-System der Brasilianer mit einem Mittelstürmer (Didi), der nicht abstaubte, sondern das Spiel gestaltete, mit Verteidigern, die nicht den Mann, sondern den Raum abdeckten und mit nach vorne gingen, mit Stürmern, die dribbelten, was das Zeug hielt, war dem robusteren, auf Manndeckung setzenden, weniger individualistischen, positionsfixierten, ganz auf Effizienz ausgerichteten europäischen 4-4-2 unterlegen. Fußballästheten bedauerten dies.

Laute nationalistische Töne blieben nach der Niederlage übrigens aus. Auch das deutsche Publikum war reifer geworden. England: das war das Land, aus dem

Nach dem Finale in Wembley: Uwe Seeler trauert.

die Beatles kamen und die Rolling Stones, die „Buttons“ für den Rollkragenpullover und T-Shirts mit der Aufschrift „Carnegy Street“, die kürzesten Miniröcke der Welt und Postkarten mit freundlichen „Bobbys“ drauf. England war London, London war „Beat“.

Samstagnachmittag präsentierte die ganz englisch aussehende Uschi Nerke den „Beat Club“, um 17:45 Uhr gab es die „Sportschau“. Wir hörten jeden Sonntag morgen die „Top of the Pops“ auf BFBS, nach London wollten wir alle. Immerhin war Englisch ein Hauptfach und englische Brieffreunde und Austauschschüler waren sehr beliebt. Allein schon aus diesen Gründen war den englischen Fußballern, auch wenn keiner von ihnen lange Haare hatte und der Spieler Bobby Charlton aussah wie mein gefürchteter Klassenlehrer, der Sieg zu gönnen.

Jubelnde Dortmunder Spieler nach dem 2:1-Sieg gegen den FC Liverpool im Finale um den Europapokal der Pokalsieger 1966; rechts unten: „Stan“ Libuda

Fußballfreunde in Köln werden insgeheim einen Sieg der deutschen Nationalmannschaft erhofft haben – als Revanche für das Ausscheiden ihrer „Geißböcke“ gegen den FC Liverpool im Viertelfinale um den Europapokal der Landesmeister 1965. Köln verlor das wegen zweier Unentschieden nötig gewordene Entscheidungsspiel in Rotterdam durch Losentscheid. Der Schiedsrichter warf eine Münze in die Luft. Beim ersten Mal blieb sie im Rasen stecken, beim zweiten Mal lag sie flach. In Dortmund dagegen wird man die Niederlage gegen England am ehesten verkraftet haben. Der BVB hatte den FC Liverpool am 5. Mai des Jahres im Endspiel um den Europapokal der Pokalsieger in Glasgow nach Stan Libudas spektakulärem „Bogenlampen-Tor“ mit 2:1 bezwungen, der erste Erfolg einer deutschen Mannschaft in einem europäischen Wettbewerb. Die Gründung der Bundesliga zeigte erste Wirkungen auf internationalem Terrain.

1970 Bei der WM in Mexiko erreicht die deutsche Nationalmannschaft nach einem 1:0 gegen Uruguay den dritten Platz. Das 3:4 n.V. gegen Italien im Halbfinale gehört zu den spannendsten Spielen in der deutschen Geschichte. Zum ersten Mal werden Fernsehbilder vom Fußball in Farbe übertragen. Die auf der WM in Mexiko erstmals eingesetzten gelben und roten Karten zur Verwarnung bzw. zum Platzverweis eines Spielers werden in Deutschland übernommen. Zuschauerrekord in der Bundesliga: 88075 Zuschauer kommen zum Spiel Hertha BSC gegen den 1. FC Köln. Borussia Mönchengladbach wird zum ersten Mal Deutscher Meister und entwickelt sich mit Berti Vogts, Jupp Heynckes und Günter Netzer im Aufgebot zur erfolgreichsten Vereinsmannschaft der siebziger Jahre (fünf Deutsche Meisterschaften, zwei Vizemeisterschaften, ein DFB-Pokalsieg). Das 1955 gefällte Verbot des Frauen-Fußballs wird aufgehoben.
1971 Beim Bundesligaspiel Borussia Mönchengladbach gegen Werder Bremen am 3. April bricht ein Torpfosten. Das nicht zu Ende geführte Spiel wird mit 2:0 für die Gastmannschaft gewertet. Das mit einem 7:1 für Borussia Mönchengladbach gegen Inter Mailand beendete Achtelfinale des Europa-

Die Blütezeit des deutschen Fußballs

Nach der Niederlage auf dem „heiligen Rasen" zu Wembley setzte die Blütezeit des deutschen Fußballs im 20. Jahrhundert ein. Schön blieb Trainer, er holte einige neue Spieler, darunter einen jungen Mittelstürmer (zusätzlich zu Uwe Seeler) von Bayern München. Gerd Müller stieg in den kommenden Jahren zum „Bomber der Nation" auf. Das heißt: er fabrizierte ein Tor nach dem anderen, für seinen Verein und die Nationalmannschaft. Allerdings blamierten sich die Deutschen bei der erstmaligen Teilnahme an der 1958 ins Leben gerufenen Europameisterschaft noch nach Kräften. Das letzte Qualifikationsspiel in Gruppe IV (die einzige mit nur drei Mannschaften!) endete am 17. Dezember 1967 auf staubigem Platz in Tirana gegen Außenseiter Albanien 0:0, Konkurrent Jugoslawien durfte zur Endrunde nach England fahren. Für mich war die Enttäuschung umso größer, weil mein Idol Peter Meyer von Fortuna Düsseldorf (ab 1967 bei Mönchengladbach) zum ersten und einzigen Mal in der Nationalelf aufgestellt wurde (als Ersatz für Müller) und trotz redlichen Bemühens keinen Treffer markierte.

Nach der vermurksten EM-Qualifikation setzte eine fußballerische Protestbewegung ein. Die deutsche Nationalmannschaft spielte, wohlgemerkt: spielte und nicht kämpfte, gegen das zähe Vorurteil an, sie beherrsche nur eine von „Kraft durch Kondition" gekennzeichnete Spielweise. Lauter erste Siege: Am 1. Juni 1968 gelang ihr mit einem 1:0 (Torschütze Beckenbauer) in Hannover vor über 80 000 Zuschauern der erste Sieg gegen England in der Fußballgeschichte. Zwei Wochen später gewann sie in Stuttgart zum ersten Mal gegen Brasilien. Die Torschützen waren Bernd Dörfel vom HSV und Sigi Held vom BVB. Am 22. Oktober feierte sie im entscheidenden Qualifikationsspiel zur Weltmeisterschaft 1970 in Mexiko den ersten Sieg gegen Schottland. Beim 3:2 versenkte „Stan" Libuda den entscheidenden Ball.

Die Weltmeisterschaft in Mexiko war die erste Farbfernseh-WM. Insgesamt 800 Millionen Menschen schalteten ein. Für die meiste Farbe sorgten die mal in schwarzen Hosen und weißen Hemden, mal in weißen Hosen und grünen Hemden aufspielenden Deutschen. Im Viertelfinale kommt es zur ersehnten WM-Revanche gegen England in León. Das Spiel wird natürlich live übertragen. Damit die englischen und deutschen Zuschauer das Viertelfinale am Feierabend vor dem Bildschirm genießen können, müssen sich die Spieler zu einer Uhrzeit abrackern, da jeder vernünftige Mexikaner den Schatten sucht: zwölf Uhr mittags. Die Kommerzialisierung des Fußballs kennt keine Grenzen. Der Spielplan richtet sich nach den Fernsehanstalten und ihrer Jagd nach hohen Einschaltquoten. Schwitzen müssen die Spieler. Gelegentlich haftet ihren verzweifelten Bemühungen auf dem Platz eine überraschende Gelassenheit an, eine ostentative Langsamkeit. Doch das ist nur Schein: Zum ersten Mal in der Fernsehgeschichte werden Spielszenen in Zeitlupe wiederholt.

Das Viertelfinale der WM 1970 Deutschland – England: die Hitzeschlacht von León endet 3:2. Uwe Seeler im Zweikampf mit Bobby Moore; dem Hamburger gelingt in der 81. Minute der Ausgleich.

Sowohl in der englischen als auch in der deutschen Mannschaft stehen fünf Akteure (Schnellinger, Höttges, Beckenbauer, Overath und Seeler), die auch 1966 dabei waren. Die Engländer führen 2:0, die Hitze im Stadion ist unerträglich, Trainer Alf Ramsey will Bobby Charlton für das Halbfinale schonen, nimmt ihn heraus, Beckenbauer startet ein unwiderstehliches Solo in der 68. Minute, markiert das 1:2, Uwe Seeler trifft mit dem Hinterkopf in der 81. Minute zum Unentschieden – Verlängerung, schon wieder, wie beim Finale in Wembley. Doch dieses Mal gewinnen die Deutschen. Der beste „Abstauber“ in der deutschen Fußballgeschichte schießt in der 108. Minute das 3:2 – Gerd Müller. Revanche geglückt, Halbfinale.

Uwe Seeler und Gerd Müller

pokalspiels der Landesmeister wird wegen eines Büchsenwurfs von den Rängen an den Kopf des Spielers Boninsegna annulliert. Im Wiederholungsspiel verliert Mönchengladbach und scheidet aus.
1972 Zum ersten Mal gewinnt Deutschland ein Länderspiel in England (3:1). Mittelstürmer Gerd Müller von Bayern München stellt in der Saison 1971/72 mit 40 erzielten Treffern den Bundesliga-Torjäger-Rekord des 20. Jahrhunderts auf. Deutschland gewinnt am 18.6. in Brüssel zum ersten Mal das Endspiel um die Europameisterschaft. Die Sowjetunion wird 3:0 bezwungen.
1973 Die Bilanz des „Bundesliga-Skandals": 52 Spieler, zwei Trainer, sechs Vereinsfunktionäre und zwei Vereine werden durch Gerichtsurteile wegen Spielmanipulationen im Abstiegskampf (Bestechung) bestraft. Beim DFB-Pokal-Endspiel am 23.6. in Düsseldorf wechselt sich Günter Netzer in der Pause zur Verlängerung selbst ein und schießt das Siegtor in seinem letzen Spiel für Borussia Mönchengladbach gegen den 1. FC Köln. Danach wechselt er für 1,1 Millionen Mark zu Real Madrid.
Die erste Trikotwerbung gestaltet „Jägermeister" auf dem Hemd der Spieler von Eintracht Braunschweig.

Das WM-Halbfinale gegen Italien 1970

Die Begegnung Deutschland – Italien vor 110 000 Zuschauern im Azteken-Stadion von Mexico City am 17. Juni 1970 geht in die Geschichte ein. Es steht 1:0 für Italien. Weil die Italiener die Mexikaner im Viertelfinale ausgeschaltet haben, unterstützten die mexikanischen Zuschauer mit frenetischen Anfeuerungsrufen „Alemania". Weil die ohnehin schon aufreizend defensiv eingestellten Italiener wieder einmal gnadenlos „auf Zeit" spielen, weil sie sich selbst bei kleinsten Remplern deutscher Gegenspieler schauspielerisch begabt auf den Rasen werfen, steigt bei deutschen Fernsehzuschauern der Blutdruck in gefährliche Höhen. Der ansonsten haarsträubend schlechte mexikanische Schiedsrichter Yamasaki gewährt einige Minuten Nachspielzeit. Wie schon beim Finale in Wembley ist Karl-Heinz Schnellinger zur Stelle und markiert in letzter Minute den Ausgleich. „Ausgerechnet Schnellinger", kommentiert Reporter Ernst Huberty lakonisch – denn der spielt für eine italienische Vereinsmannschaft!

Verlängerung. Was nun folgt, kann kein Drehbuchautor erfinden, man hielte ihn für einen Spinner. Beckenbauer spielt in den folgenden dreißig Nachspielminuten mit einer Schlinge. Sie hält seinen rechten Arm wegen einer Schulterverletzung für die Dauer einer halben Stunde in einem unveränderlichen rechten Winkel. Nichts ändert sich an Beckenbauers majestätischer Erscheinung auf dem Rasen. (Der Philosoph Martin Heidegger schwärmte von Beckenbauers „Unverwundbarkeit".) Das Auswechselkontingent ist erschöpft. Müller schießt in der 95. Minute das 2:1. Burgnich markiert drei Minuten später das 2:2. Nach einem exzellenten Konter bringt Riva die Italiener wieder in Führung. Müller köpft in der 110. Minute zum 3:3. Nur eine Minute später geht Boninsegna an unserem hüftsteifen Willi Schulz vorbei, flankt zu Rivera: 4:3. Fünf Tore innerhalb von 17 Minuten. Erschöpfte Spieler auf dem Rasen, fassungslose Zuschauer vor den Fernsehern in Deutschland, Rotweinorgien in den Stuben italienischer Gastarbeiter. Ein großes Drama ist beendet. Kein Film, kein Theaterstück, keine Oper könnte aufwühlender sein.

Schon wenige Minuten nach dem Abpfiff setzt eine Stimmung ein, die es so in Deutschland noch nicht gegeben hat. Der Verlierer wird gefeiert, in der Niederlage liegt Größe. Auch die internationale Presse ist sich einig: die Deutschen waren das bessere Team, sie spielten den schöneren Fußball, sie hatten Pech mit dem Schiedsrichter. Selbst Fußballpoet Ror Wolf kann sich in einem „WM-Sonett" einer Parteinahme nicht enthalten; „Der Catenaccio knirscht. Die Riesen wanken./Mazzola fällt vor lauter Elend um./Als Seeler blutet, bleibt die Pfeife stumm./Das hat man Yamasaki zu verdanken."

Halbfinale gegen Italien: In der Verlängerung spielt Beckenbauer in Folge einer Schlüsselbeinverletzung mit einer Schlinge um Oberarm und Schulter.

Ironie der Geschichte: So heroisch wie nach dieser Niederlage war das sportliche Image der deutschen Nationalmannschaft noch nie zuvor und auch nie mehr danach, trotz Europameister-, trotz Weltmeistertitel. Das hatte zwei Gründe, erstens: Franz Beckenbauer, Wolfgang Overath, Jürgen Grabowski & Co. spielten nicht mehr den sattsam bekannten germanisch-risikolosen Reißbrettfußball, und mit Sepp Maier hatte man sogar einen Mann mit Humor im Tor. Zweitens: von nationalem Eifer wie noch 1954, 1958 und auch noch 1966, weil es gegen den „Erzfeind" England um eine

In der 90. Minute schießt Schnellinger das Ausgleichstor.

1974 Bayern München gewinnt als erster deutscher Verein den Europapokal der Landesmeister in Brüssel am 15. und 17.5. nach einem 1:1 und 4:0 gegen Athletico Madrid. Vom 13.6. bis 7.7. findet zum ersten Mal eine Fußballweltmeisterschaft in Deutschland statt. Die deutsche Nationalmannschaft siegt im Endspiel im Münchner Olympiastadion 2:1 gegen Holland. Die neu gegründete zweigleisige 2. Bundesliga beginnt mit ihrem Spielbetrieb. Erster (und letzter) Europapokalsieger aus der DDR wird der 1. FC Magdeburg; er gewinnt das Endspiel um den Cup der Pokalsieger in Rotterdam mit 2:0 gegen AC Mailand.

„Revanche" ging, war im Jahre 1970 so gut wie gar nichts zu spüren.

Die Euphorie 1954 hatte mit spielerischem Niveau, mit Fußballästhetik wenig zu tun, „wir sind wieder wer", Hauptsache gewonnen, Hauptsache Deutschland. Das nationale Beleidigtsein nach dem Ausscheiden gegen Schweden 1958 in Stockholm stand in keinem Verhältnis zum sportlichen Anlass. Bis zum Jahr 1970 war dieses Deutschland reifer geworden. Länderspiele waren keine vaterländische Veranstaltung mehr, „Deutschland" war nur der Name einer Mannschaft mit Spielern, die man aus deutschen Vereinen kennt. Gelegentliche Krawalle, wie die in Belgien während der EM 1972, gehen auf Hooligans zurück, und die haben, auch wenn sie ins Stadion kommen, bei einem Fußballspiel nichts zu suchen.

„Deutschland" gab es ja eigentlich gar nicht, politisch korrekte Menschen sagten „BRD" – und schauten jeden zornig an, der sich an die Sprachregelung nicht hielt. Im politischen und intellektuellen Leben der siebziger Jahre, den Jahren der sozialliberalen Koalition, mag es ein Fehler gewesen sein, dass man die „deutsche Frage", wenn man sie überhaupt stellte, vor allem auf die Vergangenheit (Nationalsozialismus) und nicht auf die Gegenwart (die deutsche Teilung) bezog – der

Der „Bomber der Nation" und Weltmeister in Jubelpose: Gerd Müller im WM-Finale 1974

fußballerischen Stimmung im Lande taten die Jahre ohne übertriebene nationale Beschwörungsrituale nur gut. Dem DFB war das nicht ganz so lieb. Er sieht sich nun mal als Vertreter eines nationalen Interesses.

Ein Kind dieses neuen Zeitgeistes war der junge Paul Breitner von Bayern München, nach außen das genaue Gegenteil seines Vereinskameraden Franz Beckenbauer, der sich zu der „Ehre" bekannte, für die deutsche Nationalmannschaft spielen zu dürfen. Breitner hingegen polemisierte gegen das Abspielen von Nationalhymnen vor dem Spiel und ließ sich medienbewusst mit der „Peking Rundschau" vor einem Mao-Poster fotografieren. Viel Geld verdienen wollten und konnten sie beide, egal, welches Image sie sich schufen. Was ist im Berufsfußball schon vaterländische Ehre oder rebellisches Gehabe gegen kaufmännisches Talent!

Beckenbauer wurde Spielführer, Breitner hingegen versuchte der DFB wegen seiner Aufmüpfigkeit zur Raison zu bringen und ließ ihn drei Länderspiele hintereinander, trotz formidabler Leistungen in seinem Verein, nicht aufstellen. Beckenbauer avancierte nach seinem Leben als Spieler zum Trainer, Vereinspräsidenten und weltgewandten Fußballmanager. Breitner blieb Breitner, auch nach seiner Karriere als Spieler. Heute ist er ein giftiger Fußballkommentator mit journalistischen Ambitionen. Aber auf dem Spielfeld verstanden sich die beiden prächtig.

Die Bayern aus München und die Borussen aus Mönchengladbach (wegen ihres jungen Durchschnittsalters auch „Fohlen" genannt) waren die dominierenden Mannschaften in der Bundesliga der siebziger Jahre. Fünfmal wurde Mönchengladbach Meister (1970, 71, 75, 76, 77), dreimal Bayern München (1972, 73, 74). Helmut Schön hatte gar keine andere Wahl, als bei der Zusammenstellung seines Kaders auf Spieler dieser Vereine zu bauen. Die „Blockbildung" erleichtert die Arbeit eines Trainers erheblich. Das wussten schon Reichstrainer Otto Nerz, der seinen Stamm um Schalker Spieler herum aufbaute, und Sepp Herberger mit seinen fünf Kaiserslauterern im Endspiel 1954.

1976 Im Endspiel um die Europameisterschaft unterliegt Deutschland der ČSSR in Belgrad nach Elfmeterschießen. Vor der Saison 1976/77 überweist der 1. FC Köln für den Kauf des Spielers Roger van Gool eine Million Mark an den FC Brügge und durchbricht damit erstmals die Schallmauer.

1978 Die deutsche Nationalmannschaft scheitert in der 2. Finalrunde bei der WM in Argentinien mit einem 2:3 gegen Österreich und scheidet aus. Bundestrainer Helmut Schön wird durch Jupp Derwall ersetzt. Borussia Mönchengladbach kommt im Spiel gegen Borussia Dortmund zum höchsten Sieg der Bundesliga-Geschichte: 12:0. Der 1. FC Köln schafft als erste deutsche Mannschaft das „Doppel": Deutscher Meister und Pokalsieger.

1979 Der DFB beschließt, dass unentschieden endende Finalspiele nicht mehr in einer Wiederholung, sondern durch Elfmeterschießen entschieden werden.

Einmal im Jahr spielen Frauen vor großem Publikum. Im Berliner Olympiastadion geht es – als Vorspiel vor dem Männerfinale um den DFB-Pokal – um die Meisterschaft der Frauen. Ansonsten bekommt der männliche Fußballfan vom Frauenfußball nicht viel mit. Weder die „Sportschau“ noch „Das aktuelle Sportstudio“, weder „ran“ noch „Premiere World“ zeigen Spiele der Frauen-Bundesliga. Beim Studium der Tabellen muss der Fan lange durch den Videotext zappen, um herauszufinden, dass der FFC Frankfurt Spitzenreiter ist. Fußballfrauen sind Amateurinnen. Auf Sponsoren müssen sie weitgehend verzichten.

Allenfalls bei Europa- oder Weltmeisterschaften merkt man sich die Namen von herausragenden Spielerinnen. Nach dem Turnier vergisst man sie gleich wieder. Frauenfußball wird in Deutschland zwar schon lange nicht mehr verlacht, aber so richtig ernst nehmen ihn – trotz Einführung der Bundesliga 1997 und internationaler Erfolge der Nationalmannschaft – nur die wenigsten. Das liegt vor allem daran, dass man ihm keine eigene weibliche Spielästhetik zugesteht. So lange man fußballerisches Niveau allein von männlichen Werten abhängig macht (harter Schuss, Aggressivität im Zweikampfverhalten usw.), wird man den geschlechtsspezifischen Qualitäten von Frauenfußball nicht gerecht. Wer allerdings die Nase von den immer härter und unverschämter werdenden Umgangsformen im männlichen Spiel voll hat, ist gut beraten, zum Frauenfußball zu gehen. Da wird noch nicht so viel am Trikot gezupft und Beinchen gestellt wie bei den Männern. „Blutgrätschen“ sieht man im Frauenfußball sehr selten. Frauenfußball ist fairer.

Von Beginn des modernen Fußballs an spielen Frauen mit. Im 19. Jahrhundert diente Frauenfußball voyeuristischen Männern als nette Abwechslung. Die „British Ladies“ in ihren kurzen Pumphosen ähnelten eher Revuegirls als Athletinnen mit strammem Schuss. 1902 wurde das Spielen zwischen Männer-Vereinen und „Lady Teams“ aus hygienischen Gründen von der FA verboten. Je stärker Frauen in traditionelle Männerberufe integriert wurden (z. B. in der Rüstungsindus-

Postkarte, 1906

trie), umso mehr nahmen sie auch deren sportliche Vorlieben für sich in Anspruch. Als die Männer in den 1. Weltkrieg zogen, ersetzten Frauen deren Positionen auf dem Fußballplatz.

Szene aus dem Finale der ersten inoffiziellen Frauenfußball-Weltmeisterschaft am 6.7.1970 in Turin, Deutschland – Italien

1921 wurde in England die „English Ladies' Football Association" gegründet. 150 Vereine gab es zu diesem Zeitpunkt im „Mutterland des modernen Fußballs". Je stärker die Frauenfußball-Bewegung, desto vehementer der männliche Einspruch. Die FA versagte schon Ende 1921 dem organisierten Frauenfußball jede weitere Unterstützung. Aber im Zuge eines neuen weiblichen Selbstbewusstseins in den zwanziger Jahren, das sich in sportlichen Aktivitäten wie Tennis, Schwimmen, Skilaufen und Motorsport äußerte, war das Interesse von Frauen am runden Leder nicht mehr zu bremsen.

1930 wurde in Frankfurt der erste Frauenfußballverein gegründet, im gleichen Jahr wegen der Proteste gegen die spielenden „Mannweiber" aber wieder verboten. In das Frauenbild der Nazis passte zwar Leichtathletik, Fußball aber mitnichten. Obwohl es nach dem WM-Gewinn der Männer 1954 zunehmend Frauen gab, die Fußball spielten, tat der DFB alles, um die Organisation von Frauenfußball zu unterdrücken. Fußball sei für Frauen zu gefährlich und überdies ganz und gar unweiblich – so die gängige Argumentation. Im Zuge einer erstarkenden Frauenbewegung in den 60er und 70er entstanden immer mehr Frauenmannschaften in Deutschland. Frauen waren längst nicht mehr nur das schwache Geschlecht.

Erst 1970 hob der DFB sein Verbot auf und ließ Frauenfußball-Abteilungen in den Vereinen zu. Die überragenden Mannschaften in den siebziger und achtziger Jahren waren die SSG 09 Bergisch Gladbach, der TSV Siegen und FSV Frankfurt. Mit den Trainern Gero Bisanz und Tina Theune-Meyer errang das Nationalteam 1989, 1991, 1995 und 1997 die Europameisterschaft. 1995 wurde Deutschland Vizeweltmeister. Aber eine Verbreitung, wie sie der Frauenfußball in den USA genießt (wegen der männlichen Domänen Eishockey, Basketball, Baseball und American Football), ist in absehbarer Zeit dennoch nicht in Deutschland zu erwarten.

Endspiele der Europameisterschaften

1960 Paris: UdSSR – Jugoslawien 2:1 n. V.
1964 Madrid: Spanien – UdSSR 2:1
1968 Rom: Italien – Jugoslawien 1:1, 2:0
1972 Brüssel: BRD – UdSSR 3:0
1976 Belgrad: ČSSR – BRD 5:3 n. E.
1980 Rom: BRD – Belgien 2:1
1984 Paris: Frankreich – Spanien 2:0
1988 München: Niederlande – UdSSR 2:0
1992 Göteborg: Dänemark – BRD 2:0
1996 London: BRD – Tschechien 2:1 n. V.
2000 Rotterdam: Frankreich – Italien 2:1

Ein neuer Spielertyp

Im Kader zur Europameisterschaft 1972 standen sechs Bayern, hauptsächlich Abwehrspieler, und sieben Borussen, vornehmlich für die Kreativabteilung zuständig, die damals noch auf das Mittelfeld reduziert war. Heute wird Kreativität von jedem Spieler gleichermaßen gefordert, egal ob hinten oder vorne oder im Mittelfeld. In der Qualifikationsrunde zur EM in Belgien kam es wieder zu einem Duell zwischen England und Deutschland. 100 000 kamen am 29. April 1972 ins Wembleystadion. Bei den Engländern spielten noch fünf Weltmeister aus der 66er-Elf mit, bei den Deutschen nur noch drei (Höttges, Beckenbauer und Held). Schön hatte die Mannschaft kräftig verjüngt, Paul Breitner und Uli Hoeneß waren gerade mal zwanzig. Nachdem er wegen einer Verletzung bei der WM 1970 seinem Konkurrenten Wolfgang Overath vom 1. FC Köln den Platz überlassen musste, war er jetzt endlich mit von der Partie: Günter Netzer von Borussia Mönchengladbach. Deutschland spielte in grünen Trikots.

Beckenbauer und Netzer verstanden sich auf dem Spielfeld prächtig. Wenn Netzer mit langen Schritten und flatterndem Haar „aus der Tiefe des Raumes“ nach vorne „wehte“, blieb Beckenbauer hinten. Verspürte Beckenbauer Lust auf Offensive, ließ sich Netzer zurückfallen. Und diese taktische Variante war nicht mal mit dem Bundestrainer abgesprochen. Sie war, von Spielzug zu Spielzug, das Ergebnis einer intuitiven Eingebung beider Spieler. Intuition und Spontaneität, das Abdriften von einer vorgegebenen taktischen „Marschroute“, ein Wechsel des Spielsystems nicht von Spiel zu Spiel, sondern mitten in einer laufenden Partie: eine sol-

Ein Klassiker der siebziger Jahre: Borussia Mönchengladbach gegen Bayern München

die anspruchsvolle Fußballphilosophie wird sich in Deutschland erst in den neunziger Jahren durchsetzen. Netzer und Beckenbauer gaben die Vorlagen.

Beide Spieler hatten noch zwei Vertreter eines vollkommen neuen Spielertypus in angemessener räumlicher Distanz hinter, vor oder neben sich: den Spielassistenten, etwas lieblos „Wasserträger" genannt. Unterlief Beckenbauer ein Fehler, musste der Münchner Kollege Georg Schwarzenbeck („der Putzer des Kaisers") ausbügeln. Hatte Günter Netzer mal keine Lust auf weite Wege, musste sein Vereinskamerad Herbert „Hacki" Wimmer loslaufen. Auch wenn diese etwas hierarchisch anmutende Spielvariante in erster Linie einem Sicherheitsbedürfnis entsprang („bloß hinten nichts anbrennen lassen"): dieses Ausbügeln der Fehler des anderen, diese feuerwehrartige Einmischung in den gefährlichen Spielbrand des Teamkollegen war insofern beispielgebend für die Zukunft des deutschen Fußballs, als heute jeder Spieler dazu aufgerufen ist, die Aktionen seines Kollegen nicht für sich laufen und stehen zu lassen, sondern einzugreifen in den unvollendet gebliebenen Spielzug, damit der Ball und damit der Gegner wieder kontrolliert wird.

Günter Netzer im EM-Finale gegen die Sowjetunion am 18.6.1972 in Brüssel, Endstand 3:0

Dieses Wechselspiel („Schaukelprinzip") zweier genialer Spieler samt Spielassistenten (kein Vergleich mit dem statischen Mittelfeldgespann Beckenbauer – Haller 1966 in Wembley), Beckenbauers Spielübersicht, Netzers lange Pässe und steile Flanken, dazu der zügellose Offensivdrang des Verteidigers Paul Breitner, der Torinstinkt des unverwüstlichen Gerd Müller, das Flügelflitzen eines Jürgen Grabowski und Sigi Held sowie der neue Irrwisch des deutschen Fußballs, Uli Hoeneß: dies alles zusammen sorgte am 29. April 1972 für einen Fußballzauber, wie man ihn seit den besten ungarischen Tagen in Europa nicht mehr gesehen hatte.

Die Paarung in Wembley ging als „Jahrhundertspiel“ in die Geschichte ein, nicht weil Deutschland zum ersten Mal in England gewonnen hatte (3 : 1), erst recht nicht, weil England sich nicht für die EM qualifizierte. Die deutsche Nationalmannschaft hatte, den letzten Vorurteilen zum Trotz, nicht mit hauptsächlich kämpferischen, sondern mit entschieden spielerischen, taktisch raffinierten, fußballästhetisch geradezu avantgardistischen Mitteln gewonnen. Der „hässliche“ Deutsche war plötzlich schön.

Als die Mannschaft in der Endrunde zur EM nach dem Sieg über die UdSSR (3 : 0) auch noch Europameister wurde, war es kein DFB-Funktionär, deutscher Trainer oder Spieler, der das Loblied sang, sondern der Schweizer UEFA-Präsident Gustav Wiederkehr persönlich: „Um diese Mannschaft muß die ganze Welt Deutschland beneiden.“ Die französische Sportzeitung „L'Equipe“ sah es eher persönlich: „Netzer ist der beste Spieler unseres Erdteils.“ Der Fußball-Feuilletonist Helmut Böttiger sieht in dem „Sportler des Jahres“ 1972 gar eine „Symbolfigur für eine andere Bundesrepublik“. Fußball als sozialkritische Instanz: das hatten wir bislang noch nicht. Und Trainer Helmut Schön? – er betrachtete den ganzen Trubel mit sächsischer Gelassenheit.

Udo Lattek (* 1935) trainierte von 1970 bis Anfang 1975 Bayern München, anschließend Borussia Mönchengladbach (bis 1979).

Helmut Schön profitierte in seiner Arbeit von den Diensten der Bundesligatrainer, diese wiederum zogen Nutzen aus den schönen Erfolgen ihres Kollegen an übergeordneter Stelle. Udo Lattek und Hennes Weisweiler waren die Trainer des Jahrzehnts. Wer weiß, ob Helmut Schön ohne deren kontinuierliche „Vorarbeit“ überhaupt seinen modernen Fußball hätte einüben können. Bayern München und Borussia Mönchengladbach – das waren zwei Welten. „Radikalität, Reform und Utopie“, so Gladbach-Schwärmer Helmut Böttiger, auf der einen

Seite, „Nüchternheit, Pragmatismus und Funktionalität“ auf der anderen. Helmut Schön hatte nichts weiter zu tun, als beide Welten zusammenzubringen.

Udo Lattek war in beiden Welten zu Hause. Kein anderer deutscher Trainer konnte sein Näschen so erfolgreich nach dem Wind drehen wie er. Er wurde mit Bayern München dreimal deutscher Meister, mit Borussia Mönchengladbach zweimal. Hennes Weisweiler führte seine „Fohlen“ dreimal auf die Siegerkoppel und 1978 wurde er mit den „Geißböcken“ aus Köln Deutscher Meister, die diesem Erfolg prompt eine steigende Anzahl von Nationalspielern verdankten. Harald Schumacher wurde Nachfolger von Sepp Maier und stand bis 1986 im Tor.

Eine Wechselwirkung zwischen Vereinsfußball und Nationalmannschaft wie in den siebziger Jahren hat es seither nicht mehr gegeben. Das ist nicht nur auf die Leistungen der Trainer und ihrer ausgesuchten Spieler zurückzuführen, sondern sehr wohl auch auf die Professionalisierung der Sportart und vor allem: die inzwischen längst etablierte Liga auf Bundesebene.

Die erste Nummer der Zeitschrift „Sport und Stars“ erschien am 7.2.1972.

In den siebziger Jahren spielten kaum Ausländer in der Bundesliga. Das vereinfachte die Arbeit der Trainer erheblich. Ein Helmut Schön war nicht zum Rosinenzählen unterwegs wie zu Beginn des 21. Jahrhunderts ein Rudi Völler, der vor lauter Brasilianern, Afrikanern und allen möglichen Europäern seine Augen weit öffnen muss, um ein deutsches Talent in einem deutschen Stadion für seine Nationalmannschaft zu finden. Noch ist es so: in der deutschen Nationalmannschaft agieren nur Spieler mit deutschem Pass. Wer weiß, ob im Zuge der Globalisierung eines Tages Spieler, ganz gleich wo sie geboren sind, für jenes Land zu spielen berechtigt sind, in dem sie gerade ihr Geld verdienen.

Außerdem spielten in den siebziger Jahren die besten deutschen Spieler noch im eigenen Lande. Das war gut für den Bundestrainer und schön für treue Fans. Sie hatten selten Anlass, „ihren“ abgewanderten, heute müsste man sagen: ins Ausland verkauften Lieblingsspielern nachzutrauern. Als Netzer 1973 nach dem atemberaubenden Pokalfinale gegen den 1. FC Köln für eine Ablösesumme von 1,3 Millionen Mark zu Real Madrid wechselte, war das eine Ausnahme.

Andererseits zeigten schon die Beispiele Schnellinger und Haller, dass deutsche Spieler in einer anderen europäischen Liga für die Nationalmannschaft nicht verloren gehen müssen. Im Gegenteil: deutsche Spieler können in der Fremde dazulernen oder verdanken ihrem Engagement bei einem italienischen Verein (Oliver Bierhoff) oder spanischen Klub (Bernd Schuster) einen Ruf, den sie in Deutschland vermutlich nicht erlangt hätten. Aber in den siebziger Jahren waren die deutschen Trainer so gut und die finanziellen Verlockungen im Ausland noch nicht so gigantisch, dass international durchaus bewunderte deutsche Spieler der Bundesliga in Scharen hätten Adé sagen wollen.

Im „Goldenen Jahrzehnt" wurde Bayern München drei Mal Europapokalsieger der Landesmeister. Ein Jahr nach dem anderen wurden geschlagen: Athletico Madrid, Leeds United, AS St-Etienne. Mönchengladbach kam einmal ins Finale und verlor gegen den FC Liverpool. Für schöne Stunden sorgte auch der 1. FC Köln. Er stand in den siebziger Jahren fünfmal im „Pokalfinale". Zwei wurden gewonnen, drei verloren. Der Niederlage gegen Borussia Mönchengladbach ging ein dramatisches, spielerisch erstklassiges Endspiel im Düsseldorfer Rheinstadion vor 70 000 Zuschauern voraus, wie es eines weder davor noch in den Jahren danach gegeben hat: vier Pfosten- und Lattentreffer, eine brenzlige Torszene nach der anderen, glanzvolle Torwartparaden, geniale Spielzüge und in der Verlängerung ein spektakuläres Siegtor von Günter Netzer.

Das sensationelle 7:1 der Gladbacher gegen Inter Mailand im Europapokal der Meister am 20.10.1971 wird annulliert: von einer Cola-Büchse am Kopf getroffen, lässt sich Boninsegna vom Platz tragen.

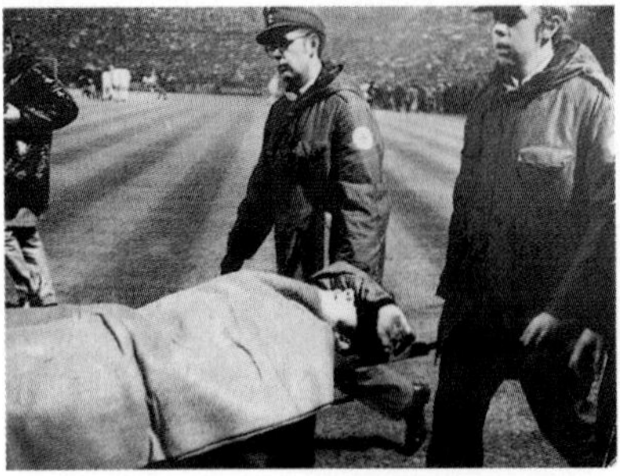

Netzer saß auf der Ersatzbank, wechselte sich in der 91. Minute zur allgemeinen Verunsicherung selbst ein, zog in der 94. Minute ab und verließ nach dem Spiel Mönchengladbach Richtung Real Madrid. Ein Mythos ist er am Bökelberg geblieben. Das sensationelle 7:1 gegen Inter Mailand 1971 im Europapokal gilt nach Augenzeugenberichten als Netzers bestes Spiel in seiner Karriere. Wegen einer Cola-Büchse wurde es von der UEFA, dem europäischen Fußballverband, nach Einspruch der mailändischen Vereinsführung nicht gewertet. Aus dem dichten Gedränge am Bökelberg hinunter gesegelt, traf diese Büchse den begnadeten Schau-Spieler Boninsegna am Kopf, der sich wie vom Blitz getroffen, mit schmerzverzogenem Gesicht, wild gestikulierend und zeternd seinen unendlichen Leiden hingab. Dieses 7:1 ist zugleich das unbekannteste bekannte Spiel in der deutschen Fußballgeschichte. Wegen einer Mehrwertsteuerforderung über rund 6 000 Mark lehnte das Fernsehen eine Übertragung ab. Die Neuauflage des Spiels verloren die Gladbacher.

Die Weltmeisterschaft 1974

Die erste Weltmeisterschaft in der Bundesrepublik Deutschland fand 1974 statt. Überall wurden neue Stadien gebaut: in München (1972 für die Olympiade), in Hamburg, Hannover, Stuttgart, Gelsenkirchen, Frankfurt, Düsseldorf. Abgesehen von Dortmund, wo man ein echtes Fußballstadion baute, machte man wieder die alten Fehler. Die Stadien glichen „Betonschüsseln“, zwischen Spielfeld und Rängen lagen immer noch gepflegte Grünflächen, Sandgruben, Wassergräben und rotbraune Laufbahnen. Man saß viel zu weit weg vom Geschehen. Man wollte weder einem Dosenwerfer noch einem „Boninsegna“, geschweige denn einem politisch motivierten Rabauken eine Chance

Die Eröffnungsfeier der WM 1974 im Frankfurter Waldstadion

geben. Das deutsche Sicherheitsbedürfnis. Als Gastgeber war Deutschland automatisch für die Endrunde qualifiziert. Das gab Sicherheit für die Vorbereitung.

Netzer wurde inzwischen wieder durch Overath ersetzt, der jedoch hatte keinen „Spielassistenten“. Er musste viel laufen, seine Kondition war nicht immer gut, er konnte hinten nicht aushelfen. Von einem „Fußball total“, wie es inzwischen von den Visionären unter den Fußballlehrern (dem Argentinier César Luis Menotti zum Beispiel) propagiert wurde, weit und breit keine Spur. Beim „Fußball total“ kann jeder Spieler eigentlich alles. Verteidiger rennen wie Außenstürmer über die Flügel (keiner beherrscht das so wie Roberto Carlos von Real Madrid), Spieler aus der zentralen Verteidigung kommen zumindest bei jeder Ecke nach vorn, die Stürmer sind sich nicht zu schade, das Spiel von hinten mit aufzubauen. „Fußball total“ heißt auch, dass ganze Mannschaftsteile gemeinsam nach vorne rücken (heute nennt man das „Pressing“) und sich gemeinsam wieder zurückziehen, wenn der Gegner in die Offensive geht. Finalgegner Holland war das erste Land in Europa, das „totaal voetball“ zumindest probierte.

WM 1974: Im Endspiel gegen Holland verwandelt Paul Breitner den Foulelfmeter zum 1:1.

Nur noch zwei Gladbacher waren im Finale dabei (Vogts und Bonhof), die Bayern stellten mit fünf Spielern fast die halbe Mannschaft. Schließlich fand das Finale ja auch im Olympiastadion in München statt. Angepfiffen wurde es am 7. Juli 1974 vor 80 000 Zuschauern und – wegen der Attentate während der Olympiade 1972 – vor einem großen Aufgebot an Sicherheitskräften. Sicherheitsfußball gab es entgegen unseren Erwartungen genug zu sehen. Beckenbauer spielte defensiver als 1972 in Wembley. In sieben Spielen markierte das DFB-Team nur elf Treffer. Wer hat den besten Libero? Das war die vorentscheidende Frage. Gut, dass wir Beckenbauer hatten, und seinen Spielassistenten „Katsche" Schwarzenbeck. Da blieb hinten wenigstens „alles rein". Wer hat den besseren Torwart? – das war unzweifelhaft Sepp Maier.

Helmut Schön und Jupp Derwall jubeln: Deutschland ist zum zweiten Mal Fußballweltmeister.

Ehe es zum Endspiel kam, gab es die bereits erwähnte Hamburger Niederlage – 0:1 durch Sparwasser – gegen die DDR-Auswahl (von nationaler Empörung in der BRD keine Spur), ein recht spannendes „Regenspiel" in Düsseldorf gegen Schweden (4:2), ein kurioserweise nicht abgeblasener Fußball-Slapstick auf rutschfreundlich vom Regen bewässertem Grün gegen Polen in Frankfurt (1:0). Viel mehr ist einem von dieser spielerisch wenig zukunftweisenden Weltmeisterschaft nicht in Erinnerung. Die Niederländer um ihren Weltklasse-Spieler Johan Cruyff als omnipräsenten Impressario hatten einen schlechten Tag erwischt. Wer hintereinander Argentinien, die DDR und Brasilien deutlich zu null schlägt, kann mehr. Deutschland wurde Weltmeister in einem Spiel, diesmal nicht der späten, sondern der frühen Tore: 0:1 Neeskens, 1. Minute; 1:1 Foulelfmeter Breitner, 26. Minute; 2:1 Müller, 43. Minute. Das war das letzte Tor in der ersten Halbzeit, das letzte Tor im Spiel, das letzte Tor, das Müller in seiner Karriere für die deutsche Nationalmannschaft schoss. Beim Festbankett nach dem Spiel hatte sich der DFB einmal mehr tüchtig blamiert. Er ließ die Frauen der Spieler nicht teilnehmen. So etwas hätten sich höchstens die ergebenen Mannen eines Sepp Herberger gefallen lassen. 1974 reichte es zum Eklat.

WM 1974: Gerd Müller und Paul Breitner beim Abschiedsbankett

1984 Franz Beckenbauer löst Jupp Derwall als Bundestrainer ab. Am Ende der Bundesliga-Saison 83/84 belegen drei Teams punktgleich die ersten drei Plätze. Meister wird wegen des besten Torverhältnisses der VfB Stuttgart.
1985 Vor dem Endspiel im Wettbewerb der Landesmeister zwischen Juventus Turin und dem FC Liverpool kommt es am 29. April zur Katastrophe im Brüsseler Heysel-Stadion, als fanatische Liverpool-Fans in einem Stehplatz-Block auf italienische Fans treffen. 39 Menschen erleiden tödliche Verletzungen.
1986 Argentinien wird mit Superstar Diego Maradona in Mexiko City durch ein 3:2 über Deutschland zum zweiten Mal Weltmeister; Deutschland verliert zum zweiten Mal hintereinander ein WM-Finale. Die eingleisige 2. Bundesliga wird beschlossen.
1987 Der FC Bayern München wird mit dem Gewinn der zehnten Deutschen Meisterschaft neuer Rekord-Titelträger.
1988 Bei der Europameisterschaft im eigenen Land scheidet die deutsche Nationalmannschaft gegen den späteren Europameister Holland mit 1:2 im Halbfinale aus. Die Vermarktungsagentur UFA erwirbt die Fernsehverwertungsrechte der Bundesliga für das „Free-TV".

„Hauptsache zu null"

Nach der gewonnenen Weltmeisterschaft 1974 ging es mit der Nationalmannschaft kontinuierlich bergab. Ein Nachfolger für Gerd Müller war trotz Dieter Müller (1. FC Köln) nicht in Sicht, Schön testete bis zur Europameisterschaft 1976 zehn Mittelstürmer, Netzer setzte in Madrid Speck an, spielte nicht mehr für Deutschland, ohne ihn war „Hacki" nur ein halber Wimmer, Breitner hatte vorerst keine Lust mehr, Beckenbauer hatte sich inzwischen als Libero ganz nach hinten orientiert, Uli Hoeneß' Ball flog beim entscheidenden Elfmeterschießen um die Europameisterschaft gegen die ČSSR am 20. Juni 1976 in den Belgrader Nachthimmel. Und mit ihm flogen die Illusionen davon.

Die Weltmeisterschaft 1978 im diktatorischen Argentinien stand unter keinem friedlichen Stern. Verletzungen der Menschenrechte standen auf der Tagesordnung, es gab Tausende von politischen Gefangenen, viele von ihnen wurden gefoltert und ermordet. Den DFB focht das nicht an. Er bezog sich auf seine politische Neutralität. Hauptsache es gibt alle vier Jahre eine Weltmeisterschaft. Sportlich geriet die WM zum Desaster. Die deutsche Mannschaft ohne den inzwischen zurückgetretenen Beckenbauer, jetzt mit dem „Bayern" Rummenigge, verabschiedete sich mit einem 2:3 gegen den Tabellenletzten Österreich vorzeitig aus dem Turnier.

Diese erste Niederlage gegen Österreich seit dem so genannten „Anschlussspiel" am 3. April 1938 machte als „Schmach von Cordoba" Schlagzeilen, in Österreich feierte man den zweifachen Torschützen Hans Krankl als Volkshelden. Der österreichische Fernsehreporter überschlug sich: „I werd' narrisch!" (Edi Finger). Sepp Maier hörte auf. Helmut Schön demissionierte, aber seine Bilanz konnte sich sehen lassen: einmal Weltmeister, Vizeweltmeister, WM-Dritter, einmal Europameister und Vizeeuropameister. In 139 Länderspielen gab es 87 Siege und 22 Niederlagen. An Titeln und Zahlen gemessen ist er der erfolgreichste Bundestrainer in der deutschen Fußballgeschichte.

Jupp Derwall kam. Seine „Schaukel" sollten Karl-Heinz Rummenigge und Bernd Schuster sein. Richtig hoch hinaus kamen sie in der Nationalelf nicht. Der neue Nationaltrainer fuhr mit seiner Auswahlmannschaft zur EM nach Italien. Die Zuschauer blieben fern; in den neuen Spielmodus (zwei Gruppen zu je vier Mannschaften, jeder gegen jeden, die beiden ersten kommen ins Endspiel) war eine Langeweile-Garantie eingebaut. Nach zwei glanzlosen Siegen gegen die ČSSR (14 000 Zuschauer) und Holland (24 000) war es ob des Punktestandes völlig egal, wie die deutsche Mannschaft gegen Griechenland abschloss. 13 000 einsame Seelen kamen nach Turin und sahen ein erbärmliches 0 : 0.

Der erfolgreichste Bundestrainer: Helmut Schön (1915–1996)

Deutschland war mit seinem Defensivspiel (ich sage nur: Hans-Peter Briegel) und wenig eleganten Stürmern (ich sage nur: Horst Hrubesch) wieder da angekommen, wo es seinem schlechten Ruf nach immer schon hin wollte: „Hauptsache zu null". Weil Deutschland das Endspiel gegen Belgien 2 : 0 gewonnen hatte (zugegeben: Hrubesch traf zweimal), durfte Derwall im Amt bleiben. Die Krise des deutschen Fußballs war so groß, dass die Verantwortlichen wie weiland Sepp Herberger, der Fritz Walter reaktivieren wollte, an einem Comeback von Franz Beckenbauer bastelten. Wer nach fünf Jahren tatsächlich in die Nationalelf zurückkam, war ein anderer: Paul Breitner.

Horst Hrubesch (* 1951) wurde mit dem Hamburger Sportverein dreimal Deutscher Meister (1979, 1981, 1982). 1983 holte er mit dem HSV den Europapokal der Meister.

Paul Breitner musste bei der Weltmeisterschaft 1982 in Spanien, der ersten mit 24 Mannschaften, wegen chronischen Mangels an kreativen Spielgestaltern, ins Mittelfeld vorrücken, Briegel war immer noch „die Walz von der Pfalz", Hrubesch versuchte vorne an Flanken zu kommen. Auch wenn Deutschland nach einem naturgemäß aufregenden Elfmeterschießen gegen Frankreich das Finale erreichte (ein hochverdientes 1 : 3 gegen Italien), war vielen Deutschen die Lust auf Weltmeisterschaften gründlich vergangen: Im letz-

1988 RTL zahlt für die Spielzeiten 1988/89 – 1991/92 190 Millionen Mark.
1989 Die Frauen-Nationalmannschaft gewinnt bei ihrer dritten Teilnahme zum ersten Mal die Europameisterschaft (das zweite Mal 1991, das dritte Mal 1995).
1990 Bei der WM in Italien wird die deutsche Nationalmannschaft mit Teamchef Franz Beckenbauer zum dritten Mal Weltmeister. Nach dem mit 1:0 gewonnenen Finale gegen Argentinien in Rom hört Beckenbauer als Trainer auf und wird durch Berti Vogts ersetzt.
1991 Als Folge der deutschen Wiedervereinigung werden zwei Klubs aus der ehemaligen DDR in die 1. Bundesliga übernommen, sechs weitere in die 2. Liga.

ten Gruppenspiel trafen Deutschland und Österreich aufeinander. Deutschland musste unbedingt gewinnen, um weiterzukommen; Österreich konnte sich eine knappe Niederlage leisten. In der 11. Spielminute schoss Hrubesch das 1 : 0. Bei diesem Spielstand würden beide Mannschaften in die nächste Runde gelangen. Das wussten die Spieler, man kickte lange 79 Minuten ein bisschen herum, ja keine torgefährlichen Situationen heraufbeschwören, ein abgekartetes Spiel, die reine Schiebung. So wurde verhindert, dass die Algerier in die nächste Runde kamen.

Das Bild vom „hässlichen Deutschen“ nahm Konturen an. „Elfmeterkiller“ Toni Schumacher „knockte“ in jenem Spiel gegen Frankreich den Spieler Patrick Battiston beim Herausstürmen aus dem Tor aus. Der Franzose erlitt eine Gehirnerschütterung, verlor einige Zähne und musste aus dem Spiel genommen werden. Es gab weder eine gelbe noch eine rote Karte. Keine Entschuldigung auf dem Platz. Die kam erst später. Jupp Derwall, der ideenloseste und führungsschwächste Trainer in der Geschichte deutscher Nationalmannschaften, blieb im Amt. Erst nach der fußballerischen Magerkost bei der EM 1984 in Frankreich, wo sich zur Schadenfreude der einheimischen Zuschauer die Deutschen nach zwei mickrigen Törchen in drei Spielen frühzeitig aus dem Turnier verabschieden durften, trat er zur Erleichterung vieler deutscher Fußballfans zurück.

Das 3:2 durch Burruchaga im WM-Finale Argentinien – Deutschland 1986: Argentinien holt nach 1978 zum zweiten Mal den Titel.

Der Teamchef

Beckenbauer kam, als Trainer. Er nannte sich Teamchef. Er hatte als Trainer weder eine Lizenz noch Erfahrung. Mit ihm rückten Spieler wie Lothar Matthäus, Andreas Brehme und Rudi Völler in den Vordergrund. In der Qualifikation hatte sich der „Kaiser“ noch nicht mit Ruhm bekleckert. Es gab ein peinliches 3:2 gegen Malta. Das 0:1 gegen

Franz Beckenbauer (*1945) war von 1984 bis 1990 „Teamchef" der deutschen Nationalmannschaft.

Der Pay-TV-Sender Premiere überträgt sein erstes Bundesligaspiel (Eintracht Frankfurt gegen 1. FC Kaiserslautern). In China findet die erste Frauen-WM statt; Weltmeisterinnen werden die Spielerinnen aus den USA.

1992 Mit Beginn der Saison 92/93 dürfen sich in einer Mannschaft drei ausländische Akteure im Spiel befinden. Die Agentur ISPR zahlt für die Übertragungsrechte der Bundesliga-Spiele 92/93 bis 96/97 einen Betrag von mehreren hundert Millionen Mark; Sat 1 darf übertragen.

Portugal am 16. Oktober 1985 in Stuttgart war das erste verlorene WM-Qualifikationsspiel seit 1934. Dennoch: mit ihm fuhr man einigermaßen gefestigt zur Endrunde 1986 nach Mexiko. Im ersten Spiel erzielte Klaus Allofs gegen Uruguay kurz vor Schluss wenigstens ein 1:1, man schlug Schottland knapp und musste im dritten Spiel erkennen, dass in Dänemark ein weitaus modernerer, angriffsfreudigerer Fußball gespielt wurde als zu Hause: 0:2.

Nach langen Jahren internationaler Durchschnittlichkeit entwickelte die deutsche Mannschaft im Verlauf der WM eine Tugend, die sie bis dato vor Blamagen rettete und nun wieder spielentscheidend ins Gewicht fiel: die Steigerung der Spielstärke im Verlauf des Turniers. Im Achtelfinale wurde eine der immer stärker werdenden afrikanischen Mannschaften mit einem typischen Matthäus-Tor ausgeschaltet. Aus dreißig Metern traf er in der 88. Minute gegen Marokko. Das 2:0 von Rudi Völler in der 90. Minute im Halbfinale gegen Frankreich war nicht nur eine Erlösung, sondern auch eine große Überraschung. Denn die Franzosen mit den vortrefflichen Jean-Amadou Tigana und Michel Platini hatten zuvor die Mitfavoriten Italien und Brasilien bezwungen.

Am 29. Juni 1986 stand eine deutsche Nationalmannschaft zum fünften Mal in einem WM-Finale.

Der Argentinier Diego Maradona (*1960): den Weg zum Titelgewinn ebnete die „Hand Gottes" im Viertelfinale gegen England.

115000 kamen in dasselbe Stadion, wo 16 Jahre zuvor das „Jahrhundertspiel" gegen Italien (3:4 n.V.) stattgefunden hatte. Dieses Mal hieß der Gegner Argentinien oder sagen wir ruhig: Maradona. Die 2:3-Niederlage hatte eine tragische Note. Man kassierte den dritten Gegentreffer beim Stand von 2 : 2 just in einer Phase, als sich die Deutschen endlich zu einem mutigen Offensivspiel durchrangen. Burruchaga bekommt den Ball im Mittelfeld und vollendet den Konter in der 85. Minute zum Siegtor für die Südamerikaner.

Zum Trost fand die kommende EM 1988 in Deutschland statt. Sie bedeutete den Durchbruch der Spieler Jürgen Kohler und Jürgen Klinsmann. Im Halbfinale ging es in Hamburg gegen die Niederlande. Hier spielten Marco van Basten und Ruud Gullit. Die Revanche für die WM-Niederlage 1974 in München gelang den Holländern durch van Bastens Siegtreffer zum 2:1 nach Unaufmerksamkeit von Kohler in der 89. Minute. Entscheidender für die Zukunft der Deutschen Mannschaft als eine ärgerliche 89. Minute war indes die nüchterne Erkenntnis, dass es mit dem Spielsystem der Holländer sowie dem individuellen Entfaltungspotential einzelner Spieler in diesem Team besser bestellt war als beim deutschen. Die holländischen Verteidiger Ronald Koemann und Frank Rijkaard waren lauffreudig und ballsicher. Sie konnten ohne schlechtes Gewissen immer wieder mit nach vorne gehen. Wenn dies die deutschen Verteidiger, Manndecker allemal, versuchten, musste einem Angst und Bange werden. Es bestand keine Bindung zwischen „vorne" und „hinten".

WM 1990, Achtelfinale: Frank Rijkaard bespuckt Rudi Völler.

Alles sah bei den Deutschen nach Mannschaftsteilen aus, nicht wie aus einem Guss. Wollte man gegen die Holländer mit Gullit im zentralen Mittelfeld bestehen, musste ein anderer Spieler her als ein zwar zäher, im Umgang mit dem Ball seinem unmittelbaren Gegenspieler indes hoffnungslos unterlegener Spielertyp wie Ulrich

Borowka von Werder Bremen. César Luis Menotti analysierte im „Spiegel“: „Die deutsche Mannschaft denkt nicht, hat keine Vorstellungskraft, keine Phantasie, keine Imagination.“

César Luis Menotti (* 1938), Trainer der argentinischen Nationalmannschaft (1974–82) und vehementer Kritiker des deutschen Fußballspiels

Als stünde den kommenden deutschen Nationalmannschaften dieses gestrenge Wort von einem Trainer aus einer anderen Welt permanent vor Augen, bemühen sie sich bei den kommenden Europa- und Weltmeisterschaften nach Kräften um Kurskorrektur. Immer dann, wenn keiner damit rechnet, feiern sie Wiederauferstehung. 1990 gewinnen Beckenbauer und seine Spieler in Rom nach denkbar knappen Siegen über Holland im Achtelfinale, die ČSFR im Viertelfinale und England im Halbfinale (nach Elfmeterschießen) im Endspiel ausgerechnet gegen sportliche Vertreter jenes Landes, dessen Trainer Menotti lange Zeit war: Argentinien – wenn auch nur durch einen Elfer von Brehme in der 85. Minute. Ein Schlussbild, das mit der Zeit verblasst, verglichen mit dem versonnenen Schreiten des stolzen Trainers über das weite Feld nach dem Schlusspfiff, während sich junge Sieger auf dem Rasen balgen und in die Kameras strahlen. Ein großes Jahr für Deutschland: erst die Weltmeisterschaft, dann die „Deutsche Einheit“. Beckenbauer träumt von ewiger Unschlagbarkeit und tönt im Interview: „Es tut mir leid für den Rest der Welt, aber so ist es.“ So ist es eben nicht. Die deutsche Fußballgeschichte folgt einer eisernen Gesetzmäßigkeit: nach fetten folgen die mageren Jahre, nach einem glücklich agierenden Trainer kommt ein eher unglücklich leitender Angestellter des DFB. Nach Helmut Schön kam Jupp Derwall, nach Franz Beckenbauer kommt Berti Vogts, nach Größe kommt Bescheidenheit.

1990 wird Deutschland zum dritten Mal Weltmeister.

1993 Bayern München bleibt 32 Spieltage lang Tabellenerster. Meister wird indes Werder Bremen. Erstmals erreicht mit der zweiten Mannschaft von Hertha BSC Berlin ein Amateur-Team das Finale um den DFB-Pokal; Bay. Leverkusen siegt 1:0. Die „Champions League" ersetzt den Europapokal der Landesmeister.
1994 Die deutsche Nationalmannschaft blamiert sich bei der WM in den USA. Im Viertelfinale scheidet sie nach einem 1:2 gegen Bulgarien aus. Das Auswechselkontingent pro Spiel steigt auf drei Spieler.
1996 Als Folge des „Bosman-Urteils" dürfen beliebig viele europäische Akteure in einem Spiel eingesetzt werden, während aus nicht-europäischen Ländern weiterhin drei Spieler pro Mannschaft erlaubt sind. Die deutsche Nationalmannschaft wird zum dritten Mal Europameister.

WM 1998: Berti Vogts am Wendepunkt seiner Trainerkarriere

Die Nationalmannschaft verliert an Bedeutung

Berti Vogts hatte es in seiner Amtszeit (1990–1999) schwerer als z. B. sein früherer Trainer Helmut Schön. Vogts konnte nicht wie „der Lange" auf Blöcke zweier herausragender Bundesligamannschaften aufbauen. In „Bertis" Zeit gab es nur Serienmeister Bayern München und gelegentlich zur Spitze kess vorstoßende Konkurrenten aus Stuttgart, Dormund, Kaiserslautern und Leverkusen. Der Rest ist Klassenkampf. Es gibt in der Bundesliga reiche und weniger reiche Vereine. Die reichen spielen um die Teilnahme an der Champions League, die anderen gegen den Abstieg. Zu den weniger Reichen gehörten in den neunziger Jahren auch die Mannschaften aus den neuen Bundesländern: Dynamo Dresden, VfB Leipzig, Hansa Rostock und Energie Cottbus. Vom Klassenkampf singen kann auch Bertis frühere Mannschaft: Borussia Mönchengladbach.

Nur Münchner Spieler in der Nationalmannschaft aufzustellen, vielleicht zwei aus Leverkusen, einen aus Dortmund, verstößt gegen den guten Ton. Aber Münchner sind in der Bundesliga nur Wahl-Münchner, so wie ein Dortmunder nur ein Dortmunder auf Zeit ist. Das internationale Fußballbusiness beschert jedem Spitzenmanager eines Spitzenvereins immer bessere, immer teurere Spieler aus fernen Winkeln der Welt, bis am Ende keine deutschen Spieler mehr in einer deutschen Mannschaft stehen.

Die Nationalmannschaft hat im Zeitalter von Bundesliga und Champions League nicht mehr den Stellenwert, den sie früher hatte. Weltmeisterschaft ist alle vier Jahre, Bundesliga immer. Würden sich die TV-Sender nicht alle vier Jahre um die Senderechte reißen und die WM zum Medienspektakel hochtreiben – wer weiß, ob man über die Nationalmannschaft in dem Maße sprechen würde, wie man es der Einschaltquote zuliebe tut. Früher war eine Nationalmannschaft Ausdruck des fußballerischen Niveaus in einem

Land. In Zeiten einer immer schneller werdenden Fluktuation unter Bundesligaspielern und Trainern wird die kontinuierliche Beobachtung zusehends schwerer. Berti Vogts Leiden an dieser Entwicklung waren nicht unbegründet.

Auch Jürgen Klinsmann und Oliver Bierhoff konnten das Debakel nicht verhindern: Deutschland verliert im WM-Viertelfinale gegen Kroatien mit 3:0.

Viele torgefährliche Stürmer sind nach Helmut Rahn, Uwe Seeler und Gerd Müller gekommen, sie folgten einander in immer kürzer werdenden Abständen, ihre Schüsse wurden immer härter – aber wer geht in die Annalen ein? Viele kreative „Regisseure" haben nach Fritz Walter, Netzer und Matthäus weite Flanken geschlagen und präzise Pässe gespielt, die Pässe werden immer kürzer, die Flanken immer weiter – aber wer hat entscheidende Impulse für die ästhetische Weiterentwicklung der Fußballkunst gegeben? Viele Defensivkräfte haben hinten „nichts anbrennen" lassen, sie gingen zur Sache, einer furchtloser als der andere – aber wer hatte nach Schnellinger, Breitner und Beckenbauer das Talent, nach vorne zu gehen und dort mitzuwirbeln? Wo sind sie, die Akteure, die in jede Rolle auf dem Platz schlüpfen können? Wann ist er da, der „totale Fußballer", der Alleskönner?

Der Fußball ist mit den Jahren dank seiner permanenten Professionalisierung härter, raffinierter, technisch ausgefeilter, taktisch variantenreicher geworden. Wissenschaftlich geprüfte Trainingsmethoden sollen jeden Zufall ausschließen. Der Torwart hat seinen eigenen Trainer. Die Datenbank ersetzt den „Spion". Keiner muss sich mehr, wie früher, mit hochgestelltem Mantelkragen im Stadion eines anderen Vereins verstecken, um das Spielsystem des kommenden Gegners auszukundschaften. Einen Block zum Notieren nutzen heute nur noch romantisch veranlagte Trainer, die Videoanalyse ist genauer.

Blick ins Dortmunder Westfalenstadion, eine der Spielstätten für die WM in Deutschland 2006

Vor allem ist der Fußball schneller geworden, doppelt so schnell wie in den siebziger Jahren. Über das Seitenaus geflogene Bälle werden von den Balljungen schon

Europapokal der Landesmeister

1956	Real Madrid
1957	Real Madrid
1958	Real Madrid
1959	Real Madrid
1960	Real Madrid
1961	Benfica Lissabon
1962	Benfica Lissabon
1963	AC Mailand
1964	Inter Mailand
1965	Inter Mailand
1966	Real Madrid
1967	Celtic Glasgow
1968	Manch. United
1969	AC Mailand
1970	Fey. Rotterdam
1971	Ajax Amsterdam
1972	Ajax Amsterdam
1973	Ajax Amsterdam
1974	Bayern München
1975	Bayern München
1976	Bayern München
1977	FC Liverpool
1978	FC Liverpool
1979	Nottingham For.
1980	Nottingham For.
1981	FC Liverpool
1982	Aston Villa
1983	Hamburger SV
1984	FC Liverpool
1985	Juventus Turin
1986	Steaua Bukarest
1987	FC Porto
1988	PSV Eindhoven
1989	AC Mailand

Champions-League-Sieger

1990	AC Mailand
1991	Roter Stern Belgrad
1992	FC Barcelona
1993	Olymp. Marseille
1994	AC Mailand
1995	Ajax Amsterdam
1996	Juventus Turin
1997	Bor. Dortmund
1998	Real Madrid
1999	Manch. United
2000	Real Madrid
2001	Bayern München

lange nicht mehr zurück erwartet, der Ersatzball wird von ihnen am besten schon im Moment des „Ausgehens“ dem bereitstehenden Spieler serviert. Spieler dürfen den Ball nicht mehr zum Torhüter zurückgeben (außer mit dem Kopf), früher eine beliebte Methode zum Zeitschinden und Ausschnaufen – heute ein Freistoß für den Gegner. (Auf diese Weise wurde Bayern München in letzter Sekunde Deutscher Meister in der Saison 2000/2001.) Der Torhüter muss den Ball innerhalb von sechs Sekunden wieder abschlagen. Verletzte Spieler dürfen nicht mehr auf dem Feld behandelt werden, sie müssen vom Platz und dürfen erst wieder mit Erlaubnis des Schiedsrichters zurück ins Spiel. Das auf drei Feldspieler angewachsene Auswechselungskontingent einer Mannschaft macht die letzten Minuten eines Spiels nicht mehr zur reinen Konditionsfrage.

Die überarbeitete Abseitsregel (gleiche Höhe ist nicht mehr Abseits) sorgt für eine Beschleunigung des Spiels und führt bei allen Beteiligten gelegentlich zur Verzweiflung. Kaum ein Schiedsrichter kommt noch mit, die Linienrichter sind überfordert. Wenn es um Abseits geht, werden die „Unparteiischen“ zu unfreiwilligen zwölften Männern dieser oder jener Mannschaft. Die Verhinderung der Instanz eines „Oberschiedsrichters“ mit der Möglichkeit einer Videoanalyse unmittelbar nach einer strittigen Szene ist eine der letzten Trotzreaktionen des DFB gegenüber den elektronischen Medien. Immer mehr Spiele werden durch Fehlurteile der Schiedsrichter entschieden. Ihr Pech ist es, dass man ihnen heute dank Zeitlupe und gestochen scharfen Großaufnahmen in jedem Wohnzimmer zusehen kann.

Jeder Spieltag in der Bundesliga beweist: die Zeiten eines Kampfs der Systeme sind längst vorbei. Ein Hinten-Mitte-Vorne ist ersetzt durch ein Jeder-Überall. Statt Dreier- oder Viererkette gibt es das so genannte Pressing. Gepresst wird von hinten, in der Mitte und vorne. Pressing vorne nennt man Vorchecking. Pressing versetzt nicht einzelne Mannschaftsteile nach vorne oder hinten, es umfasst das gesamte Mannschaftsgefüge. Das Spiel wird zu einer Art Verschiebebahnhof.

Abschied von alten Idealen

Die Aufteilung in Mannschaftsteile ist längst passé, es zählt heute im Fußball mehr denn je ein urkommunistisches Ideal: Einer für alle, alle für einen, und das überall auf dem Feld. Die Frage „Mann- oder Raumdeckung" stellt sich gar nicht mehr, die „ballorientierte Gegnerdeckung" ist das Rezept. Wenn man sich einen Platz ganz oben im Stadion sichert, kann man schön sehen, wie heute gespielt wird. Das Ideal früherer Tage, das Ausnutzen der „Tiefe des Raums", das Besetzen des weiten Felds mit möglichst über den ganzen Platz verstreuten Spielern, der Spielregisseur mit seinen gebieterischen Gesten und Ruhepausen, wenn der Ball weit weg ist – man sucht es vergeblich.

Der Stadionzuschauer staunt vielmehr, wie geschickt sich quirlige Spieler auf engem Raum den Ball in kurzen Pässen flach zuspielen, ganz gleich ob in der eigenen oder in der gegnerischen Hälfte – die Unterscheidung ist nicht mehr so wichtig. Die Spieler sind immer bestrebt, eine Überzahlsituation zu schaffen, Hauptsache der Ball bleibt in den eigenen Reihen. Vielleicht ergibt sich durch einen Fehler des Gegners die Möglichkeit eines Konters, einer überraschenden Finte. Nach vorne muss es gehen, möglichst in den gegnerischen Strafraum hinein, dann endlich aufs Tor geschossen, oder wenigstens einen Elfer provozieren, sei es dank spielerischer Raffinesse oder durch eine „Schwalbe".

Das Spielsystem Fußball erkennt man in seiner ganzen Vielfalt nur im Stadion, nicht im Fernsehen. Der Bildschirm macht die Enge des Raums noch enger. Man sieht immer nur den Bereich, wo gerade der Ball ist. Was darüber hinaus auf dem Spielfeld passiert, sieht man im Wohnzimmer nicht. Beim Fernsehen versteht man die Ästhetik des Fußballspiel nur zur Hälfte. Das Auflösen des Spiels in Großaufnahmen von Zweikämpfen vermittelt den Eindruck des Spiels Mann gegen Mann. Das Fernsehen hilft zwar bei der Interpretation von Foul und Abseits, es ist aber nicht auf der Höhe des Fußballspiels. Durch Großaufnahmen und dauernde Wiederholungen in Zeitlupe wird suggeriert,

Das Londoner EM-Finale am 30. 6. gegen Tschechien endet 2:1 nach einem Golden Goal durch Bierhoff. 32 Millionen sehen in Deutschland das Spiel: Rekord in der dt. Fernsehgeschichte.

1997 Bor. Dortmund siegt im Champions-League-Finale gegen Juventus Turin mit 3:1. Das Spiel wird in 121 Länder live, in weitere 81 zeitversetzt übertragen (insgesamt über 500 Millionen Fernsehzuschauer).

1998 Novum in der Bundesliga: Der Aufsteiger 1. FC Kaiserslautern wird auf Anhieb Deutscher Meister. 9520385 Zuschauer in der Saison 97/98 bedeuten Bundesliga-Rekord. Der Bundestag des DFB eröffnet Vereinen die Möglichkeit, sich in Kapitalgesellschaften umzuwandeln. Deutsche Hooligans prügeln in Lens bei der WM einen französischen Polizisten fast zu Tode.

1999 Bayern München sichert sich den 15. Meistertitel. Beim Champions-League-Finale am 27. 5. verlieren die „Bayern" durch zwei Gegentore in der 90. Minute gegen Manchester United.

2000 Deutschland erhält den Zuschlag für die Ausrichtung der WM 2006. Der Spielmodus der Bundesliga richtet sich nach den Bedürfnissen des Fernsehens: ein Spiel am Freitag, sechs am Samstag, zwei am Sonntag. Bor. Dortmund wird eine AG und geht als erster deutscher Fußballverein an die Börse.

Die Endspiele der Weltmeisterschaften

1930 Montevideo: Uruguay – Argentinien 4:2
1934 Rom: Italien – Tschechoslowakei 2:1 n.V.
1938 Paris: Italien – Ungarn 4:2
1950 Rio de Janeiro* Uruguay – Brasilien 2:1
1954 Bern: BRD – Ungarn 3:2
1958 Stockholm: Brasilien – Schweden 5:2
1962 Santiago de Chile: Brasilien – ČSSR 3:1
1966 London: England – BRD 4:2 n.V.
1970 Mexiko-City: Brasilien – Italien 4:1
1974 München: BRD – Niederlande 2:1
1978 Buenos Aires: Argentinien – Niederlande 3:1 n.V.
1982 Madrid: Italien – BRD 3:1
1986 Mexiko-City: Argentinien – BRD 3:2
1990 Rom: BRD – Argentinien 1:0
1994 Los Angeles: Brasilien – Italien 0:0 n.V. 3:2 i.E.
1998 Paris: Frankreich – Brasilien 3:0

*1950 wurde eine Vierer-Punkterunde ausgetragen; trotzdem kam es im letzten Gruppenspiel zu einem „Finale", bei dem Brasilien schon ein Unentschieden zum Titel genügt hätte.

es gäbe noch einen ausgeprägten Individualismus im Spiel. Der allerdings ist nach den neuesten fußballtheoretischen Erkenntnissen ziemlich „out".

So wie heute gespielt wird, braucht man eigentlich keine „Regisseure" vom Schlage eines Netzers oder Overaths mehr, im Gegenteil: sie wären sogar kontraproduktiv. Der Star ist heute immer die Mannschaft. Was früher eine eher romantische Beschwörungsformal war („Elf Freunde müßt ihr sein", hieß Sammy Drechsels „Fußballroman für die Jugend"), ist heute eine Erfolg versprechende Berufsauffassung. Heute sticht ein Fußballspieler weniger im Spiel als nach dem Spiel heraus. Ob ein Nationalspieler wie Michael Ballack jemals in die Galerie großer Spielerpersönlichkeiten aufgenommen wird, steht in Frage. In die „Weltliga der Werbestars" ist er schon aufgenommen. Für „Pepsi" darf er im Rahmen der WM 2002 für ein paar Sekunden und viele Euro an der Seite David Beckhams kicken. Das Herausragen des Einzelnen aus einer Fußballmannschaft ist heute weniger ein Resultat des Spiels an sich als eine Folge des Massenmediums Fernsehen, das ohne Stars nicht auskommt, des Wirtschaftszweigs Fußball, der Spitzenverdiener braucht.

Mit der rasanten Entwicklung des Fußballspiels auf der einen Seite und seiner kommerziellen Ausbeutung auf der anderen ist die Frage der Originalität noch längst nicht entschieden. Man kann die rein fußballerische Entwicklung nur im Kontext ihrer jeweiligen Epoche analysieren, an ihrem eigenen zeitgebundenen Anspruch messen. Man kann nicht über das spielerische Niveau richten, ohne die sich von Jahr zu Jahr ändernden äußeren Bedingungen mit zu bedenken.

Mit einem FIFA-Ball des Jahres 2002 lässt sich besser dribbeln als mit einer Pille aus den fünfziger Jahren. Auf einem millimeterkurz geschnittenen Rasen im Stadion lässt sich genauer passen als auf einem holprigen Ascheplatz nach dem Krieg. In der „Arena auf Schalke" wird eine Mannschaft ganz anders motiviert als in einer Betonschüssel der siebziger Jahre. Mit einem wissenschaftlich und sportpädagogisch ausgebildeten Trainerstab und einer medizinischen Abteilung am Spielfeldrand lässt sich mehr bewirken als in jenen Jahren, als man im deutschen Fußball das Wort „Trainer“ noch gar nicht kannte oder bei Verletzungen allein auf Masseur Erich Deuser (von 1951 bis 1982 bei 303 Länderspielen dabei!) angewiesen war.

So weit hergeholt der Vergleich eines Udo Jürgens mit einem Sammy de Luxe, so aussichtslos die Vorstellung, einen Heinz Rühmann und einen Harald Schmidt gemeinsam vor die Kamera zu bekommen, so krumm die Verbindungslinie zwischen einem Klassiker wie Bert Brecht und einem Jungdichter wie Benjamin von Stuckrad-Barre – so unmöglich ist auch der Vergleich eines Walther Bensemann mit einem Uli Hoeneß, eines Otto Nerz mit einem Rudi Völler, eines Helmut Rahn mit einem Michael Ballack.

Wir nähern uns der Gegenwart, wir können es kurz machen, jeder hat seine eigene Erinnerung, jeder kennt das Ergebnis. Jeder Fußballfan ist ein Experte. Er weiß immer alles besser. Eine Europameisterschaft hat „Berti“ immerhin geholt. Aber die Resultate bei der Weltmeisterschaft 1994 in den USA und 1998 in Frankreich stehen weder auf einem schwarzrotgoldenen Ruhmesblatt noch in einer Anthologie mit den schönsten Spielen. Nach Berti Vogts kam Erich Ribbeck, dann Rudi Völler. Der hat mit Ach und Krach die Qualifikation für die WM in Japan und Südkorea geschafft. Das entscheidende 4:1 gegen Weißrussland in Dortmund am 14. November 2001 war ein Versprechen. Es geht wieder aufwärts. Aber im Fußball ist es wie im Leben: Am Ende steht immer die Niederlage.

2001 Bayern München schießt in Hamburg im letzten Spiel der Saison ein Tor in der Nachspielzeit und entreißt damit den schon feiernden Spielern und Fans in Schalke den sicher geglaubten Gewinn der Meisterschaft. Nach Fan-Protesten und neuen Fernseh-Konzepten wird das Freitagsspiel wieder abgeschafft. Deutschland verliert im Qualifikationsspiel zur WM 2002 in Südkorea und Japan gegen England am 1. 9. mit 1 : 5 – die erste Niederlage gegen England auf heimischen Boden seit 36 Jahren. Erst das letzte Spiel in der Qualifikationsrunde gegen Weißrussland (4 : 1) am 14. 11. bedeutet die „Fahrkarte“ zur WM in Südkorea und Japan (31. 5. bis 30. 6.).

2002 Rekordpreis: Das Trikot, das der Brasilianer Pelé im WM-Finale gegen Italien 1970 trug (4 : 1), wird am 27. 3. für 260 000 Euro versteigert.

Bibliografie

Ivor Baddiel: Das Fußballbuch. Aus dem Englischen übersetzt von Anne Emmert. Bindlach 1998

Andreas Baingo, Michael Hohlfeld, Harry Radunz (Redaktion): Zauberwelt Fußball. Stars, Rekorde, Sensationen. Berlin 1999

Andreas Baingo: 100 Highlights Fußball. Momentaufnahmen, Weltmeisterschaften 1930–1998. Berlin 1998

Hans Dieter Baroth: Als der Fußball laufen lernte. Tore, Triumphe, Tollheiten. Essen 1992

Ders.: Des Deutschen Fußballs wilde Jahre. Essen 1991

Tom Bender, Ulrich Kühne-Hellmessen: Verrückte Nationalelf. Mit kompletter Chronik und Super-Statistik. Berlin 2000

Dies.: Verrückte Bundesliga. Mit kompletter Chronik und Super-Statistik. Berlin 1998

Christoph Biermann, Ulrich Fuchs: Der Ball ist rund, damit das Spiel die Richtung ändern kann. Wie moderner Fußball funktioniert. Köln 1999

Christoph Biermann: Wenn du am Spieltag beerdigt wirst, kann ich leider nicht kommen. Die Welt der Fußballfans. Köln 1995

Jürgen Bitter: Deutschlands Fußball. Das Lexikon. Berlin 2000

Ders.: Deutschlands Fußball-Nationalspieler. Das Lexikon. Berlin 1997

Hans Blickensdörfer: Ein Ball fliegt um die Welt. Vom Zauber des Fußballs. Stuttgart 1994

Helmut Böttiger: Kein Mann, kein Schuß, kein Tor. Das Drama des deutschen Fußballs. Zweite erweiterte und aktualisierte Ausgabe. München 1997

Horst Bredekamp: Florentiner Fussball: Die Renaissance der Spiele. Frankfurt, New York 1993

Paul Breitner, Bernd Schroeder (Hrsg.): KopfBall. Mit Beiträgen von Arnfried Astel, Franz Beckenbauer, Max von der Grün u. a. Frankfurt, Berlin, Wien 1984

Franz-Josef Brüggemeiner, Ulrich Borsdorf und Jürg Steiner (Hrsg.): Der Ball ist rund. Katalog zur Fußballausstellung im Gasometer Oberhausen Centr*O* anlässlich des 100-jährigen Bestehens des Deutschen Fußball-Bundes, 12. Mai bis 15. Oktober 2000. Essen 2000

Deutscher Fußball-Bund (Hrsg.): 100 Jahre DFB. Die Geschichte des Deutschen Fußball-Bundes. Berlin 1999

Deutscher Fußball-Bund (Hrsg.): Fußball Regeln. Ausgabe 2001/2002. DFB, Otto-Fleck-Schneise 6, 60528 Frankfurt/M.

Gerald Drews: Titel, Tore und Triumphe. 100 Jahre Fußball. Würzburg 2000

Christian Eichler: Lexikon der Fußballmythen. Frankfurt/M. 2000

Christiane Eisenberg (Hrsg.): Fußball, soccer, calcio. Ein englischer Sport auf seinem Weg um die Welt. München 1997

FIFA Museum Collection. 1000 years of Football. Berlin, Chicago, Tokio 2000

Fußball in der Kunst. Katalog anlässlich der Ausstellung in der Pfalzgalerie Kaiserslautern, 15. Oktober bis 26. November 1989 und Leopold-Hoesch-Museum Düren, 10. Dezember 1989 bis 21. Januar 1990

Hardy Grüne: Vom Kronprinzen bis zur Bundesliga. 1890 bis 1963. Enzyklopädie des deutschen Ligafußballs, Band 1. Kassel 1996

Ders.: Bundesliga & Co. 1963 bis 2000. Enzyklopädie des deutschen Ligafußballs, Band 2. Kassel 2000

Eduard Hoffmann, Jürgen Nendza: Vom Spielkaiser zu Bertis Buben. Zur Geschichte des Fußballspiels in Deutschland. Weilerswist 1999

Karl-Heinz Huba (Hrsg.): Fußball-Weltgeschichte. 1846 bis heute. Bilder. Daten. Fakten. München 2000

Rainer Moritz: Doppelpass und Abseitsfalle. Ein Fußball-Lesebuch. Stuttgart 1995

Dieter Reiber (Hrsg.): Jahrhundert-Fussball im Fussball-Jahrhundert, Schwaig (b. Nürnberg) 1989

Marcel Reif (Hrsg.): Die Bundesliga. Das Fußball-Jahrbuch 2001. Berlin 2001

Dietrich Schulze-Marmeling, Hubert Dahlkamp: Die Geschichte der Fußball-Weltmeisterschaften. Göttingen 2001

Dietrich Schulze-Marmeling, Hardy Grüne, Werner Skrentny und Hubert Dahlkamp: Fußball für Millionen. Die Geschichte der deutschen Nationalmannschaft. Göttingen 1999

Dirk Schümer: Gott ist rund. Die Kultur des Fußballs. Berlin 1996

Werner Skrentny (Hrsg.): Das große Buch der deutschen Fußball-Stadien. Göttingen 2001

Theo Stemmler: Kleine Geschichte des Fußballspiels. Frankfurt/M., Leipzig 1998

Namenregister

Bildnachweis

© 1996 by FIFA Museum Collection™ 8–11, 20–23, 34, 44, 46, 49, 53–59, 80, 96, 166
Agon Sportverlag, Kassel 107, 130
Bildzeitung, Hamburg 113
Bongarts Sportfotografie, Hamburg 180
Deutscher Fußball-Bund, Frankfurt/M. 67
Deutsches Historisches Museum, Berlin 167
Deutsches Sportmuseum, Köln 97
dpa, Hamburg Umschlagvorderseite lu und ru, 159
dpa-Sportreport, Berlin Umschlagrückseite ol, 2, 32, 127 u, 183 u
The Football Museum, Preston 85, 86
Neville Gabie, The Hales Gallery, London 36, 37 o, 37 u
Galleria Querini Stampalia, Venedig 50
GES-Sportfoto, Dettenheim 119 u
© Nachlass Karl Heidelbach, Köln 43 u
© Nikolaus Heidelbach, Köln 40
Dr. Othmar Hermann, Frankfurt/M. 119 o
Andreas Hirsch, Karlsruhe 115 u
Historisches Museum der Stadt Wien 103
Imago Sportfotodienst Berlin 14
Kunsthalle Bremen 90
Horst Müller Pressebilderdienst, Düsseldorf 33, 145, 169
Musées royaux d'Art et d'Histoire, Brüssel 45
Nationalgalerie Berlin, SMPK 91
Max Ostrop, Deutschlands Kampfbahnen, Berlin 1928 99
Popperfoto, Northampton Umschlagrückseite u, 178
Schalker Fan-Initiative, Gelsenkirchen 26
Franz Peter Seiwert, Oberhausen 171
Sepp-Herberger-Stiftung, Frankfurt/M. 108, 115 o
Sportverlag Berlin 72, 73, 78, 109, 127 o, 152
Staatsarchiv Bremen 112
Fotoagentur Sven Simon, Essen 157
Ullstein Bilderdienst, Berlin 71, 101, 117 u, 143
Andreas Verstappen, Freiburg 155
WEREK Pressebildagentur, Hilden 175
Westdeutsche Lotterie GmbH & Co., Münster 131
Witters Sport-Presse-Fotos GmbH, Hamburg Umschlagvorderseite Mitte r, 29, 177 o, 182

Der Verlag hat sich bemüht, die Urheber sämtlicher Abbildungen ausfindig zu machen. Leider ist dies nicht in allen Fällen gelungen. Berechtigte Ansprüche werden selbstverständlich im Rahmen der üblichen Honorarvereinbarungen abgegolten.